Auf den Punkt gebracht.

Lerntipps, Übungsfragen & Beispiele für die Vorbereitung auf die deutschen IPMA Projektmanagement-Zertifizierungen

von Mark Reuter

Bibliografische Information der Deutschen Nationalbibliothek:
Die Deutsche Nationalbibliothek verzeichnet diese Publikation in der Deutschen Nationalbibliografie; detaillierte bibliografische Daten sind im Internet über http://dnb.dnb.de abrufbar.

Die folgenden Begriffe, Dienstleistungen bzw. deren Abkürzungen sind geschützt: GPM, IPMA, IPMA Level A-D, PM-ZERT.

Gestaltung Umschlag: okconcept., Augsburg
Titelbild: © sergign – Fotolia

Autor und Verlag haben alle Texte in diesem Buch mit großer Sorgfalt erarbeitet. Dennoch können Fehler nicht ausgeschlossen werden. Eine Haftung des Verlags oder des Autors, gleich aus welchem Rechtsgrund, ist ausgeschlossen. Die in diesem Buch wiedergegebenen Bezeichnungen können Warenzeichen sein, deren Benutzung durch Dritte für deren Zwecke die Rechte der Inhaber verletzen kann.

3. Auflage
© 2016 Mark Reuter

ISBN 978-3-743-139107

Herstellung und Verlag:
BoD – Books on Demand, Norderstedt

Inhalt

Mustergrafiken ... 4
Einleitung ... 5
Wie ist dieses Buch aufgebaut? ... 6
So nutzen Sie dieses Buch am besten ... 6

1 RICHTIG LERNEN ... 8

1.1 Als Erwachsener wieder lernen ... 8
1.2 Weitere praktische Lerntipps ... 10
1.3 Was tun gegen Prüfungsstress? ... 10
1.4 Umgang mit einem Blackout ... 12
1.5 Wenn Sie nicht bestanden haben – Ihr Einspruchsrecht ... 14

2 DIE IPMA-ZERTIFIZIERUNGSPRÜFUNGEN DER DEUTSCHEN PM-ZERT ... 16

2.1 Die Basis: die ICB 3.0 und andere relevante Dokumente ... 16
2.2 Der feine Unterschied: Qualifizierung und Zertifizierung ... 16
2.3 Die Erstzertifizierung für die Levels D/C/B/A ... 17
    2.3.1 Die Antragsformalitäten ... 17
    2.3.2 Die schriftlichen Ausarbeitungen für die unterschiedlichen Levels ... 23
    2.3.3 Die schriftlichen Tests der verschiedenen Levels ... 31
    2.3.4 Das Assessment-Center (Workshop) ab Level C ... 32
    2.3.5 Das sogenannte Interview/mündliche Prüfung ... 39
    2.3.6 Mindestpunkte zum Bestehen aller Zertifizierungsprüfungsteile ... 42
2.4 Was müssen Sie für Ihre Rezertifizierung tun? ... 42
    2.4.1 Übersicht ... 42
    2.4.2 Intermediate-Check (I-Check) ... 43
    2.4.3 Die Rezertifizierung Level D ... 45
    2.4.4 Rezertifizierung Level C/B/A ... 45
2.5 Die Höherzertifizierung ... 47
    2.5.1 Von Level D auf Level C oder B ... 47
    2.5.2 Von Level C auf Level B ... 48
    2.5.3 ... auf Level A ... 52
2.6 Erfahrungsberichte ... 53
    2.6.1 Level D – schriftlicher Test und mündliche Prüfung ... 53
    2.6.2 Level C/B schriftlicher Test ... 55
    2.6.3 Bewertung des Level C/B Workshops ... 59
    2.6.4 Bewertung des Interviews bei Level C und B ... 62
2.7 FAQ ... 65

3 DIE ICB/NCB UND KOMPETENZ-TAXONOMIE 66

3.1 Methodisch-Technische-Kompetenzen 68

- 3.1.1 Projektmanagementerfolg 68
- 3.1.2 Interessierte Parteien 69
- 3.1.3 Projektanforderungen und Projektziele 72
- 3.1.4 Risiken und Chancen 76
- 3.1.5 Qualität 79
- 3.1.6 Projektorganisation 82
- 3.1.7 Teamarbeit 86
- 3.1.8 Problemlösung 88
- 3.1.9 Projektstrukturen 89
- 3.1.10 Leistungsumfang und Lieferobjekte 93
- 3.1.11 Projektphasen, Ablauf und Termine 94
- 3.1.12 Ressourcen 100
- 3.1.13 Kosten und Finanzmittel 104
- 3.1.14 Beschaffung und Verträge 108
- 3.1.15 Änderungen 110
- 3.1.16 Überwachung und Steuerung, Berichtswesen 111
- 3.1.17 Information und Dokumentation 113
- 3.1.18 Kommunikation 114
- 3.1.19 Start 116
- 3.1.20 Abschluss 117

3.2 Verhaltenskompetenzen 118

- 3.2.1 Führung 119
- 3.2.2 Engagement und Motivation 121
- 3.2.3 Selbststeuerung 123
- 3.2.4 Durchsetzungsvermögen 124
- 3.2.5 Entspannung und Stressbewältigung 125
- 3.2.6 Offenheit 125
- 3.2.7 Kreativität 127
- 3.2.8 Ergebnisorientierung 130
- 3.2.9 Effizienz 134
- 3.2.10 Beratung 134
- 3.2.11 Verhandlungen 135
- 3.2.12 Konflikte und Krisen 137
- 3.2.13 Verlässlichkeit 140
- 3.2.14 Wertschätzung 140
- 3.2.15 Ethik 141

3.3 Kontextkompetenzen 143

- 3.3.1 Projektorientierung 143
- 3.3.2 Programmorientierung 145
- 3.3.3 Portfolio-Orientierung 147
- 3.3.4 Einführung von PPP-Management 147
- 3.3.5 Stammorganisation 148
- 3.3.6 Geschäft 149
- 3.3.7 Systeme, Produkte und Technologien 150
- 3.3.8 Personalmanagement 152
- 3.3.9 Gesundheit, Betriebs-, Arbeits- und Umweltschutz 154
- 3.3.10 Finanzierung 155
- 3.3.11 Rechtliche Aspekte 156

Tabellenverzeichnis

Tabelle 1: Antragsphase Zertifizierung 18
Tabelle 2: Durchschnittliche Punkte je Level 19
Tabelle 3: Schriftliche Ausarbeitungen 23
Tabelle 4: Vergleich Vorher – Nachher Projekterfahrung 25
Tabelle 5: Der Literaturkonspekt 30
Tabelle 6: Themenschwerpunkte der Level-Tests 32
Tabelle 7: Notwendige Punktzahl pro Verfahrensschritt 42
Tabelle 8: Einzureichende Unterlagen zur Rezertifizierung 42
Tabelle 9: Selbstbewertung 46
Tabelle 10: FAQ 65
Tabelle 11: Erläuterung der Taxonomie 66
Tabelle 12: Prüfungsinhalte und Prüfungsschwerpunkte auf Basis der ICB 3.0 (Taxonomie) 67
Tabelle 13: Tabellarischer PSP 92

Abbildungsverzeichnis

Bild 1: Agenda für eine Level C/B Prüfung 21
Bild 2: Bewertungsblatt der Assessoren für den PEB beim Level C 27
Bild 3: Uploadfenster 31
Bild 4: Assessoren kleben Post-its als korrekturanmerkungen 34
Bild 5: Managementtools auf Arbeitsebene und deren Übersetzung für die Präsentation vor den Assessoren . 35
Bild 6: Nachweis für den Intermediate Check 44
Bild 7: Themenwahl zur PSA 50

Mustergrafiken

Mustergrafik 1: Beispiel für ein Stakeholder-Portfolio mit Wirkungspfeilen 72
Mustergrafik 2: Beispiel für eine Zielhierarchie 75
Mustergrafik 3: Beispiel für eine Zielverträglichkeitsmatrix 76
Mustergrafik 4: Beispiel für eine quantitative Risikobeurteilung und -maßnahmenplanung ... 78
Mustergrafik 5: Beispiel für eine Risikomatrix mit Wirkungspfeilen 79
Mustergrafik 6: Verbindung der Projektorganisation mit der Linienorganisation (als Matrixorganisation) ... 85
Mustergrafik 7: Ebenso Projektorganisation als Matrix 85
Mustergrafik 8: Beispiel für einen Projektstrukturplan mit Codierung als Grafikbaum ... 93
Mustergrafik 9: Beispiel für einen Phasenplan in Tabellenform 97
Mustergrafik 10: Beispiel für einen Phasenplan mit phasenbezogener Aufwandsschätzung ... 98
Mustergrafik 11: Beispiel für einen berechneten Netzplan 99
Mustergrafik 12: Beispiel für einen vernetzten Phasenplan 99
Mustergrafik 13: Der Einsatzmittelplan in tabellarischer Form dargestellt 102
Mustergrafik 14: Beispiel für eine Einsatzmittelganglinie (mit einer Unterdeckung bei einer Ressource) ... 103
Mustergrafik 15: Beispiel für eine Einsatzmittelglättung 103
Mustergrafik 16: Beispiel für eine Kostensummenlinie 107
Mustergrafik 17: Beispiel für eine Kostenganglinie 107
Mustergrafik 18: Beispiel für eine Kommunikationsmatrix 112
Mustergrafik 19: Verhandeln 137

Einleitung

Wer sich in Deutschland bei einem autorisierten Trainingspartner der Deutschen Gesellschaft für Projektmanagement (GPM) auf die Projektmanagement-Zertifizierungen Level D bzw. C/B-Level oder sogar für die Level A-Zertifizierung vorbereitet, bekommt als Lernmaterial vier Bände des Buches PM3 (als Print und E-Book), ein sogenanntes Fieldbook mit einer praktischen Projektgeschichte als praktisches Beispiel, eine Fallstudie zum Üben sowie eine CD-ROM mit einem PM-Lexikon zur Verfügung gestellt.

Viele Teilnehmer stöhnen (zu Recht?), da der Leseaufwand hoch ist und häufig Unklarheit darin besteht, was nun wirklich wichtig ist für die entsprechende Zertifizierungsprüfung.

Die beste Möglichkeit, PM-Wissen und PM-Können zu trainieren, ist die Teilnahme an einem Kurs, den autorisierte Trainingspartner der GPM durchführen. Erkennbar sind diese Trainingspartner an dem eigenständigen Markenzeichen. Diese Trainer unterliegen einem Überwachungssystem der GPM, tauschen sich regelmäßig untereinander aus und qualifizieren sich laufend weiter.

Dieses Buch soll deren Trainingsmaßnahmen ergänzen, indem es den Blick auf die Zertifizierungsprüfung fokussiert. Lernen und das Gelernte in einer Prüfung wiederzugeben sind zwei verschiedene Dinge. Nicht alles, was in den Qualifizierungsunterlagen der GPM enthalten ist, ist dann auch prüfungsrelevant. In diesem Buch geht es ausschließlich darum, zu den prüfungsrelevanten Themen die passenden Fragen und Formulierungen zu vermitteln.

Das Buch will Sie dabei unterstützen:

- **Ihr Wissen gezielt zu vertiefen**

  Wissen kann man erlernen, kann es durch Wiederholung und Anwendung vertiefen. Am besten gelingt der Wissenserwerb, wenn man einen Lerngegenstand aus unterschiedlichen Perspektiven immer wieder neu beleuchtet und reflektiert.

- **Ihr Können zu reflektieren**

  Handlungskompetenz basiert auf Erfahrung. Macht man sich des immer wieder neu bewusst, trägt dies zu einer größeren Handlungsvielfalt bei. Ein Zeichen, dass man die Handlungskompetenz reflektiert hat, beweist sich darin, dass man Beispiele erzählen kann und auch über diese nachgedacht hat – also positive und negative Seiten der eigenen Erfahrung benennen kann.

Die Level-Prüfungen bestehen aus mehreren Stufen, wobei sich schriftliche Ausarbeitungen, Tests und mündliche Gespräche abwechseln. Die Prüfungen werden von einer unabhängigen Stelle, der PM-ZERT, abgenommen. Die PM-ZERT stellt Assessoren, die vor Ort die Funktion der Prüfer übernehmen. Dieses Übungsbuch wurde auf der Basis meiner Erfahrung als Trainer geschrieben.

Ich selbst bin kein Assessor. Qualifizierung/Training (durch Trainer der GPM) und Prüfung (durch die PM-ZERT) sind bei den Deutschen IPMA-Prüfungen also strikt getrennt. Die Tipps, Übungen und Beispielfragen dieses Buches beruhen auf dem, was mir die Teilnehmer von den Prüfungen berichtet haben. Es zielt schwerpunktmäßig auf die Unterstützung der schriftlichen Prüfungsteile ab, da erfahrungsgemäß hier die meisten Personen durchfallen!

Das vorliegende Übungsbuch kann und will den Besuch einer Qualifizierungsmaßnahme bei einem autorisierten Trainer nicht ersetzen: Ich selbst bin bei einer dieser autorisierten Trainer und weiß aus über zehn Jahren Erfahrung, wie wichtig eine Lern- und Qualifizierungsgruppe ist. Ich hatte in den letzten Jahren immer wieder phantastische Seminargruppen: Die Teilnehmer kannten sich zuvor nicht, aber über die Zeit hinweg entwickelte sich eine Atmosphäre der Verbundenheit, vielleicht auch ein Netzwerkcharakter, der aus diesen Zweckgemeinschaften echte Kollegen werden ließ.

Ich kann also nur raten: Suchen Sie die Nähe zu solchen Gruppen, steuern Sie etwas dazu bei, indem Sie Unterlagen, Lernmaterialien etc. einbringen und dadurch die Verpflichtung schaffen, dass auch die anderen etwas beitragen. Nutzen Sie die Chance der Lerngemeinschaft, die über die reine Zertifizierungsvorbereitung hinausreicht: So mancher Kollege hat dadurch einen Kontakt in eine neue Firma und damit in eine neue berufliche Existenz gefunden.

Bei dieser Gelegenheit möchte ich mich bei allen Prüfungskandidaten bedanken, die mir ihre Arbeiten und Feedback zu den Prüfungen zur Verfügung gestellt haben. Ohne diese Beiträge wäre dieses Buch nur halb so gehaltvoll.

Wie ist dieses Buch aufgebaut?

Ziel dieses Buches ist es, Sie bei der Vorbereitung für die Zertifizierungsprüfung zu unterstützen. Die Zertifizierung bildet den Abschluss einer vorhandenen Qualifikation. Wenn es hier also um die abschließende Prüfung geht, ist dies nur ein Teil eines umfassenden Ganzen. Was und wie Sie Ihr Wissen und Können im Rahmen einer Qualifizierung am besten ausbauen, sagen Ihnen die autorisierten Trainer der GPM.

In Abschnitt 1 geht es darum, wie Sie (als Erwachsener) richtig lernen können, wie Sie sich am besten auf die Prüfungen vorbereiten und was die einzelnen IPMA-Prüfungsschritte konkret von Ihnen als Kandidaten abverlangen. Gerade für diejenigen, die schon längere Zeit keine Prüfung mehr mitgeschrieben haben, ist es sicherlich hilfreich, sich wieder an diese Lernstrategien zu erinnern. Neu in dieser Ausgabe sind die vielen Mustergrafiken und noch mehr Feedback von Prüfungsteilnehmern.

In Abschnitt 2 geht es um die konkreten Prüfungsfragen. In diesem Abschnitt können Sie sich durch die Bearbeitung von Beispielfragen aus den unterschiedlichen Zertifizierungsstufen gezielt auf Ihre Prüfung vorbereiten. Wissensfragen in Anlehnung an das Basiswissen der Level-D-Prüfung, Übungsaufgaben und Praxisbeispiele bezogen auf Level C, B und A unterstützen Sie bei Ihren weiteren Prüfungsvorbereitungen.

So nutzen Sie dieses Buch am besten

Zu den verschiedenen ICB-Elementen (ICB = IPMA Competence Baseline; dt.: NCB = Nationale Competence Baseline [dt. Übersetzung der ICB]) werden Ihnen kurze Zusammenfassungen geboten, die Sie dabei unterstützen, die „Spreu vom Weizen" zu trennen.

- Lesen Sie diese gezielten Beschreibungen durch und führen Sie eine Selbstbewertung durch. Seien Sie ehrlich: Über welche Kompetenzelemente wissen Sie wirklich gut Bescheid? Wo sind Ihre Lücken?
- Beantworten Sie die gestellten Wissensfragen und kontrollieren Sie, ob Sie die Fragen richtig beantwortet haben, indem Sie z. B. das Buch PM3 der GPM nutzen. Die Übungsfragen sind Beispielfragen, wie sie in einer Level-D-Prüfung bei der deutschen PM-ZERT vorkommen (können).
- Führen Sie anschließend erneut eine Selbstbewertung durch. Wo hat sich etwas in Ihrem Wissen geändert? Wo sind weitere Lücken?
- Die geschilderten Beispiele zu jedem Kompetenzelement sind kurze Szenen, wie sie von ehemaligen Absolventen berichtet wurden und die v. a. für die Level C/B/A-Prüfung wichtig sind. Bei den Level C/B/A müssen Sie Ihre Projekt- oder Programmerfahrungen belegen.

Dies geschieht am besten mit Hilfe der **STAR**-Methode:

S = Situation, an der Sie beteiligt waren.

T = Task/Aufgabe: Beschreiben Sie die Aufgaben, die Sie in dieser Situation hatten.

A = Action/Aktion: Welche Maßnahmen haben Sie ergriffen?

R = Results/Ergebnisse: Was waren die Ergebnisse dieser Maßnahmen?

- Suchen Sie sich Beispiele aus Ihrer eigenen Praxis oder auch aus Erzählungen von anderen Kollegen, die Ihnen das Thema in seiner Relevanz verdeutlichen. Erklären Sie sich die Bedeutung und die einzelnen Arbeitsschritte der Kompetenzelemente (Level D) bzw. erzählen Sie sich selbst laut konkret Beispiele, die Ihre Projekterfahrung (Level C/B/A) belegen. Sie haben vielleicht andere Erfahrungen gemacht. Die geschilderten Beispiele sollen Ihnen nur helfen, eigene Assoziationen in die entsprechende geforderte Richtung wachzurufen.

- Lesen Sie Fachartikel oder Buchkapitel ruhig mehrmals mit entsprechendem zeitlichem Abstand durch. Wahrscheinlich wird Ihnen auffallen: Beim ersten Lesen war vieles unverständlich oder fremd. Wenn Sie später mit erweitertem Wissen den gleichen Artikel nochmals lesen, merken Sie, dass Sie jetzt viel mehr und vieles besser verstehen. Durch das weitere Hintergrundwissen können Sie die Inhalte jetzt viel besser verstehen.

1 Richtig lernen

Während Schüler und Studenten Lern- und Prüfungsexperten sind, haben viele derjenigen, die schon längere Zeit im Berufsleben stehen, den Umgang mit Lernstoff und Prüfungsstress verlernt oder vergessen. Daher ist es wichtig, dass Sie sich wieder an Ihre eigenen Fähigkeiten – zu lernen – erinnern.

1.1 Als Erwachsener wieder lernen

Suchen Sie konkrete Bezüge zwischen Lernstoff und der eigenen Praxis

Es gibt den verbreiteten Irrglauben, dass ältere Menschen nicht mehr so gut lernen könnten wie Kinder oder Jugendliche. Dagegen steht jedoch die Beobachtung, dass manche Menschen bis ins hohe Alter neue Fähigkeiten entwickeln können. Was ist die Erklärung dafür? Das Problem ist nicht, dass Ältere nicht mehr so gut lernen wie Jugendliche – sie lernen anders! Während Jugendliche auf Vorrat lernen (müssen), fragen viele erwachsene Lerner nach dem Sinn und den Anwendungsmöglichkeiten des Lernstoffes. Wenn der Lernstoff sich nicht in ihre Berufspraxis eingliedern lässt, wird der Lernstoff als theoretisch und weltfremd abgelehnt. Erwachsene fragen also vielmehr nach der Anwendbarkeit des Gelernten. Deswegen ist es so wichtig, dass Sie sich einen konkreten Bezug zum Lerngegenstand verschaffen, dass Sie den Nutzen im Lernstoff für sich erkennen können.

Informieren Sie Ihr Umfeld: Freiraum und Freizeit für das Lernen schaffen

Jugendliche haben noch einen anderen Vorteil: Per Definition wird ihnen die notwendige Zeit und Ruhe zugebilligt, um lernen zu können. In ihrem Zimmer haben sie einen Schreibtisch zum Lernen, ihren Computer etc. Das gilt nicht automatisch für sie als erwachsener Lerner: Sie haben vielleicht in der Firma einen Schreibtisch, aber nicht zwangsläufig auch einen Schreibtisch in Ihrem Zuhause. Wenn Sie abends nach Hause kommen, sollen Sie sich auch nicht zuerst ans Lernen machen, sondern sollten zuerst das Abendessen für die Familie herrichten. Warum? In Ihrem familiären Kontext haben Sie nicht die Rolle eines Lernenden sondern sind Familienvater, Mutter etc. Entsprechend gilt für Sie: Die anderen müssen verstehen lernen, dass Mama oder Papa oder der Ehepartner auch mal Zeit zum Lernen braucht. Sie müssen sich in Ihrem familiären Kontext den Raum und die Zeit zum Lernen verschaffen. Das Zeitfenster bzw. diesen Platz bekommen Sie nicht freiwillig von den anderen zugebilligt. Manchmal muss man sich in der Familie regelrecht erkämpfen. Am leichtesten fällt dies, wenn die anderen Familienmitglieder merken, dass Sie trotzdem Ihren familiären Aufgaben erfüllen ...

Nicht gleich aufgeben: Lernen braucht Ausdauer

Eine interessante Rückmeldung erhielt ich vor einiger Zeit von mehreren unterschiedlichen Teilnehmern. Sie berichteten, dass sie die zu Beginn der Seminarreihe ausgeteilten Unterlagen kaum verstanden hatten – nachdem sie aber weitere Seminare besucht und die weiteren dazugehörigen schriftlichen Unterlagen gelesen hatten, kehrten sie wieder zu dem ersten Lesestoff zurück – und siehe da: Jetzt verstanden sie wesentlich mehr. Plötzlich fügte sich das eine zum anderen und ein Gesamtverständnis entstand. Dies zeigte mir: Man darf nicht zu schnell aufgeben, sondern muss auch in die eigene Lernfähigkeit vertrauen. Man sieht, es klappt: Das Verstehen stellt sich ein – wenn auch nach einer gewissen „Durststrecke". Was lernt man daraus? Lernen klappt nicht auf Knopfdruck. Es fordert eine gewisse Beharrlichkeit. Sie dürfen sich nicht beim ersten Misserfolg wegducken, sondern sollten mit viel Selbstvertrauen sagen: „Das packst Du".

Lernen braucht Erfolgserlebnisse

Aus der oben geschilderten Erfahrung lässt sich noch eine zweite Erkenntnis ableiten: Lernen braucht Erfolge. Nichts ist schwieriger als die Bearbeitung eines Problems, wenn kein Fortschritt erkennbar ist. Jugendliche

Kontinuierlich lernen – ohne Sägezahn-Effekt

Wer sein Lernen richtig plant, versucht sinnvolle Lernabschnitte zu definieren. Lernen ist eine fokussierte Aufgabe und wenn Sie immer wieder aus Ihrem Lernfluss herausgerissen werden, können Sie sich nicht entsprechend auf Ihre Prüfung vorbereiten. Nehmen Sie sich also abends oder am Wochenende eine Auszeit, in der Sie sich den Luxus des Lernens gönnen! Ich selbst gehe jährlich in eine persönliche Klausur, um mich auf ein neues Wissen und Lernen vorzubereiten. Meine Erfahrung besagt: Wenn ich im Büro bin oder beim Kunden, dann habe ich nicht die notwendige Konzentration, um mich auf eine Prüfung etc. vorzubereiten. Wenn ich ständig zwischen verschiedenen Aufgaben und Anforderungen hin und her springe, habe ich nicht die notwendige Ruhe, um mich zu fokussieren. Der Sägezahneffekt „rein ins Lernen – Kundenanfragen beantworten – dann wieder Lernen – dann wieder Kollegen unterstützen – verhindert, dass man richtig bei der Sache ist. Die Erkenntnis lautet also: Bleiben Sie für einen definierten Zeitrahmen beim Lernen, lassen Sie sich nicht ablenken, machen Sie immer nur eine Sache.

Lernhilfen nutzen

Von vielen Trainerkollegen weiß ich, dass diese neben den offiziellen Lehrgangsmaterialien auch eigene unterstützende Lernmaterialien austeilen. Dahinter steht die Erfahrung, dass man sich mit Hilfe gezielter Unterlagen das Lernen und Wiedergeben von Lernstoff erleichtern kann. Zu diesen Lernhilfen gehören Beispiele anderer Seminarteilnehmer, hilfreiche Format-Vorlagen, aber auch Fragenkataloge, Lernkarteikarten und vieles mehr. Fragen Sie aktiv bei Ihrem Trainer nach. Die Trainer stehen untereinander in Verbindung und können solche Materialien gerne ausgeben.

Auf die Prüfung vorbereiten

Wenn ich das Lernverhalten derjenigen Personen, die ihre Zertifizierung mit gutem Erfolg bestanden haben, mit demjenigen von Teilnehmern, bei denen es eine Zitterpartie war, vergleiche, glaube ich, ein Muster erkennen zu können. Natürlich ist dies keine statistische Auswertung, aber doch lässt sich daraus ein bestimmter Trend erkennen: Wer mit gutem Erfolg abschnitt, konnte meistens an eine frühere Erfolgsstrategie in der Prüfungsvorbereitung anknüpfen. Gemeint ist, dass diejenigen den besten Erfolg hatten, die sich gezielt mit dem Prüfungsformat (nicht: Lernstoff) beschäftigten, sich nicht durch Nebensächlichkeiten ablenken ließen, die Abrufgeschwindigkeit des Gelernten richtig trainierten und sich in der Prüfungsvorbereitung genau auf die Fragestellungen konzentrierten. Prüfungen sind nicht darum, was man selbst für richtig oder falsch hält, sondern darum, was wohl die wahrscheinlich richtige Lösung ist. Meist geht es in Prüfungen auch nicht darum, lange Ausführungen zu machen, sondern kurz und bündig, mit Spiegelstrichen, eine Antwort zu geben. Wer es schafft, sein Wissen auf den Punkt zu bringen, hat mit großer Wahrscheinlichkeit den besten Erfolg! Anwendungswissen zu lernen ist gut für die Praxis, die richtigen Antworten auf eine Prüfungsfrage zu finden, ist etwas anderes.

Mein Tipp: Wer schon längere Zeit nicht mehr im „Lernmodus" ist, braucht mehr Zeit, um sich selbst und seine Umgebung darauf einzustellen. Sprechen Sie mit Ihrer Familie und dem Arbeitgeber darüber, wie Sie am besten die nötigen Freiräume für das Lernen bekommen. Benennen Sie das angestrebte Datum Ihrer Zertifizierungsprüfung, um zu verdeutlichen, dass es sich um eine „endliche" Zeit handelt.

bekommen durch den Unterricht meist Ziel-Vorgaben, an denen sie sich orientieren können. Erwachsene müssen sich solche Vorgaben selbst machen. Setzen Sie sich also realistische Lern-Ziele (Was will ich heute Abend lesen? Was will ich am Ende verstanden haben?). Lernziele sollen machbar und adäquat sein. Meistens nimmt man sich eh zu viel vor – also trauen Sie sich, den abendlichen Lernstoff auf ein machbares Maß zu planen.

1.2 Weitere praktische Lerntipps

- Recherchieren Sie zu Beginn Ihres Lernens in anderen Quellen (Internet, Unterlagen von früheren Seminaren). Schaffen Sie sich durch Querverbindungen ein Wissensnetzwerk im Gehirn. Später: Trainieren Sie das Wiedergeben des Gelernten durch Wiederholen.

- Suchen Sie nach einfachen Formeln, Tabellen und Schaubildern, die es Ihnen erleichtern, den Wissensstoff zu lernen und auch wiederzugeben. Die PM-Prüfungen sind in der Regel Prüfungen mit hohem Zeitdruck, bei denen es darum geht, in kurzer Zeit viele Aufgaben zu bearbeiten.

- Versuchen Sie sich mit anderen auszutauschen: Gemeinsames Lernen macht mehr Spaß als alleine zu Hause zu sitzen. Der Vergleich mit anderen kann ansporen und zugleich kann man seinen Frust auch mit den anderen teilen.

- Legen Sie eine Prüfungsstrategie für sich fest. Meiner Erfahrung nach scheiterten Personen, die bei einem autorisierten Trainer die Kurse gemacht haben und am Ende doch nicht bestanden haben, daran, dass sie nicht die richtige Strategie gewählt hatten.

Hier ein Beispiel:

Hallo Herr Reuter,

leider muss ich Ihnen mitteilen, dass ich den Wissenstest Level C nicht bestanden habe! Bei mir lag es in der Tat leider größtenteils an der Zeit! Die letzten fünf Aufgaben – mit insgesamt 35 Punkten – habe ich zeitlich nicht mehr bearbeiten können. Ich bin nicht davon ausgegangen, dass die Zeit so knapp bemessen ist.

Für meinen Teil kann ich nur sagen, dass ich bereits bei der Projektauswahl sehr viel Zeit verschenkt habe. So habe ich zunächst alle drei Fälle gelesen, bevor ich mich entschieden habe! Bei nächsten Mal werde ich mir einfach willkürlich eins auswählen. Von den Fragen her waren es natürlich sehr offene Fragen. Dies hatte zur Folge, dass man auch bei relativ einfachen Fragen mit wenig Punkten teilweise viel zu viel geschrieben hat. So zum Beispiel bei der Frage: Beschreiben Sie die angewandten Phasen und deren Meilensteine. Die Frage brachte nur vier Punkte und ich habe fast eine komplette Seite geschrieben. Weiterhin gab es verschiedene Aufgaben zur Einsatzmittel- und Kostenganglinie. Hier war in der ersten Frage nur eine Kapazitätsgrenze gefragt, auf den Folgeseiten sollte dann die neue Einsatzmittelganglinie nach Verschiebung gezeichnet werden. Dies habe ich leider bereits in der ersten Aufgabe gemacht und diese damit zweimal erstellt. All dies war in der Summe viel zu viel verschwendete Zeit. Ansonsten kann ich mich an die zeitfressenden Aufgaben leider gar nicht mehr erinnern.

Folge meines Bummelns war, dass ich die letzten Aufgaben gar nicht mehr beantworten konnte!

Aufgrund der jetzt bekannten, sehr engen Zeitplanung, werde ich bei der Wiederholungsprüfung definitiv nach einer Stunde mit den großen (zehn und sieben Punkte) Aufgaben beginnen und diese zunächst bearbeiten und nicht, wie dieses Mal, kontinuierlich von vorne nach hinten durchgehen. Ob es ausschließlich daran lag, mag ich nicht beurteilen, da es ja trotzdem „nur" 50 von in dem Fall 85 Punkten waren, die ich erreicht habe. Ich hoffe jedoch, dass eine andere Prioritätensetzung zum erfolgreichen Bestehen beitragen sollte.

1.3 Was tun gegen Prüfungsstress?

Das Thema ist nicht zu unterschätzen! Die Angst vor Prüfungen ist leider weit verbreitet. Viele, die in eine Level D/C/B/A-Prüfung gehen, haben schon längere Zeit an keinem Test o. ä. mehr teilgenommen. Was können Sie also gegen Prüfungsstress unternehmen?

Realistisches Selbstbild in der Prüfung

Manch ein Prüfungskandidat erlebt die Prüfungssituation aus einer sehr ungewohnten Perspektive, nämlich aus der Sicht des „Opfers": Jemand befragt mich und ich habe zu antworten. Anschließend bewertet er mich. Hier bin ich in einer für mich ungewohnt passiven Rolle, habe kaum richtig Kontrolle, was mit mir gemacht wird. In den Köpfen von manchen Kandidaten bekommt der Prüfer der PM-ZERT so das Bild eines Monsters! Zusätzlich wird dieser Anschein manchmal von anderen Kandidaten bestärkt, die von sehr merkwürdigen Begegnungen mit den Assessoren berichteten „Stell Dir vor, der Assessor fragte mich doch tatsächlich...". „Wer so denkt oder sich so von den Erzählungen anderer beeinflussen lässt, manövriert sich selbst unabsichtlich in eine schwierige Situation.

Gegen diese Horrorszenarien möchte ich andere Erfahrungen setzen: So hatte ich einen Assessor der PM-ZERT kennengelernt, der vor der Prüfung den Teilnehmern erklärte: „Meine Aufgabe besteht darin, zu sehen, was Sie können und wissen. Mir geht es darum, möglichst viele Übereinstimmungen von Ihnen mit den Anforderungen, wie sie in der ICB hinterlegt sind, zu finden. Zeigen Sie mir also alles, was Sie drauf haben, dann kann ich entsprechend auch viele Punkte vergeben." „Andere Assessoren sagen: „Das Prüfungsgespräch mit Ihnen soll ein Gespräch auf gleicher Augenhöhe sein (Level C/B/A). Es soll das Bild, das wir von Ihnen gewonnen haben, abrunden. Sie haben mit Ihrem Antrag, Ihrem Test und dem Workshop ja schon bewiesen, was Sie drauf haben."
Die allermeisten Kandidaten gehen aus der Prüfung und berichten davon, dass die Prüfer fair mit ihnen umgingen und inhaltlich sehr kompetent waren.

Mein Tipp: Unnötiger Prüfungsstress entsteht durch Horror-Stories, die so aber in der Realität kaum vorkommen. Natürlich kann es mal sein, dass ein Prüfer schlechte Laune hat, das darf aber nicht dazu führen, den Kandidaten schlechter zu beurteilen. Assessoren sind Prüfungsprofis, die sich nicht durch momentane Empfindungen ablenken lassen. Denken Sie also realistisch, werten Sie sich selbst nicht mental ab, machen Sie sich nicht kleiner als Sie in Wirklichkeit sind.

Prüfungsstress ist normal und kann sogar fördernd sein

Das mag in Ihren Ohren zwar etwas fremd klingen, es stimmt aber. Prüfungsstress ist zunächst eine Aktivierung unserer Physiologie, d.h. der Herzschlag ist höher, die Atmung intensiver, die Durchblutung erhöht. Der Körper geht in eine Form der Leistungsbereitschaft. Prinzipiell sind diese physiologischen Phänomene wichtige Voraussetzungen, um jetzt eine entsprechende Herausforderung zu meistern. Was viele Menschen psychologisch als negativ interpretieren, ist physiologisch durchaus sinnvoll.

Es gibt nur wenige Menschen, die wirklich völlig cool in eine Prüfung gehen – die meisten, die das von sich sagen, behaupten dies nur! Lassen Sie sich also nicht täuschen: Die meisten Menschen finden Prüfungssituationen unangenehm und gehen daher mit einem mehr oder weniger „mulmigen Gefühl" in diese Situation. Kritisch wird es nur, wenn jemand zu sehr und über die Maße hinaus nervös ist.

Mein Tipp: Entspannen Sie in der Situation, indem Sie dreimal tief ausatmen (sagt mein Zahnarzt auch immer). Bei Anspannung ändert sich die Atmung und entsprechend kann man sich selbst physiologisch betrachtet wieder etwas herunterholen, wenn man bewusst das Ausatmen verstärkt. Man kann auch präventiv gegen den Prüfungsstress etwas tun, indem man eine Generalprobe macht. Meine Trainerkollegen in der GPM veranstalten immer im Rahmen von Prüfungsvorbereitungen solche Probeklausuren. Dies hilft, sich realistisch auf das eigentliche Ereignis vorzubereiten.

Sich nicht ablenken lassen, auf die Aufgaben konzentrieren und genau lesen

Ich selbst hatte vor Jahren an einem psychologischen Lehrstuhl mitgearbeitet, der sich u. a. mit Prüfungsstress bei Studierenden beschäftigte. Wenn ein Student in die Beratung kam, war es wichtig zu klären, ob das Problem darin lag, dass er nicht richtig gelernt hatte oder ob das Abrufen des Gelernten in der Prüfungssituation das Problem war. In den allermeisten Fällen hatte der Ratsuchende seine Inhalte gut gelernt, hatte sich aber durch die Prüfungssituation quasi ablenken lassen und dadurch seine optimale Leistungsbereitschaft nicht abrufen können. Manchmal berichten Teilnehmer aus den Level D/C/B-Prüfungen, dass sie im schriftlichen Test dadurch Zeit verloren haben, dass sie für die Beantwortung einer Aufgabe viel Zeit benötigten – nur um festzustellen, dass sie die Aufgabe viel zu weitschweifend beantwortet hatten – z. T. war in der Antwort schon die

11

Antwort für die nächste Frage mitgegeben worden oder der Kandidat hatte z. B. bei Kosten-Grafiken, in denen nur eine Kurve für bestimmte Kostenarten gefordert war, alle Kosten mit in die Grafik aufgenommen.

! Mein Tipp: Konzentrieren Sie sich auf die gestellte Frage – und auch auf die Hinweise zur Lösung. Wenn dort steht „antworten Sie in Stichworten" braucht es keinen Fließtext, bei Multiple-Choice Aufgaben steht dabei, ob „eine" oder „mehrere" Antworten richtig sind etc. Es geht nicht darum „schöne" Antworten zu geben, sondern passende!

Und: Die PM-ZERT stellt ein Dokument mit den Schwerpunkten der Level-Prüfungen nach ICB zur Verfügung. Auch dieses Dokument hilft, sich gezielt auf das vorzubereiten, was in der Prüfung dran kommt – auch für die anderen Dokumente gibt es Beschreibungen über die benötigten Inhalte und deren Darstellungsform. Diese Dokumente sind kostenlos und zum freien Download verfügbar.

Fokus auf das Positive

Eine andere Misserfolgsstrategie findet sich leider auch häufiger. Manche Kandidaten, die Prüfungsangst hatten, fokussierten ihre Aufmerksamkeit v. a. auf das, was sie nicht gelernt oder nicht so richtig verstanden hatten. Dieses Verhalten führt zum einen dazu, dass man ein falsches Selbstbild entwickelt, zum anderen lenkt es ab und verhindert, dass man Punkte sammelt. In Prüfungen (und das sagen alle Prüfer) soll man zunächst mit den Aufgaben anfangen, die einem leicht fallen. Man sucht sich bewusst die Aufgaben, bei denen man Boden unter den Füßen hat. Das bringt wichtige Punkte und beruhigt zugleich die Nerven.

! Mein Tipp: Überlegen Sie sich vor der Prüfung, welche Fragetypen (Rechenaufgaben, Multiple-Choice, Stichwortfragen etc.) Ihnen am besten liegen. Gehen Sie in der Prüfung effektiv vor, d. h. picken Sie sich die Fragen heraus, die Ihnen leicht fallen. Die Fragen in den verschiedenen Level-Prüfungen sind unabhängig voneinander, so dass Sie bequem Aufgaben überspringen können.

Sich an frühere persönliche Erfolgsstrategien erinnern

Eigentlich ist das ganze Leben eine Folge von Prüfungen. Viele dieser Situationen hat man längst vergessen, andere sind einem im Gedächtnis hängen geblieben. Nehmen Sie sich in Ihrer persönlichen Prüfungsvorbereitung auch mal Zeit, sich an Ihre früheren, positiven Prüfungssituationen zu erinnern. Als Kind bzw. als Jugendlicher hat man solche Strategien quasi „kultiviert" – nicht nur für die Schule! Wenn es z. B. darum ging, die Eltern von etwas zu überzeugen, dann wusste man, den besten Zeitpunkt abzuwarten, man hatte ein Gefühl dafür, welchen Elternteil man zuerst anging etc. Genauso ist es auch bei solchen Prüfungen – und last but not least – bedenken Sie: Letztlich können Sie nicht so erfolglos gewesen sein, wenn Sie es auf die jetzige Position gebracht haben.

1.4 Umgang mit einem Blackout

Unter Blackout versteht man eine Denkblockade, in der der Betroffene sich an keine der zuvor gelernten Inhalte erinnern kann. Das Wissen ist quasi „ausgeschaltet und weggeknipst", wie ein Schalter, der auf „AUS" gestellt wurde. Für den Betroffenen ist dies der „Mega-Gau", weil es gerade in der Prüfungssituation darauf ankommt, sich an diesen Inhalt „hell und klar" zu erinnern.

Wissenschaftlich wird unter dem Begriff der Denkblockade eine Reihe von Phänomenen zusammengefasst:

Die Denkblockade wird in den Zusammenhang gebracht, dass massive emotionale Anspannung den Zugriff auf das Gelernte verhindert, oder dass die betroffene Person durch starke andere Gedanken, die in diesem Moment nichts zur Sache tun, abgelenkt ist (z. B. Selbstwertgedanken). In dem Moment, in dem diese störenden Gedanken beseitigt sind bzw. sich die emotionale Anspannung gelegt hat, erinnert sich die Person jedoch wieder an das Gelernte.

Ich selbst kann mich an eine Situation erinnern, die vielleicht einem Blackouts nahe kommt: Es war in meiner Foundation-Prüfung nach PRINCE2. Bei dieser Prüfung handelt es sich um eine reine Single-Choice Prüfung, d. h. aus mehreren dargebotenen Antwortmöglichkeiten ist immer nur eine Antwort die richtige. Ich hatte zu diesem Zeitpunkt bereits mehrere PM-Prüfungen hinter mir, hatte sicherlich auch mehrere hundert Teilnehmer auf diverse Prüfungen vorbereitet und nahm nun so bst an einer soll einer teil. Eigentlich sollte diese Prüfung kein Problem für mich darstellen. Als ich das Test-Heft bekam, las ich die erste Frage – und hatte keine Idee was die richtige Antwort war. Ich las die zweite Frage – keine Lösungsidee. Ich las die dritte, die vierte, die fünfte Frage – keine Ahnung, was die richtige Antwort war! Ich geriet in Panik und erst die sechste Aufgabe konnte ich mit einem einigermaßen guten Gefühl beantworten. Ich ging die anderen Fragen durch und als ich alle beantwortet hatte, ging ich wieder zu den ersten fünf Fragen. Und auf einmal konnte ich diese ohne Probleme beantworten! Was war passiert? Ich hatte offensichtlich selbst Schwierigkeiten gehabt, mich in einen entsprechenden Prüfungsmodus zu bringen. Ich hatte mich durch die 100 Fragen erst „abkühlen" müssen, bevor ich die Aufgaben lösen konnte.

! Mein Tipp: Es zeigt, wie wichtig es ist, nicht nur das Einspeichern von Wissen zu üben, sondern auch das Abrufen dieses Inhaltes. Vielleicht erinnern Sie sich an frühere Zeiten, als jemand von Zuhause Sie Vokabeln für den nächsten Schultag abfragte. Bei mir selbst war dies mein Vater, der zu Weilen sehr streng mit mir werden konnte, wenn ich zum dritten Mal die lateinische Übersetzung eines Wortes innerlich nicht wusste. Dieser Ärger meines Vaters produzierte Stress (auf beiden Seiten!) in der Lernsituation Zuhause, war aber letztlich ein gutes Training zum Abrufen des Gelernten in der späteren Prüfungssituation.

In meinem Fall bei der Foundation-Prüfung war es ganz ähnlich gewesen: Es war eine supernette Schulungsgruppe, die Gruppe hatte einen humorvollen Trainer und alles ging scheinbar leicht von der Hand. Diese Lernsituation entsprach aber nicht der Prüfungssituation. Das Problem der Denkblockade besteht also darin, dass die Einspeichersituation (= Lernen) und die Abrufsituation (= Wiedergeben) sich im Blick auf die physiologische Spannungssituation sowie den Ablenkungsgrad nicht gleichen.

Ein Blackout wird in der Psychologie auch häufig mit „aufgabenirrelevanten Gedanken" in Verbindung gebracht. Der Kandidat ist abgelenkt durch Gedanken (warum habe ich mich nicht intensiver mit genau diesem Thema auseinandergesetzt? Was werden die Kollegen sagen, wenn ich der einzige bin, der durchfällt etc.), die für die Bewältigung der Situation völlig unwichtig sind. Rufen Sie sich innerlich zur Ordnung, atmen Sie dreimal tief durch, nehmen Sie sich eine andere Aufgabe vor, bei der Sie ein Erfolgserlebnis haben und lenken Sie so aktiv Ihre Aufmerksamkeit wieder auf das, was jetzt wirklich wichtig ist.

Was bedeutet dies also im Hinblick auf das Bestehen von (Zertifizierungs-)Prüfungen?

! Mein Tipp: Sie sollten sich darauf trainieren, unter Stress Informationen zu lernen und diese auch unter Stress abzurufen. Lernen ist durchaus Stress und manchmal meint man, man kann nur in entspanntem Zustand lernen. „Ich kann nicht unter Druck lernen" ist die entsprechende Aussage. Das stimmt sicherlich, aber man kann nach einigen Durchgängen anfangen das Tempo zu erhöhen, um den Wissensabruf entsprechend zu forcieren. Jedes Mal, wenn unser Gehirn das Wissen abruft, trainiert unser Gehirn auch das Einspeichern. Jedes Mal, wenn ich die Inhalte unter Stress wiedergebe, trainiere ich also unter Stress das Einspeichern. Jetzt befindet sich mein Gehirn im physiologisch gleichen Modus: Einspeichern und Abrufen erfolgen unter Stress!

1.5 Wenn Sie nicht bestanden haben – Ihr Einspruchsrecht

... dann bekommen Sie eine E-Mail mit folgendem Inhalt:

Sehr geehrte(r) Frau/Herr ...,

Ihr Zertifizierungsverfahren haben Sie noch nicht erfolgreich abgeschlossen. Sie haben folgendes Ergebnis erreicht:

Transfernachweis:	67,50 von max. 120 Punkten: bestanden
Schriftliche Prüfung:	65,50 von max. 120 Punkten: bestanden
Mündliche Prüfung:	47,00 von max. 120 Punkten: nicht bestanden
Insgesamt	180,00 von max. 360 Punkten: nicht bestanden

Ihr Zertifikat „Zertifizierter Projektmanagement-Fachmann/-frau (GPM)" kann erst erteilt werden, wenn Sie den nicht bestandenen Teil wiederholt haben.

Zwecks Vereinbarung eines Wiederholungstermins, setzen Sie sich bitte mit unserer Geschäftsstelle in Verbindung und teilen Sie uns mit, an wen die Rechnung geschickt werden kann.
Die Wiederholungsgebühr pro Teil beträgt 200,00 Euro.

Gegen diesen Bescheid können Sie innerhalb von vier Wochen Einspruch erheben, wenn Sie Verfahrensfehler oder andere nachvollziehbare Gründe anführen können.

Diese Nachricht will natürlich kein Prüfungsteilnehmer bekommen! Aber sind wir doch mal ehrlich zu uns selbst: Eine Prüfung, die man auf jeden Fall besteht – was ist sie wert? Vielleicht kann der Misserfolg auch der Ansporn sein, zu zeigen, dass offensichtlich dieses Ergebnis nicht das vorhandene Wissen des Kandidaten richtig widerspiegelt!

Gerade die mündlichen Prüfungen scheinen in der Gefahr zu stehen, ein falsches Bild von dem Kandidaten zu zeichnen:

Hallo Mark,

wie Du sicherlich schon gehört hast, habe ich die mündliche Prüfung nicht bestanden (vor der mündlichen hatte ich eigentlich die wenigsten Sorgen). Ich war nach diesem Prüfungstag vollkommen frustriert, da ich auch die schriftliche Prüfung merkwürdig fand – die weichen Themen wurden sehr betont. Dafür wurden Themen wie Netzplan, Kostensummen- bzw. Einsatzmittelganglinie, Meilensteintrend etc... nicht abgefragt. Die Assessoren empfand ich ebenfalls sehr irritierend (schulmeisterhaft, allwissend und sehr unangenehm). Ich bin selbst Auditor für Prüfer bei einem Verband gewesen und bin meinen Gegenübern immer anders begegnet. Nun habe ich die Ergebnisse bekommen und festgestellt, dass ich 109 Punkte in der schriftlichen Prüfung hatte, 56 in der mündlichen Prüfung und 82 Punkte im Transfernachweis.
Kannst Du mir bitte einen Ratschlag geben, ob und ggf. wann ich die Prüfung nachholen kann? Die GPM sendete mir eine E-Mail, dass ich mich an deren Geschäftsstelle wenden soll – ich wollte aber auf alle Fälle erst einmal mit Dir Kontakt aufnehmen.

Vielen Dank vorab – sorry, dass ich mich nicht früher gemeldet habe, aber ich hatte ein echtes Down.

Viele Grüße

Was können Sie tun? Einspruch erheben!

Einspruch

Bezug nehmend auf das „Basiszertifikat im Projektmanagement (GPM) Leitfaden für die Zertifizierung" (Ref. Dok.-Nr. ZB01 / Rev.10 / Datum 21.04.2013), erhebe ich Einspruch gegen die Bewertung der mündlichen Prüfung.

Kurze Schilderung des Ablaufes der mündlichen Prüfung

- Die gesamte mündliche Prüfung dauerte ca. 15 Minuten, beide Prüfer waren anwesend.
- Anschließend fand die Besprechung der Prüfer statt, ich wurde gebeten den Raum zu verlassen.
- Nach kurzer Zeit wurde ich wieder hinzugebeten und mir wurde in einem kurzen Gespräch das Ergebnis der mündlichen Prüfung mitgeteilt, beide Prüfer waren anwesend. Danach hat ein Prüfer den Raum verlassen und der zweite Prüfer hat mir noch kurz folgendes mitgeteilt: „...der Transfernachweis ist ok..." Er hat mir dann kurz die Hand geschüttelt und verabschiedet. Meine Erwartung war, dass während der gesamten Zeit der zweite Prüfer anwesend ist.
- Das Nicht-Bestehen der mündlichen Prüfung wurde damit begründet, dass ich den Ansprüchen nicht genüge, da die notwendigen „Fachausdrücke" nicht genannt wurden.
- Einer der Assessoren war allerdings während der Prüfung durch andauernde Handygespräche abgelenkt.

Begründung des Einspruches

- Die geforderten Begriffe habe ich nach meiner Auffassung genügend umschrieben, da mir die Begriffe in englischer Sprache bekannt sind und ich diese auch auf Englisch verwende.
- Weiterhin möchte ich darauf hinweisen, dass ich seit mehr als 20 Jahren in einem zweisprachigen Umfeld (englisch und deutsch) arbeite und in dieser Zeit viele Projekte geleitet habe. Im Laufe dieser Zeit musste ich meine Projektmanagementtätigkeit an regionale, kulturelle sowie firmenspezifische Projektmanagement-Techniken und Standards anpassen, da diese von dem jeweiligen Lieferanten bzw. Kunden erwartet wurden. Die Arbeitssprache in diesen Projekten war an PRINCE angelehnt.

Auf Grund der geschilderten Berufserfahrung sowie des Ablaufs der mündlichen Prüfung habe ich nach meiner Auffassung das notwendige Wissen, um das Zertifikat eines „Zertifizierten Projektmanagement Fachmannes" zu führen.

Angesichts des knappen Ergebnisses der mündlichen Prüfung bitte ich um eine wohlwollende Prüfung des Bescheides.

2 Die IPMA-Zertifizierungsprüfungen der deutschen PM-ZERT

2.1 Die Basis: die ICB 3.0 und andere relevante Dokumente

Die International Competence Baseline (ICB 3.0) ist die Grundlage für die Zertifizierungen innerhalb der IPMA. Übersetzt ins Deutsche findet sich dieses Dokument wieder unter der Bezeichnung NCB (= Nationale Competence Baseline). Hierbei handelt es sich um eine 1:1 Übersetzung des englischen Originaldokuments.

In der ICB/NCB sind auf ca. 20 Seiten das allgemeine vierstufige Zertifizierungssystem, der Zertifizierungsprozess und die Einteilung der drei Kompetenzfelder (technische Kompetenzen, Verhaltenskompetenzen und Kontextkompetenzen) für die jeweiligen Zertifizierungslevels beschrieben. Hier finden Sie definiert, welche Anforderungen die einzelnen Prüfungsstufen nach IPMA haben.

Aber: Prüfungsanforderungen, Inhalte, Ablauf etc. werden von den einzelnen nationalen Verbänden innerhalb der IPMA geregelt! Das bedeutet: Eine Level-D/C/B/A-Prüfung in Deutschland läuft anders ab als eine Level-D/C/B/A-Prüfung in Skandinavien oder Österreich. Ausarbeitungen, Prüfungsfragen etc. für die verschiedenen Levels sind in den einzelnen Ländern unterschiedlich geregelt. Zugleich können die verschiedenen nationalen Verbände weitere Dokumente zur Grundlage ihrer (nationalen) Prüfungen machen. In Deutschland ist z.B. neben der ICB 3.0 auch die DIN 69901 relevant. Das alles ist ein wenig vergleichbar mit den Abiturprüfungen in den unterschiedlichen Bundesländern in Deutschland: Am Ende haben alle die allgemeine Hochschulreife, obwohl es (noch) in der Hoheit der einzelnen Bundesländer liegt, welche Abituraufgaben mit welchem Schwierigkeitsgrad an die Schüler gestellt werden.

2.2 Der feine Unterschied: Qualifizierung und Zertifizierung

Autorisierte Trainingspartner der GPM sind zuständig für die Qualifizierung

In Deutschland übernehmen autorisierte Trainingspartner (ATP) der GPM sowie unter deren Regie auch autorisierte Trainer (AT GPM) die offizielle Qualifizierung für die unterschiedlichen Zertifizierungslevel. Diese führen firmeninterne Trainings, aber auch offene Schulungen durch. Private oder öffentliche Bildungsinstitute (Akademien, Hochschulen etc.), die offiziell mit der GPM kooperieren, setzen diese Trainer ein. Die Trainer sind also das Vehikel, über das die GPM die Zertifizierungsschulungen transportiert.

Die GPM stellt über diese Trainer offizielles Lehrmaterial zur Verfügung, das die Teilnehmer nutzen können, um sich optimal auf die Zertifizierung vorzubereiten. Qualifizierung bedeutet also nichts anderes als Lehren und Lernen. Dabei geht es zum einen darum, neues Wissen zu vermitteln oder zu lernen, aber zum anderen auch um die Reflexion der eigenen PM-Praxis mit Hilfe von entsprechenden Erklärungsmodellen. Die Qualifizierung hat also einen möglichst umfassenden Kompetenzaufbau des Teilnehmers zum Ziel.

Die Bücher der GPM sind aber nicht die Basis für die Zertifizierung! Sie dienen lediglich der Vorbereitung und vermitteln einen Überblick über die Themengebiete, welche in der Prüfung abgefragt werden. Über die Bücher verdient die GPM sehr viel Geld – bitte hinterfragen Sie aber kritisch, ob diese Bücher für Sie selbst wirklich hilfreich sind. Die Zertifizierungsprüfungen dagegen basieren auf den offiziellen Regularien der jeweiligen nationalen Prüfungsstellen.

Die Zertifizierung erfolgt durch Assessoren der PM-ZERT

Zertifizierung bedeutet: Überprüfung auf Normenkonformität durch einen unabhängigen Dritten. Hier übernehmen die Assessoren die Regie. Konkret: Der Trainer, der Sie zuvor beim Lernen unterstützt hat, hat jetzt keine Funktion mehr in der Zertifizierungsprüfung. Trainer und Prüfer sind nie dieselben Personen. Der Trainer kommt von der GPM und kann maximal bis vor den Prüfungsraum selbst überprüfen und kann die Assessoren der PM-ZERT, ob die Kompetenz bzw. Kompetenzausprägung des Kandidaten mit der ICB-Norm konform geht.

Qualität bei der Auswahl des richtigen Trainers!

Die offiziellen Trainingspartner und Trainer der GPM sind sehr daran interessiert, „ihre" Teilnehmer optimal auf die Prüfung vorzubereiten und sie gut durch die verschiedenen Zertifizierungsschritte zu navigieren. Viele dieser Trainer haben ihr berufliches Geschäftsmodell ganz an dieses Ansinnen ausgerichtet. Dazu treffen sich die Trainer regelmäßig, tauschen sich aus und erhalten dadurch früher als andere neueste Informationen über Änderungen im Prüfungsverlauf, aktuelle Prüfungsfragen etc. Die GPM unterstützt sie darin, indem sie das Gütesiegel dieser Trainer im Markt kommuniziert. Denn in der Tat ist dies ein Markt, in dem sich auch „Graumarktanbieter" tummeln. Denn theoretisch kann jede Person oder jeder Bildungsanbieter einen sogenannten Vorbereitungskurs für eine IPMA Zertifizierungsprüfung anbieten – auch ohne Kooperation mit der GPM oder ohne Einsatz eines AT. Die Qualität, oder besser gesagt, die Nichtqualität, merkt der Teilnehmer aber erst, wenn er im Kurs sitzt und dann in der Regel auch die volle Kursgebühr bezahlt hat.

Das schlimmste Beispiel zum Thema „Graumarktanbieter" wurde mir vor einigen Jahren erzählt, als ich eine Gruppe von Level-D-Absolventen auf das Level C höherqualifizieren sollte. Die Teilnehmer des (geförderten) Lehrgangs erzählten mir, dass die „Trainerin" ihres Level D-Kurses eine Studentin war, die von ihrem Institutsleiter einen Satz von 500 Folien bekommen hatte und diesen mit der Teilnehmern durchzunehmen hatte. Kamen Fragen bei den Teilnehmern auf, war ihre Reaktion: „Das ist eine gute Frage. Was sagen die anderen Teilnehmer dazu?" Ich kann hier nur dafür appellieren, dass Sie bei Ihrer Auswahl zur Qualifizierung mehr Qualität walten lassen. Denn es wäre schade um das Geld und vor allem um die Zeit, die Sie in einem schlechten Kurs verbringen!

2.3 Die Erstzertifizierung für die Levels D/C/B/A

2.3.1 Die Antragsformalitäten

Die richtigen Formulare für den Antrag auf jeweilige Zertifizierung auswählen

Wenn Sie sich – am besten durch einen ATP der GPM – ausreichend qualifiziert fühlen, ist der nächste Schritt, den Antrag auf Zertifizierung bei der PM-ZERT zu stellen. Sie beantragen dabei gleichzeitig die Zulassung zu einem bestimmten Prüfungstermin, d. h. entweder wollen Sie an einem festgesetzten Termin einer hausinternen Prüfung teilnehmen oder an einem der offenen Prüfungstermine, die es mehrmals jährlich in Nürnberg und Hannover gibt. Bitte beachten Sie entsprechende Fristen zur Anmeldung (vier bis sieben Wochen, je nach Level).

Zu Ihrer Zertifizierungsprüfung müssen Sie persönlich zugelassen werden, d. h. Sie stellen einen Antrag auf Zertifizierung bei der Zulassungsstelle (PM-ZERT in Nürnberg). Diesen Antrag können nur Sie selbst stellen (und nicht Ihr Vorgesetzter oder Ihre Personalabteilung), denn es handelt sich ja um eine Personenzertifizierung.

Mit diesem Antrag müssen Sie eine Reihe weiterer Unterlagen und Belege einreichen – je nachdem, auf welchen Level Sie sich zertifizieren lassen wollen. Dazu hat die PM-ZERT entsprechende Formulare auf ihrer Webseite hinterlegt. Hier eine kurze Übersicht:

TABELLE 1 ANTRAGSPHASE ZERTIFIZIERUNG

Level	Voraussetzung	Einzureichende Dokumente sind
Level D Projektmanagement-Fachkraft	Keine	Antragsblatt Lebenslauf Selbstbewertung
Level C Projekt Manager	Mindestens dreijährige Leitungserfahrung* in non-komplexen Projekten	Antragsblatt Lebenslauf Kurzdarstellung des eigenen Unternehmens (inkl. der eigenen Rolle) Selbstbewertung Projektliste
Level B Senior Projekt Manager	Mindestens fünfjährige Leitungserfahrung* in Projekten, davon drei Jahre in komplexen Projekten	Antragsblatt Lebenslauf Kurzdarstellung des eigenen Unternehmens (inkl. der eigenen Rolle) Selbstbewertung Projekt/Programmliste mit Komplexitätsbewertung
Level A Programm Direktor	Mindestens fünfjährige Erfahrung im Portfolio-, Programm- oder Multiprojektmanagement, davon drei Jahre in verantwortlicher Leitungsfunktion im Portfoliomanagement einer Organisation, Firma bzw. Geschäftseinheit oder im Management wichtiger Programme.	Antragsblatt Lebenslauf Kurzdarstellung des eigenen Unternehmens (inkl. der eigenen Rolle) Selbstbewertung Programm-/Portfolioliste mit Komplexitätsbewertung

*Bitte beachten Sie, dass hier von Leitungserfahrung im Bereich Projekt-/Programm-/Portfoliomanagement gesprochen wird: Es geht nicht darum, dass Sie drei oder fünf Jahre lang Projekte geleitet haben, sondern dass die Summe Ihrer Arbeitszeit, die Sie mit PM-Tätigkeiten verbracht haben, diese besagten drei bzw. fünf Jahre ergibt. In der Regel macht man aber nicht von morgens bis abends Projektleitertätigkeiten: Man ist auch mit anderen Dingen beschäftigt, z. T. auch mit fachlichen Fragestellungen. Deswegen muss man in der Regel die letzten sechs, sieben oder acht Jahre für sich Review passieren lassen und abschätzen, wie viel Prozent der durchschnittlichen Arbeitszeit man mit Managementaufgaben in den jeweiligen Projekten betraut war.

Auf die Aktualität der Antragsformulare achten

Die PM-ZERT stellt auf ihrer Webseite (www.pm-zert.de) jeweils die aktuellen Formulare für den Antrag auf Zertifizierung, die Selbstbewertung und die Schreibanleitungen für die verschiedenen einzureichenden Dokumente, gesondert für jeden Level zur Verfügung. Die Formulare werden in unregelmäßigen Abständen (ca. alle 4-6 Monate) von der PM-ZERT geändert oder aktualisiert.

! Mein Tipp: Es ist absolut notwendig, dass Sie sich VOR Ihrer Beantragung die aktuellen Dokumente von der Webseite der PM-ZERT herunterladen. Nichts ist ärgerlicher beim Erstellen von Unterlagen als am Ende feststellen zu müssen, dass Ihre genutzten Vorlagen veraltet sind!

Antragsblatt für die Zertifizierung

Hier handelt es sich um ein Dokument, in dem Sie Namen, Lichtbild, Rechnungsanschrift etc. angeben. Ab Level C müssen Sie auch zwei Referenzadressen benennen, die bestätigen können, dass Sie über die entsprechende PM-Erfahrung verfügen. Das Ausfüllen des Formulars ist simpel und dürfte keine zehn Minuten in Anspruch nehmen (das sich Vergewissern, dass sich zwei Personen als Referenzgeber zur Verfügung stellen, dauert sicherlich länger). Ich werde immer wieder gefragt, ob die Referenzgeber „stimmen" müssen, ob diese tatsächlich von der PM-ZERT angerufen werden etc.

! Mein Tipp: Ehrlich bleiben und sich um zwei Referenzgeber bemühen – es schadet sicherlich nicht dem eigenen Ansehen, wenn man dem Referenzgeber erklärt, dass man sich formal als Projektleiter zertifizieren lassen möchte!

Lebenslauf

Hier reicht ein tabellarischer Lebenslauf, aus dem die bisherigen beruflichen Stationen sichtbar werden. Einen solchen Lebenslauf haben Sie bereits irgendwo in der Schublade, Sie müssen ihn eventuell nur noch aktualisieren. Von der PM-ZERT gibt es zum Lebenslauf keine weitere Formvorschrift!

! Mein Tipp: Achten Sie darauf, dass in den verschiedenen Stadien Ihrer beruflichen Tätigkeiten erkennbar wird, wo Sie Ihre Projektmanagementerfahrung überwiegend erworben haben. Dies ist natürlich v. a. für die Zertifizierungsstufen ab Level C notwendig.

Selbstbewertung

Hierbei handelt es sich um ein vorgegebenes Excel-Dokument, in dem alle ICB-Elemente als Spalte aufgelistet sind. Sie müssen sich selbst für Ihre Ausprägungen im Bereich Wissen und Erfahrung eines jeden Elementes auf einer Skala von 0 bis 10 einschätzen. Wie schätze ich mein Wissen in Hinblick auf den Projektmanagementerfolg ein? 0 = kein Wissen oder keine Erfahrung; 10 = sehr gutes Wissen oder viel Erfahrung.

Wozu dient diese Selbstbewertung? Müssen Sie hier eine (versteckte) Mindestpunktzahl oder Ausprägung erreichen? Ich habe in der Vergangenheit von Trainern gehört, die Ihren Teilnehmern sagten: „Ihr müsst hier mindestens sieben auf der Skala ankreuzen, sonst werdet ihr nicht zugelassen!" Stimmt das?

Die PM-ZERT schreibt, dass die Selbstbewertung dazu diene, im Zertifizierungsverfahren auffällige Verbesserungspotentiale im mündlichen Interview erörtern zu können. Also, wo hat der Assessor Sie ganz anders erlebt, als Sie sich vielleicht selbst sehen? Das funktioniert natürlich nicht, wenn man zuvor die Liste „strategisch" durchgekreuzt hat. Und noch ein anderer guter Grund kann dazu dienen, die Selbstbewertung ehrlich zu nutzen: Wenn ich mich selbst bei bestimmten Themen sehr gering einschätze, dann könnten diese Themenfelder gerade meine Lernfelder sein, um die ich mich besonders in der Vorbereitung kümmern sollte.

In der NCB finden sich Angaben für „erwartete" durchschnittliche Punkte je nach Level:

TABELLE 2 DURCHSCHNITTLICHE PUNKTE JE LEVEL

Level	Wissen	Erfahrung
Level D PM-Fachkraft	4	(optional)
Level C Projekt Manager	5	4
Level B Senior Projekt-Manager	6	6
Level A Programm Direktor	7	7

! Mein Tipp: Füllen Sie die Liste eher „intuitiv" aus, machen Sie sich nicht zu viele strategische Gedanken! Vielleicht wollen Sie die Liste zu Beginn Ihrer Qualifizierung ausfüllen und dann wieder zum Ende: Dann haben Sie für sich sogar einen sichtbaren Beleg Ihres Lernfortschritts.

Ich gebe allerdings den Kritikern dieser Selbstbewertung in einem Punkt Recht: Die Nützlichkeit der Skalierung ist nur eingeschränkt gegeben, da überhaupt nicht klar ist, was z.B. eine Merkmalsausprägung von „vier" bedeutet. Eine Vergleichbarkeit der Selbsteinschätzungen ist für den Ausfüller nicht gegeben: Denn was der eine mit „vier" bewertet, schätzt der andere vielleicht auf „sechs".

Kurzdarstellung des eigenen Unternehmens

Die einseitige Kurzdarstellung des Unternehmens inkl. der eigenen Rolle muss einen Absatz über die Rolle des Projektmanagements im Unternehmen beinhalten. Die einseitige Kurzdarstellung beinhaltet also drei Themen:

- Kurzprofil des Unternehmens
- Rolle des Projektmanagements im Unternehmen
- eigene Rolle

Die Projektliste bzw. die Programm-/Portfolioliste als Dokument zum Nachweis Ihrer PM-Leitungserfahrung

Die Projekte- bzw. Programmliste ist ab der Zertifizierungsstufe C und höher notwendig. Eine ähnliche Liste, nur bezogen auf Programme bzw. Portfolioarbeit, gibt es für das Level B/A. Die Liste ist eine vorgegebene Excel-Datei mit mehreren Registerblättern:

Blatt 1: Liste der Projekte (Projektbezeichnung, Start/Ende des Projektes, eigene Funktion/Tätigkeit in den Projekten, Start/Ende dieser Funktion) sowie prozentuale Auslastung in dieser Funktion.

Blatt 2 bis n: Projektsteckbrief für jedes Projekt, der im Registerblatt 1 aufgeführten Projekte.

Mit dieser Liste dokumentieren Sie Ihre bisherige Projektmanagementerfahrung im Blick auf Einzelprojekte (Level C), komplexe Projekte (Level B) oder Programme/Portfolios (Level A). Sie beschreiben also, von wann bis wann Sie welches Projekt/Programm leiteten, welche Rolle Sie dabei innehatten, wie stark Sie zeitlich darin involviert waren. Zu jedem Projekt müssen Sie weitere Angaben über das Projekt selbst machen, z. B. die beteiligten Stakeholder, die Projektkosten oder Aufwände etc.

Anhand dieser Liste entscheiden die Assessoren, ob die Projekte die notwendige Komplexität hatten und ob Sie über die notwendige Projektmanagementerfahrung verfügen, damit Sie zur Zertifizierungsprüfung zugelassen werden können. In diese Liste können Sie alle PM-Erfahrung aufnehmen, die Sie gemacht haben: Sei es als Projektleiter, Teilprojektleiter, Projektmanager, Mitglied des PM-Teams, Fachprojektleiter, kaufmännischer Projektleiter etc. Entscheidend ist dabei nicht die offizielle Bezeichnung, die Sie hatten, sondern welche (Leitungs-)Funktion Sie dabei ausgefüllt haben. Diese Funktion müssen Sie aber auch so darstellen, dass es die Assessoren verstehen. Verwirren Sie also nicht, indem Sie z.B. Projektkoordinator oder PMO als Bezeichnung wählen (selbst wenn Sie so offiziell genannt wurden). Denn diese Bezeichnungen sind – nach GPM – nicht mit einer Führungsfunktion belegt sondern eher mit einer administrativen Funktion.

Diese Liste muss zusammen mit Ihren Antragsunterlagen abgegeben werden.

! Mein Tipp: Zeigen Sie Ihrem ATP-Trainer Ihre Liste! Holen Sie sich Feedback, was Sie an der Liste verbessern können. Denn ein Projekt aus der Liste verwenden Sie später dazu, weitere Ausarbeitungen zu machen. Die Diskussion mit dem Trainer erleichtert Ihnen später die Auswahl. Zugleich ist die Auseinandersetzung mit der Liste eine gute Möglichkeit, sich auch inhaltlich-methodisch auf die nächsten Prüfungsschritte vorzubereiten.

Zusätzlich mögliches Level A Zulassungsgespräch: Die PM-ZERT hält sich die Möglichkeit offen, mit Bewerbern für den Level A direkt oder via Telefonkonferenz ein Zulassungsgespräch zu führen (wenn die Bewerbungsunterlagen nicht eindeutig und daher zu verifizieren sind!). Dann erhalten Sie eine Benachrichtigung, die wie folgt aussieht:

Sehr geehrte/r Herr/Frau XY,

nach der vollständigen Prüfung Ihrer Unterlagen können wir Ihnen mitteilen, dass Sie zum Zertifizierungsverfahren im "IPMA Level A" zugelassen sind.

Es ist noch ein Zulassungsgespräch erforderlich. Dieses wird nach dem Leveltest A zwischen 15:45 und 17:45 Uhr mit dem Assessor N.N. stattfinden.

Wie erfahre ich, dass ich zur Zertifizierung zugelassen bin?

Nach Einreichung Ihrer Antragsunterlagen dauert es einige Zeit, bis Sie von der PM-ZERT eine Information via E-Mail erhalten, dass Sie zugelassen sind. Dieses Informationsschreiben geht Ihnen direkt zu und nicht über eine dritte Person, denn schließlich haben ja auch Sie persönlich die Zertifizierung beantragt.

Wer zugelassen ist, bekommt eine entsprechende Information der PM-ZERT mit der Agenda für das weitere Vorgehen:

BILD 1: AGENDA FÜR EINE LEVEL C/B PRÜFUNG

Mittwoch			
08:00 – 12:00	PSA Interview Level B 4x		Assessoren
12:00 – 12:30	Pause		Assessoren
12:30 – 12:45	Begrüßung und Erläuterung Ablauf 1. Tag		Assessoren
12:45 – 14:45	Schriftliche Prüfung Teil 2 (Level bezogener Wissenstest)		Zertifikanten
14:45 – 15:30	Pause		alle
15:30 – 17:30	Schriftliche Prüfung Teil 1 (Basiswissenstest)		Zertifikanten
ab 17:30	Korrektur der schriftlichen Tests		Assessoren
Donnerstag			
08:00 – 09:00	Vorstellungsrunde und Einführung in die Fallstudie		Assessoren
09:00 – 12:00	Gruppenarbeit Teil 1		Zertifikanten
12:00 – 13:00	Präsentation im Plenum		Zertifikanten
13:00 – 14:00	Mittagspause		alle
14:00 – 17:00	Gruppenarbeit Teil 2		Zertifikanten
17:00 – 18:00	Präsentation im Plenum		Zertifikanten
18:00 – 18:30	Feedback + Festlegung der Reihenfolge für Interviews		Assessoren
18:30 – 19:15	Vereinbarung des PSA/PPSA-Titels und		Zertifikanten Literaturkonspekt
Freitag			
Ab 08:00	Prüfungsgespräche zur Prüfung Level C		Assessoren C-Zertifikanten

Keine Garantie auf Zulassung

Die Antragsstellung ist bereits ein wichtiger Teil Ihrer Zertifizierung. Es ist aber nicht gesagt, dass jeder, der den Antrag stellt, auch zur Zertifizierungsprüfung zugelassen wird!

Beispiel 1:

Sehr geehrte/r Frau/Herr ...

in Ihrem speziellen Fall konnte die Zulassung noch nicht für den von Ihnen gewünschten IPMA Level ausgesprochen werden. Die Begründung entnehmen Sie bitte der nachstehend zitierten Assessoren-Empfehlung:

Ihre Tätigkeit konnte nicht als Projektleitungs-Tätigkeit anerkannt werden. Vielmehr handelt es sich nach Einschätzung der Assessoren um eine Führung in Linientätigkeit, die sich in einigen Fällen wiederholt. Die Angaben zu Ihren Rollen sind nicht als PM-Rollen zu erkennen. Die Planung des eigenen Berufsweges bzw. die Einführung von zwei Mitarbeitern kann ebenfalls nicht anerkannt werden.

Die Zertifizierungsprüfungen finden an folgendem Tag statt. Die PM-ZERT Assessoren in Ihrem Zertifizierungsverfahren sind Herr AB und Frau BA.

Hinweis: Die vorgenannte Feststellung erfolgte auf Basis der uns von Ihnen übermittelten Unterlagen. Sollten Sie uns weitere Informationen zur Verfügung stellen können, bieten wir Ihnen die Möglichkeit, diese schriftlich spätestens bis zum Tag xy einzureichen! Im Übrigen können Sie aber auch die Nichtzulassung zu Ihrem Wunschlevel mit Hilfe Ihres Einspruchsrechtes prüfen lassen.

Beispiel 2:

Sehr geehrter Herr ...,

in Ihrem speziellen Fall konnte die Zulassung noch nicht für den von Ihnen gewünschten IPMA Level C ausgesprochen werden. Die Begründung entnehmen Sie bitte der nachstehend zitierten Assessoren-Empfehlung:

Bitte erläutern Sie Ihre Tätigkeit als Arbeitspaketverantwortlicher und die Projekte 1 und 2.

! Mein Tipp: Die Assessoren können immer nur nach dem urteilen, was ihnen auch zur Verfügung gestellt wurde. Und manchmal sind diese Dokumente für einen Außenstehenden nicht einfach zu verstehen. Ich weiß nicht, ob ich mit einem Assessor tauschen möchte! Also: Die Ablehnung eines Antrages kann auf Unklarheiten von Seiten des Antragstellers beruhen. Deswegen: Beantworten Sie die Unklarheiten rasch. Nehmen Sie das Heft des Handelns in Ihre Hände und erklären Sie sich. Oder fragen Sie, wie Sie Ihre Zulassungsberechtigung belegen sollen, damit es für die Assessoren nachvollziehbar ist. In dem formalisierten Schreiben der PM-ZERT wird ja sogar explizit angeboten, dass die Teilnehmer sich noch einmal melden sollen. Als Projektleiter sind Sie es gewohnt, mit Problemen umzugehen, jetzt müssen Sie dies eben im Blick auf Ihre Zertifizierung tun!

Hallo ...,

auf der GPM/PM-ZERT Webseite findest Du die Kontaktadressen der PM-ZERT. Ich würde noch am Wochenende eine E-Mail an die PM-ZERT schicken, dass Du Dich mit den Assessoren besprechen willst (am besten per Telefon!!!), wie Du Deine PM-Erfahrung besser erklären kannst, so dass Deine Erfahrungen nicht als Linienaufgabe missverstanden werden. Ziel muss es sein, dass Du klar stellst, was so missverständlich ist.

Bitte kümmere Dich darum und lass uns dann am Montagabend telefonieren, damit klar ist, wie die Überarbeitung aussehen muss.

Hallo ...,

Danke für die Info!

Der AP-Verantwortliche ist in vielen Fällen der (nur) fachlich Verantwortliche. Er ist nicht Teil des PM-Teams, sondern wird vom PL geführt.

Ein AP besitzt in der Regel auch nicht die Komplexität, die von einem Level C Projekt erwartet wird.

Sie müssen also erklären, dass in Ihrem Fall ein AP vergleichbar ist mit dem, was in anderen Fällen ein Projekt bzw. ein Teilprojekt ist. Oder war das AP = ein Projekt = Teil eines Programms? Auch Ihre Verantwortungsrolle sollten Sie klar herausstellen.

2.3.2 Die schriftlichen Ausarbeitungen für die unterschiedlichen Levels

Nach der formellen Zulassung zu einem Prüfungstermin durch die PM-ZERT erhalten Sie per E-Mail die formelle Zulassung zur Zertifizierungsprüfung. Beachten Sie bitte unbedingt die Abgabetermine für die schriftlichen Ausarbeitungen, die Ihnen mitgeteilt werden. Diese sind zwingend einzuhalten und eine Verschiebung nur wirklich in sehr, sehr seltenen Ausnahmefällen möglich!

! Mein Tipp: Die schriftlichen Ausarbeitungen fließen in die Bewertung für die Zertifizierung ein. Planen Sie deshalb genügend Zeit ein, um diese Dokumente auszuformulieren, sie Korrektur zu lesen und auch lesen zu lassen, sie zu überarbeiten etc. Die wiederholte Beschäftigung mit den Themen, um diese Dokumente zu erstellen, ist eine gute Vorbereitung für die anderen Prüfungen (schriftlicher Test, mündliches Interview). Von den Assessoren habe ich vor einiger Zeit die Aussage bekommen: „Wer eine gute Hausarbeit schreibt, der schneidet i. d. R. auch gut in den anderen Prüfungsteilen ab."

! Mein Tipp: Wenn Sie zu einer Qualifizierungsgruppe eines ATP-Trainers gehören, sprechen Sie ihn darauf an, dass die Projekterfahrungsberichte gemeinsam im Vorbereitungsseminar angeschaut werden (z. B. via Beamer). Von einer gemeinsamen Manöverkritik haben sowohl diejenigen etwas, die eine Ausarbeitung zeigen, als auch die anderen, die aus der gemeinsamen Diskussion wieder Rückschlüsse auf ihre eigene Arbeit ziehen.

TABELLE 3 SCHRIFTLICHE AUSARBEITUNGEN

Level	Unterlagen	Abgabe	Umfang
Level D PM-Fachkraft	Transfernachweis	14 Tage vor schriftlicher Prüfung	Max. 60 Seiten
Level C Projekt Manager	Projekterfahrungsbericht (PEB)	14 Tage vor schriftlicher Prüfung	Max. 25 Seiten plus max. 10 Seiten Anhang
Level B Senior Projekt Manager	Projektstudienarbeit Literaturkonspekt	4 Wochen vor Interview	Max. 45 Seiten plus max. 15 Seiten Anhang 10-15 Folien für Präsentation 1 Besprechung Fachbuch oder Fachartikel
Level A Programm Direktor	Programm-Portfolio-Studienarbeit Literaturkonspekt	4 Wochen vor Interview	Max. 45 Seiten plus max. 20 Seiten Anhang 10-15 Folien für Präsentation 1 Besprechung Fachbuch oder Fachartikel

Transfernachweis für Level D

Der Transfernachweis ist eine Heimarbeit, die Sie als Teilnehmer zu erstellen haben. Anhand einer vorgegebenen Schreibanleitung der PM-ZERT schildern Sie die Definition und Planung eines Projektes und wenden dabei die wichtigsten PM-Methoden exemplarisch an: Welche Ziele sind für das Projekt gesteckt worden? Welche sachlichen und sozialen Rahmenfaktoren mussten beachtet werden? Welche Risiken wurden erkannt und wie wurde dagegen vorgegangen? Welche Phasen und Meilensteine gab es? Welche Rollen waren in dem Projekt definiert worden? Wie war das Kommunikations- und Berichtswesen aufgebaut? Wie sah das Leistungsverzeichnis (PSP) aus? Wie war die Detailterminplanung, die Ressourcen- und Kostenplanung? Diese methodischen Themen plus zwei weitere Kapitel zu Verhaltensthemen bzw. Kontextthemen beschreiben Sie auf max. 60 Seiten, wobei Sie dies anhand eines Projektes schildern.

Das geschilderte Projekt kann tatsächlich in der Vergangenheit so ähnlich stattgefunden haben, es kann auch ein zukünftiges Thema sein. Es kann real sein, kann aber auch ein reines Fantasiethema sein! Das Thema ist also nur das Transportvehikel, damit Sie den Assessoren zeigen, dass Sie die Methoden des Projektmanagements sowie einige weitere wichtige Ansätze rund um die Projektarbeit verstanden haben. Das Level-D-Zertifikat ist ja ein reines Wissens-Zertifikat. Mit dieser Ausarbeitung weisen Sie also nach, dass Sie die Methoden richtig verstanden haben.

Sie können diesen Transfernachweis auch zusammen mit drei anderen Zertifikanten erstellen und ihn dann als Gruppenarbeit abgeben. Dann erhalten am Ende alle vier Bewerber die gleichen Punkte! Das kann natürlich den einen oder anderen dazu verleiten, seinen Teil nicht so gewissenhaft zu schreiben wie die anderen (Trittbrettfahrer). Zudem kann man die Kapitel nicht einfach nach dem Motto trennen: „Du beschreibst die Stakeholder, ich beschreibe die Risiken", denn die Themen sind ja miteinander quasi „vernetzt".

! Mein Tipp: Wenn Sie mit anderen zusammen den Transfernachweis schreiben wollen, suchen Sie sich Kollegen, deren Leistungsniveau dem Ihren entspricht!

Bei der PM-ZERT gibt es eine Schreibanleitung zum Erstellen des Transfernachweises (so genannte Dokument z08), in der genau beschrieben ist, was und wie Sie die einzelnen Kapitel zu erstellen haben. Sie werden dabei vielleicht erstaunt feststellen: Manche Ausarbeitungen müssen Sie zuerst als Tabelle machen und anschließend noch mal als Grafik. Hintergrund: Die grafischen Darstellungen sollen Darstellungen sein, die der Projektleiter z.B. in einer Lenkungsausschuss-Besprechung zeigen könnte. Entsprechend müssen die Grafiken jeweils immer eine Legende haben und grafisch die Dinge auf den Punkt bringen. Die Tabellen sind meist die „Arbeitsebene", wie sie im Projekt erstellt werden.

Für die Ausarbeitung gilt:

- Zuerst machen Sie eine **theoretische Kurzeinführung** in das jeweilige Thema (Beispiel: „Unter einem Risiko versteht man einen negativen Einflussfaktor für das Projekt, der eine bestimmte Eintrittswahrscheinlichkeit hat..."), dann folgt die Überleitung zu Ihrem Projektbeispiel (Beispiel: „In meinem Projekt wurde im Rahmen des Startworkshops über die möglichen Risiken des Projektes diskutiert und folgende Risikoliste erstellt ...")

- Die Darstellungen müssen immer **vollständig** sein (also nicht z.B. exemplarischer Ausschnitt aus dem PSP); Sie können aber eine entsprechende Vergröberung wählen.

- **Allgemein:** Quellenangabe machen; Alle Grafiken haben eine Unterschrift und eine Legende (z.B. verschiedene Strichstärken, Farben etc damit erklären)

- **Steckbrief:** eigene Rolle beschreiben, gerade bei Gruppenarbeiten: welchen Bezug hat der Schreiber zu diesem Projekt? Rolle des Auftraggebers im Unternehmen muss klar beschrieben sein; Themen aus dem Steckbrief müssen später in den einzelnen Kapiteln wieder aufgenommen werden (z.B. Stakeholder, Risiken ...).

- **Ziele:** Tabelle mit Gesamtziel; Tabellen für die Arbeitsebene; Nummerierung aus der Tabelle auch in Grafik aufnehmen.

- **Umfeld:** Geht ins Risikomanagement geht es in den PSP und geht dann auch ins Budget.

- **Stakeholder:** Portfolio; wenn Einzelmaßnahmen definiert werden, dann braucht es kein Portfolio; wenn in der Analyse g/m/h gemacht wurde, braucht es auch ein 9-Felder-Portfolio.

- Risikokennzahl Risikowert/Budget

- **Organisation:** AKV; Kommunikation Beispiel aus Projektkontext.

- **Phasenplan:** MS mit Datum wäre es ein vertraglicher MS; keine Pfeile, wäre sonst ein Prozess.

- **PSP:** Codierung: AP hat die kleinste Einheit in er Codierung: an 3. Stelle 0, dann an 4. Stelle.

- **Einsatzmittelplanung:** Skillprofil erstellen: Was brauche ich - Bedarf und Plan.

- **Kosten:** Sinnvoller Maßstab wie er für das Controlling passend ist.

! Mein Tipp: Viele Trainer bieten hier ihren Teilnehmern zusätzlich eine Formatvorlage an, in dem Inhaltsverzeichnis, Tabellen etc. bereits vorformatiert sind. Fragen Sie danach!

Projekterfahrungsbericht (PEB) für Level C

Beim Projekterfahrungsbericht greifen Sie auf eines Ihrer früheren Projekte zurück, das Sie bereits in der Projektliste kurz beschrieben hatten. Der PEB beruht auf einem realen Projekt, das Sie verantwortlich in der Vergangenheit geleitet haben. Jetzt sollen Sie diese Projekterfahrung im Blick auf die ICB und anhand vorgegebener Fragen reflektieren. Zum Teil sind die ICB Elemente vorgegeben, zum Teil haben Sie auch eine Wahlmöglichkeit, welches Element Sie reflektieren wollen. Insgesamt haben Sie 21 ICB Elemente zu reflektieren! Zu jedem ICB Element müssen Sie zu 2 Fragen gezielt Stellung nehmen:

- Frage 1: Warum war dieses ICB-Element wichtig?
- Frage 2: Was hat gut funktioniert? Was könnte verbessert werden?

! Mein Tipp: Die Assessoren wollen nicht in den Abschnitten lesen, was sie gemacht haben, sondern die beiden zentralen Fragen beantwortet haben. Das machen viele Teilnehmer falsch! Es geht darum, dass Sie beschrieben, warum das Thema im Blick auf ihr Management wichtig war und welche persönliche Erfahrungen Sie daraus ziehen. Verwenden Sie daher Formulierungen wie „das Thema war in meinem Projekt für mich sehr wichtig, weil ...", „Ich legte Wert darauf, weil ich die Erfahrung gemacht hatte, dass ..." oder „Gut funktioniert hat aus meiner Sicht, dass ...", „Ich bekam die Rückmeldung, dass ...".

Hier ein Beispiel, wie unterschiedlich sich ein Text liest, wenn der Prüfungskandidat das „Ich" besser berücksichtigt:

TABELLE 4 VERGLEICH VORHER – NACHHER PROJEKTERFAHRUNG

Vorher	Nachher
Mit Hilfe der Stakeholderanalyse konnten die Gespräche besser vorbereitet werden. Durch die daraus resultierenden wöchentliche Jour fixe Termine mit den Kollegen aus den als Stakeholder aufgeführten Bereichen/Abteilungen konnte ein regelmäßiger Austausch erfolgen. Auf diese Weise war gewährleistet, dass alle Stakeholder den gleichen Kenntnisstand haben und die jeweils relevanten Besonderheiten bzw. Anforderungen frühzeitig kommuniziert und berücksichtigt werden konnten. Auch die Berücksichtigung eines Kollegen aus der Abteilung xy im Kernteam hat im gegenseitigen Austausch mit der IT für ein deutlich besseres Verständnis gesorgt.	Mit Hilfe der Stakeholderanalyse konnte ich die Gespräche mit den verschiedenen Beteiligten besser vorbereiten. Durch die wöchentlichen Jour fixe Termine konnte ich einen regelmäßigen Austausch initiieren. Auf diese Weise gewährleistete ich, dass alle Stakeholder den gleichen Kenntnisstand hatten und die jeweils relevanten Besonderheiten bzw. Anforderungen frühzeitig kommuniziert und berücksichtigt werden konnten. Besonders hilfreich war meine Entscheidung einen Kollegen aus der Abteilung xy ins Kernteam aufzunehmen. Dies hat mit der IT für ein deutlich besseres Verständnis gesorgt.
Verbesserungswürdig war mit Sicherheit die Kommunikation mit dem externen Stakeholder „Angebotssysteme". Hier wurden die spezifischen technischen Anforderungen unterschätzt, so dass es zu ungeplanten Aufwänden und zeitlichen Verzögerungen bei der technischen Implementierung kam. Durch eine konsequentere Stakeholderanalyse	Verbesserungswürdig war aus meiner Sicht die Kommunikation mit dem externen Stakeholder „Angebotssysteme". Dessen spezifischen technischen Anforderungen hatte ich unterschätzt, so dass es zu ungeplanten Aufwänden und zeitlichen Verzögerungen bei der technischen Implementierung kam. Hätte ich mir von Anfang an noch konsequenter Gedanken

se hätten diese Probleme eventuell vermieden werden können.	über die externen Stakeholder gemacht, hätte ich diese Probleme eventuell vermeiden können.
Während des Projektverlaufs kam es teilweise auch zu Situationen, zu denen im ersten Moment keine Lösungen vorgesehen waren bzw. über die man sich im Vorfeld noch keine Gedanken gemacht hatte. Für die Problemlösung war nach meinem Empfinden das PM-Element „Kreativität" sehr hilfreich.	Weil es während des Projektverlaufs zu Situationen kam, zu denen ich im ersten Moment keine Lösungen hatte, war immer wieder meine Kompetenz in Sachen „Kreativität" wichtig.

Wie die Assessoren einen PEB bewerten, zeigt dieses Blatt, das mir ein Kollege zukommen ließ, weil es einer der Assessoren im Prüfungsraum liegen ließ! Man sieht deutlich, dass jede Frage von dem Assessor separat „bepunktet" wird.

Bild 2: Bewertungsblatt der Assessoren für den PEB beim Level C

ICB-Elemente			
	Beschreibung Projektumfeld	2	
	Beschreibung Projektphasen und eigene Rolle	2	
Pflichtelemente PM-Technische Kompetenz Elemente			
1.02	Interessierte Parteien	4	3
1.03	Projektanforderungen und Projektziele	3	3
1.04	Risiken und Chancen	3	2
1.06	Projektorganisation	3	3
1.09	Projektstrukturen	3	2
1.10	Leistungsumfang und Lieferobjekte	3	3
1.11	Projektphasen, (Ablauf und Termine)	3	3
1.12	Ressourcen	3	2
1.13	Kosten und Finanzmittel	2	2
1.18	Kommunikation	2	2
Wahlelemente PM-Technische Kompetenz Elemente			
1.01	Projektmanagementerfolg	3	3
1.07	Teamarbeit	3	2
1.08	Problemlösung	3	
1.14	Beschaffung und Verträge		
1.15	Änderung		
1.16	Überwachung und Steuerung, Berichtswesen		
1.17	Information und Dokumentation	2	
1.19	Projektstart		
1.20	Projektende	2	3
Wahlelemente PM-Verhaltenskompetenz Elemente			
2.01	Führung		
2.02	Engagement und Motivation		
2.03	Selbststeuerung	2	2
2.04	Durchsetzungsvermögen		
2.05	Entspannung und Stressbewältigung		
2.06	Offenheit	2	
2.07	Kreativität		
2.08	Ergebnisorientierung		
2.09	Effizienz		
2.10	Beratung		
2.12	Konflikte und Krisen	2	2
2.13	Verlässlichkeit		
2.14	Wertschätzung	3	3
2.15	Ethik		
Wahlelemente PM-Kontextelemente			
3.01	Projektorientierung	2	2
3.05	Stammorganisation	2	2
3.06	Geschäft	3	3
3.07	System, Produkte und Technologien	3	2
3.08	Personalmanagement	3	2
3.09	Gesundheit, Arbeits-, Betriebs- und Umweltschutz	3	3
3.10	Finanzierung		
	Lessons Learned (Achtung: 2 neue Themen)	4	4

Beispiel PEB zum ICB Element 1.02

Warum war das PM-Element für das behandelte Projekt von Bedeutung?

Aufgrund des Umfangs der am Projekt beteiligten Unternehmensbereiche sowie der Vielzahl der involvierten Mitarbeiter war das Interesse der von dem Projekt profitierenden Abteilungen sowie der Nutzer, die nach Produktivsetzung der Software mit dem System arbeiten sollten, sehr groß. Die besondere Schwierigkeit für mich bestand darin, dass die meisten Beteiligten weniger ein Interesse am großen Ganzen hatten, sondern sich vor allem für den konkreten Fortschritt der sie betreffenden Funktionalitäten und Änderungen interessierten.

Was hat in Bezug auf das PM-Element im Projekt gut funktioniert, was könnte verbessert werden?

Die wesentlichen Stakeholder des Projektes wurden von mir regelmäßig und persönlich (vor Ort, per Videokonferenz oder Telefon) über den Projektverlauf sowie etwaige Probleme informiert und in die Lösungsfindung – soweit sinnvoll und möglich – involviert. Erleichtert wurde dies dadurch, dass im Rahmen der laufenden Release Planung des Jahres ohnehin ein ständiger Austausch der Interessen und Bedürfnisse der Beteiligten erfolgte.

Bei vielen, über mehrere Standorte verteilten Beteiligten ist es schwer, sämtliche Personen zeitgleich zu informieren. Erst in der zweiten Hälfte des Projektes bemerkte ich, dass dort der Informationsstand über den Projektverlauf veraltet war. Irgendwann hatte ich diese Stakeholder aus den Augen verloren! Ein regelmäßiger Newsletter mit wesentlichen Informationen zum aktuellen Stand, der 14-tägig versandt würde, könnte eine geeignete Methode sein, hier Abhilfe zu schaffen.

! Mein Tipp: Wenn Sie davon ausgehen, dass Sie max. 25 Seiten zur Verfügung haben, wovon ca. fünf bis acht Seiten für die Beschreibung des Projektes, seines Kontextes und der eigenen Rolle als Projektleiter notwendig sind, dann haben Sie für jedes ICB Element nicht mal eine Seite zur Verfügung, um das Element mit den zwei Leitfragen zu beantworten. Achten Sie also darauf, auf den Punkt zu kommen!

Hinweis: In manchen Prüfungen wurden die Bewerber nach dem „Unterschied" von Level C- und Level B-Zertifikaten gefragt. Level C-Absolventen berichten zudem von Assessoren, die Ihnen Mut gemacht hätten, sich doch möglichst bald um die nächste Zertifizierungsstufe zu bemühen, da sie die Prüfung mit Bravour absolviert hatten. Kann einem Bewerber etwas Besseres passieren? Dieses Feedback ist doch mehr als ein Lob und eine Motivation zugleich, zumal davon auszugehen ist, dass diejenigen, die sich der Prozedur der Zertifizierung unterzogen haben, sicherlich eine gesteigerte Leistungsmotivation besitzen.

Projektstudienarbeit Level B bzw. Programm-Portfoliostudienarbeit Level A

Wer eine Level-B- oder sogar eine Level-A-Zertifizierung anstrebt, sagt über sich, dass er im Programm- und Projektportfolio eines Unternehmens arbeitet. Das bedeutet: Sie kümmern sich um die wirtschaftlich „richtige" Einordnung und Priorisierung von Projekten zu Programmen bzw. haben die Übersicht über die verschiedenen Projekte und Programme im Unternehmen. Entsprechend müssen Sie eine Projekt- bzw. Programm-/Portfoliostudienarbeit schreiben. Aus Ihrem Portfolio bzw. aus der Liste Ihrer bisherigen Programme wählen Sie dazu ein Programm aus, das Sie wiederum nach einer bestimmten Schreibanleitung vertiefen.

Grundsätzlich geht es darum, dass Sie an diesem Beispiel zeigen, wie Sie Ihre Projekt- oder Programm-Kenntnisse und Ihre Erfahrungen eingesetzt haben und welchen Nutzen Sie dabei erzielt haben.

! Mein Tipp:

- Vermitteln Sie dem Assessor klar und eindeutig die Komplexität Ihres Projektes.
- Geben Sie Ihrer Studienarbeit einen bestimmten Schwerpunkt im Titel und machen Sie diesen Schwerpunkt in der Arbeit auch deutlich.
- In der PSA wollen die Assessoren das eigene Agieren aus der Verantwortung für die Rolle als Programmleiter thematisiert sehen.

- Die Ausführungen sollen nicht auf dem Niveau einer Beschreibung des Projekt-/Programmgeschehens verbleiben. Vielmehr machen Reflektionen des eigenen Agierens aus der Rolle als Leiter und zu Erfolg- und/oder Misserfolg – den Charakter einer STUDIEN-Arbeit ausmachen

Hinweis: Der Unterschied zwischen einer Level-B- (Projektstudienarbeit) und Level-A- (Programm/Portfolio)-Studienarbeit liegt „nur" in der Komplexität des beschriebenen Beispiels. Den verschiedenen Formaten der Studienarbeit liegt immer eine reale eigene Erfahrung zugrunde. Die Komplexität ermitteln Sie am besten anhand der Komplexitätsmatrix, die Sie von der GPM/PM-ZERT erhalten

Verwirrend für einen Teilnehmer war folgende Tatsache:

- Wieso muss man der Beantragung in der Excel-Projektliste im Registerblatt „PSA" bereits das Projekt benennen, den Arbeitstitel des PSA aber noch nicht?
- Konnten Sie jetzt schon herausfinden, wann unser Abgabetermin für den PSA ist? Ich meine irgendwann etwas von einem 6-monatigen Zeitraum gesehen zu haben, konnte jetzt aber nur in den Unterlagen einen Termin im August (!) finden.
- Als Thema für den Literaturkonspekt hatten Sie mir ein Kapitel aus Ihrem Buch nahe gelegt. Wie kann ich da konkret weiter verfahren?

Die Erklärung: Sie nehmen das Projekt, das für die PSA dienen soll, in Ihre Projektliste auf, damit die Assessoren zunächst davon wissen. Mit der Zulassung zur Prüfung bekommen Sie ein Formular, auf dem Sie die PSA genauer beschreiben.

Am Ende des Workshops (2. Prüfungstag) vereinbaren Sie mit Ihren Assessoren den genauen Titel für die PSA und die weiteren Teile (Lit-Konspekt). In dem Gespräch vereinbaren Sie mit den Assessoren, bis wann Ihre Arbeit fertig sein wird. Wenn Sie dann die Arbeit fertig haben und alles an die PM-ZERT geschickt haben, dauert es mindestens 4 Wochen bis zu Ihrem abschließendem Gespräch/Interview.

Sie können das ganze natürlich beschleunigen, wenn Sie jetzt schon (während die anderen ihren PEB schreiben) mit Ihrer PSA anfangen und auch schon mal den Lit-Konspekt vorbereiten. Der Fertigstellungsgrad sollte dabei aber bei max 80 % liegen, da das endgültige Thema ja erst mit den Assessoren am Ende des Workshops definiert wird. Sie können das aber gut beeinflussen, wenn Sie für die Ausrichtung Ihrer PSA eine nachvollziehbare Begründung haben. In der Regel sind die Assessoren dankbar, wenn der Kandidat hier schon vorgedacht hat …

Nehmen Sie die Erstellung der PSA nicht auf die leichte Schulter. Halten Sie sich an die Vorgaben zur Erstellung der PSA, sonst bekommen Sie vielleicht eine Mail wie diese:

Sehr geehrte/r Herr/Frau,

leider konnten Sie noch nicht zur PSA zugelassen werden.

Zusammenfassende Beurteilung:

Der Kandidat hat die ICB-Elemente der Methodenkompetenz im erforderlichen Umfang bearbeitet. Einen besonderen Wert der Arbeit stellen die strukturierten Ausführungen zur Katalysatorwirkung des entsprechenden ICB-Elementes dar, auch wenn diese bisweilen sehr verkürzt ausfallen.

Ungewöhnlich ist, dass der Autor bei der Behandlung der ICB-Elemente der Verhaltenskompetenz - insbesondere bei den Themen 2.01 und 2.02 vom "PL" und nicht von der eigenen Arbeit als Führungskraft in seinem Projekt

---

!Mein Tipp: Die Studienarbeit verabreden Sie direkt mit Ihren Assessoren nach dem Assessment-Center/Workshop (siehe unten). Es ist aber sinnvoll, sich schon vor diesem Gespräch ein Programm auszuwählen und sich Gedanken zu dieser Arbeit gemacht zu haben, um dadurch dem Assessor auch einen gezielten Vorschlag machen zu können. In der Regel folgt der Assessor Ihrem Vorschlag.

spricht und damit eher allgemeine Ausführungen zu den Themen macht. Das spezielle Thema der Arbeit wird nur unter Bezugnahme auf die PM-technischen Kompetenzen ausgeführt.

Von den geforderten acht geforderten ICB-Elementen wurden 2.04 - 2.08 und 2.14 anerkannt. Von den geforderten sechs geforderten ICB-Elementen wurden 3.01, 3.05, 3.07 und 3.08 anerkannt. Der Kandidat kann noch nicht zum abschließenden Interview zugelassen werden.

Bitte arbeiten Sie die fehlenden Elemente noch nach.

Von dem gleichen Teilnehmer habe ich nach einiger Zeit die Info erhalten, dass er bestanden habe. Folgendes Feedback gab er mir:

Den Assessoren hat es in meiner PSA an Ich-Botschaften gefehlt (jedes man/als PL/... ist eines zuviel). Außerdem hat es ihnen an Lessons-Learned gefehlt. Idealerweise steht am Ende jedes Kapitels etwas darüber, was das konkret für einen selber bedeutet. Achtung: Das bezieht sich sowohl auf die PSA, auf das spezielle Thema der PSA, auf die Präsentation als auch auf den Literaturkonspekt!

Literaturkonspekt (Präsentation & Fachbuch/Fachartikelbesprechung) Level A/B

Ähnliches wie bei der Projekt-/Programmstudienarbeit gilt auch für den so genannten Literaturkonspekt. Dabei handelt es sich um eine Textzusammenfassung, in der die wichtigsten Inhalte herausgestellt werden. Über die Zusammenfassung hinaus machen Sie aber auch weiterführende Aussagen aus Ihrer eigenen Erfahrung.

Eigentlich handelt es sich um zwei Formen von Quellenarbeit. Bei der Präsentationsunterlage stellen Sie für einen (imaginären) Vortrag einen Foliensatz zusammen, bei dem Sie zu einem Thema zwei verschiedene Quellen zusammentragen. I.d.R. muss der Vortrag nicht vor den Assessoren gehalten werden, da dies zu viel Zeit in Anspruch nehmen würde. Wichtig ist aber, dass der Foliensatz für die Assessoren „schlüssig" ist, wenn sie ihn sich vorab anschauen.

Bei der Fachbuch-Besprechung reicht eine Quelle. die Buchstudienarbeit darf max. 5 Seiten lang sein; davon 3 Seiten Darstellung des Buches und 2 Seiten persönliche Reflexion. Beide Aspekte müssen klar voneinander getrennt sein. Wie bei den anderen Unterlagen ist die eigene Sicht zu schildern das Wichtigste.

Themenideen für den Literaturkonspekt:

- Psychologie im Projektmanagement (da lässt sich immer etwas dazu finden, was interessant ist: Selbstpsychologie, Gruppenpsychologie, Führung in komplexen Situationen, Umgang mit schwierigen Situationen ...)
- Qualität im Projektmanagement (z.B. Entwicklung einer Projektportfolio Score-Card)
- Stressmanagement/Burnout – z.Zt. ein aktuelles Thema
- Professionelle Projektkommunikation (bei internen/externen Projekten)
- Projektmanagement-Office (ein Thema, das im Moment sehr beliebt ist ...)

TABELLE 5 DER LITERATURKONSPEKT

Art des Textes	Aufwand
Präsentationsunterlage für ca. eine Vortragsstunde	45 – 60 Minuten ca. 10 – 15 Folien mindestens zwei Quellen
Fachbuch- oder Fachartikel-Besprechung	maximal fünf Seiten davon zwei Seiten persönliche Reflexion

Der letzte Schritt: Die Ausarbeitung auf der Webseite der PM-ZERT hochladen

Wenn Sie Ihre Arbeit fertig haben, übermitteln Sie diese als PDF-Datei an die PM-ZERT-Geschäftsstelle. Den Link zum Upload finden Sie auf der Webseite der GPM.

Wenn Sie hochgeladen haben, sollten Sie eine E-Mail erhalten wie diese:

Sehr geehrte Dame, sehr geehrter Herr,
wunschgemäß bestätigen wir den Erhalt Ihres Transfernachweises.
Sie haben erfolgreich die nachfolgenden Daten für die Zertifizierungsstelle der GPM - Deutsche Gesellschaft für Projektmanagement zur Verfügung gestellt.
Sollte sich bei der Dateneingabe ein Fehler eingeschlichen haben, nehmen Sie bitte mit der PM ZERT-Geschäftsstelle Kontakt (Telefon 0911 433369-35) auf.
Diese Nachricht wurde automatisch erstellt.
Für den weiteren Verlauf Ihrer Prüfung wünschen wir Gutes Gelingen

Ihr Transferportal-Team

Achten Sie dabei allerdings auf Einhaltung der Frist, sonst könnten Sie folgende Meldung erhalten:

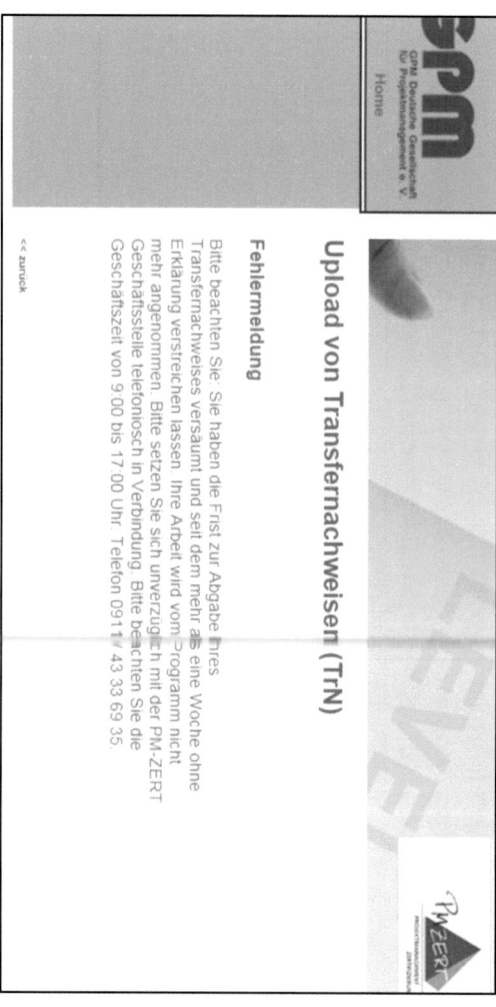

BILD 3: UPLOADFENSTER

2.3.3 Die schriftlichen Tests der verschiedenen Levels

Die Bestandteile des schriftlichen Tests für die verschiedenen Prüfungsstufen sind auf der Webseite der PM-ZERT als Download hinterlegt. Typisch deutsch sind sie etwas umständlich formuliert, aber man kann sie dort im Original nachlesen.

Hinweis: Es gibt drei unterschiedliche schriftliche Tests: Tests für Level D, für Level C/B und für Level A. Jeder, der die Zertifizierung C oder B macht, muss neben seinem Level bezogenen C/B-Test noch den schriftlichen Level-D-Test machen! Aber: Wenn Sie bereits die Level-D-Zertifizierung haben und eine Höherzertifizierung machen, entfällt dieser Teil für Sie.

Bei Level A entfällt der Level D (= Basis) Test.

Die Tests haben unterschiedliche inhaltliche Schwerpunkte. Auch die Gewichtung der einzelnen Kompetenzbereiche ist je nach Test unterschiedlich. Und last but not least ist die Art der Fragestellungen unterschiedlich.

Hier eine Übersicht über die Themenschwerpunkte und deren unterschiedliche Gewichtung je nach Level-Test:

TABELLE 6 THEMENSCHWERPUNKTE DER LEVEL-TESTS

Kompetenzbereich	Prozentualer Schwerpunkt, Erreichbare maximale Punkte, Inhaltliche Schwerpunkte		
	Level D	Level C und B	Level A
Technische Kompetenzen	70 % 80 Punkte Ziele, Phasen, PSP, Detailterminplan, Ressourcenplanung, Kostenplanung, Organisation, Projektsteuerung, Team, Kommunikation	60 % 70 Punkte Ziele, Phasen, Projektstart und -ende, Umfeld Risiken Ressourcenplanung	40 % 48 Punkte Programm, Portfolio, Umfeld, Ziele, Phasen, Termin-/Ressourcenplanung, Organisationsformen, Änderungsmanagement
Verhaltens-Kompetenzen	15 % 20 Punkte Führung, Motivation, Ethik, Kreativität, Verhandeln, Konfliktlösung,	20 % 20 Punkte Führung, Motivation, Kreativität, Verhandeln, Konfliktlösung	30 % 36 Punkte Konflikte, Motivation, Durchsetzung, Verlässlichkeit
Kontext-Kompetenzen	15 % 20 Punkte Personalmanagement, Sicherheit & Gesundheit, Vertragsrecht	20 % 30 Punkte PPP-Orientierung, Geschäft, Sicherheit, Gesundheit, Rechtliche Aspekte	30 % 36 Punkte PPP-Orientierung Geschäft, Sicherheit, Gesundheit, Rechtliche Aspekte Produktmanagement

Art der Fragestellung

Die **schriftliche Prüfung für Level D** (bzw. die Basisprüfung für Level C/B) besteht immer aus 12 Fragen à 10 Punkten. Im Test werden Sie mit verschiedenen Aufgabenarten konfrontiert: Neben Multiple-Choice (z. B. 1 von 5 Alternativen ist richtig) müssen Sie bestimmte Inhalte in Kurzform auflisten („Spiegelstrichfragen") oder Fragen anhand verschiedener kleiner Szenarien (z. B. Organisation eines Umzugs, Planung einer Feier, Durchführung eines Urlaubs) lösen. Dazu zählen auch „praktische" Rechenaufgaben. Von den unterschiedlichen Aufgabentypen sollte man sich nicht verwirren lassen. Aber Achtung: Mancher Teilnehmer braucht auch eine kurze Zeit, um sich auf die veränderte Art der Fragestellung einzustellen!

Bei der **schriftlichen Level C/B/A-Prüfung** muss man neben „Theoriefragen" v. a. Anwendungsfragen anhand vorgegebener Fallszenarien beantworten. Die Aufgaben haben dabei eine unterschiedliche Punkteanzahl. Die Prüfung zielt also nicht mehr auf „Wissen" ab, sondern darauf, das Wissen auf Fallbeispiele „anzuwenden". Ungefähr die Hälfte der Fragen sind entlang von Fallszenarien gestellt. Es gibt keine Multiple-Choice Aufgaben mehr.

Im zweiten Teil dieses Buches habe ich zu den einzelnen ICB-Elementen entsprechende Prüfungs- und Übungsfragen zusammengestellt.

2.3.4 Das Assessment-Center (Workshop) ab Level C

Ein Assessment-Center („Workshop") findet ab der Level C-Zertifizierung statt. Ein Assessment-Center (AC) ist eine Fallbearbeitung, die sich über den gesamten Tag erstreckt und von einer Kleingruppe (fünf bis sechs Personen) bearbeitet wird. Die Gruppe bildet damit quasi ein Projektmanagementteam. Während der Bearbeitung durch die Gruppen sind die Assessoren im Hintergrund anwesend und beobachten das Verhalten der einzelnen Teilnehmer. Dabei nehmen die Assessoren zwei Rollen ein: Sie sind zum einen in der Rolle/Funktion als Beurteiler. In dieser Rolle sind sie so genannte stille Beobachter und können von den Teilnehmern nicht angesprochen werden. Zum anderen sind sie aber auch in der Rolle des Kunden, dem am Ende die Projektergebnisse präsentiert werden (= Lenkungsausschuss). Im Verlauf des Workshops macht sich der Kunde „bemerkbar", indem er z. B. einen Statusbericht haben möchte. Es kann auch sein, dass der Kunde die Gruppe neu zusammensetzt (geht nur, wenn mehrere Gruppen parallel arbeiten und so die Teilnehmer zwischen den Gruppen ausgetauscht werden können). Diese Aktionen dienen in erster Linie den Assessoren dazu, die Interaktion und die Praxis eines Projektmanagement-Teams für den Assessor noch besser sichtbar zu machen.

Das Assessment-Center ist das Instrument für die Zertifizierung von Level C, B und A. Wenn nun an der Zertifizierung Personen teilnehmen, die unterschiedliche Zertifizierungsstufen anstreben, bekommen diese unterschiedliche Rollen im AC zugewiesen:

- Zertifikanten mit dem Ziel der Level C-Zertifizierung: Sie bilden zusammen ein Projektmanagement-Team. Eine Person übernimmt dabei die Rolle des Projektmanagement-Leiters, der aber auch wie die anderen an den Ausarbeitungen der Projektplanung beteiligt ist. Der Unterschied zu den anderen Teilnehmern ist, dass er die Kontaktperson zum Kunden bildet.

- Zertifikanten mit dem Ziel der Level B- oder A-Zertifizierung: Sie sind nicht unmittelbar in die Projektarbeit eingebunden, sondern haben die Aufgabe, zwei bis drei Projektmanagement-Teams (Level C Kandidaten) zu koordinieren.

Viele Personen kennen Assessment-Center als Instrument zur Auswahl von Fach- und Führungskräften. Bei dieser Anwendung des Instrumentes geht es darum, sich dem Personalbeurteiler in einem positiven Licht zu zeigen, d.h. konkret: sich in einem besseren Licht zu zeigen als die anderen Mitbewerber. Beim Assessment-Center der PM-ZERT ist dies anders. Die Assessoren beobachten neben dem Verhalten des Einzelnen vor allem die Interaktion als Gruppe. Es geht hier eben nicht darum, sich auf Kosten der anderen zu profilieren, sondern zu zeigen, dass man ergebnisorientiert arbeiten kann, dass man die Ergebnisse auch angemessen präsentieren kann und dass man Teamwork praktizieren kann, das arbeitstechnisch und zwischenmenschlich von hoher Professionalität geprägt ist.

Die Assessoren haben in der Regel ein klares Verständnis, wie und in welcher Reihenfolge die einzelnen Management-Pläne zu erarbeiten sind. In der Regel beginnt man mit der Zielsammlung/Zieleingrenzung und der Zieldefinition, anschließend analysiert man die Stakeholder, das Umfeld und die möglichen Risiken und Chancen. Man erstellt eine Phasenkonzeption und ein Projektorganigramm, in dem die Rollen und die hierarchische Über- und Unterordnung der beteiligten Rollen gegenüber der Linie oder dem Auftraggeber klar werden. Entsprechend dieser Aufbauorganisation definiert man dann auch den Kommunikations- und Berichtsplan. Nach dieser Projektdefinition beginnt die eigentliche Projektplanung mit der zeitlichen Verteilung der Arbeitspakete sowie die Schätzung des Ressourcenaufwances und der Kosten. Diese ganzen Informationen werden am Ende in einen finalen Projektsteckbrief zusammengefasst. An dieser Stelle endet in der Regel die Gruppenarbeit und es wird die Abschlusspräsentation durchgeführt. Als Arbeitsmaterial stehen für die Arbeit in den Kleingruppen den Teilnehmer Flipcharts, Pinnwände und Moderationsmaterial zur Verfügung. Die ganze Projektplanung erfolgt also auf Papier!

Mein Tipp: Am besten bereiten Sie sich auf das Assessment-Center in einer Kleingruppe vor. Das Erstellen der Pläne auf Flipchart-Papier und auf Pinnwänden will auch geübt sein, wenn Sie diese Medien nicht regelmäßig einsetzen. Das Gute ist: Das Verhalten in einem Assessment-Center lässt sich gut trainieren!

Wie läuft der Assessment-Center Tag im Detail ab? Der Tag beginnt um 08:00 Uhr mit einer ausführlichen Kennenlernrunde. Die Assessoren setzen sich an einen großen Tisch mit allen Teilnehmern und wollen, dass jeder Teilnehmer von sich berichtet: Name, welche Projekte macht er, warum macht der Kandidat die Zertifizierung, Privates/Hobbys? Dann werden die Teilnehmer in Kleingruppen per Zufallsprinzip eingeteilt und die Fallstudie ausgeteilt. Vor der Mittagspause um 12:00 Uhr und am Ende des Tages um 17:00 Uhr halten die Teilnehmer eine Präsentation vor dem Kunden. In dieser Präsentation zeigt der Projektleiter bzw. jedes Teammitglied dem Lenkungsausschuss, welche Ergebnisse in welcher Qualität bereits erarbeitet worden sind. In der Zwischenpräsentation wechseln die „Kunden" auch manchmal in die Rolle der Assessoren und geben den Teilnehmern wichtige Hinweise, was ihnen z. B. an der erarbeiteten Lösung fehlt. Ihren Verbesserungsbedarf machen die Assessoren meist mit bunten Post-its an den Flipchart und Pinnwänden sichtbar. Wie das aussehen kann, zeigt

33

ger folgende Bilder. Am Ende des Tages (gegen 17:00 Uhr) erhält jeder Teilnehmer von den Assessoren ein Feedback zu seiner gezeigten Leistung.

BILD 4: ASSESSOREN KLEBEN POST-IST ALS KORREKTURANMERKUNGEN

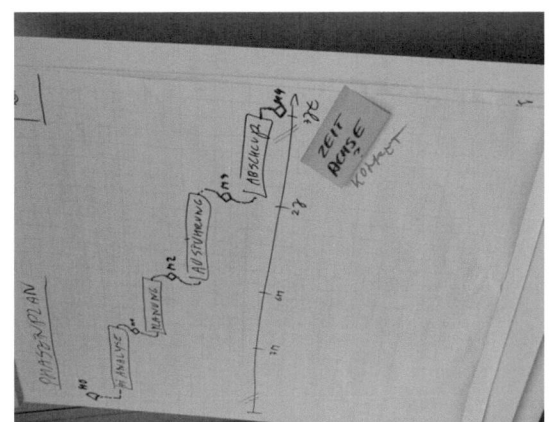
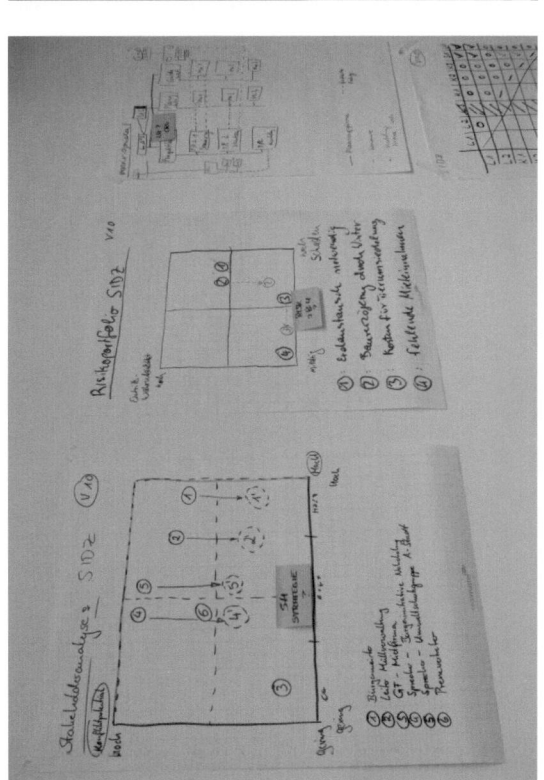

Auch wenn ein Assessment-Center von sich behauptet, es wolle eine möglichst realistische Arbeitssituation simulieren, so ist es eben doch immer nur eine Simulation. Manchem Teilnehmer erscheint es schon ein wenig surreal, wenn die Projektarbeit um 12:00 Uhr unterbrochen wird und alle Teilnehmer inklusive der Prüfer erst mal für eine Stunde ein Mittagessen einnehmen. Da trifft man sich dann in der Kantine oder am Buffet mit dem Assessor, so als wäre nichts gewesen. Das fühlt sich für manchen Teilnehmer etwas merkwürdig an.

Was erwarten die Assessoren von den Teilnehmern? Die Assessoren wollen eine zielorientierte Zusammenarbeit und eine in sich stimmige Projektplanung/Konzeption sehen, die wiederum auf sie als Auftraggeber abgestimmt ist.

! Mein Tipp: So machen Sie eine zielorientierte Zusammenarbeit sichtbar: Da die Assessoren während der Projektarbeit aber nicht die ganze Zeit im Raum sind, müssen Sie ihnen zeigen, wie Sie in der Zwischenzeit zielorientiert gearbeitet haben. Dazu machen Sie am besten zu Beginn der Projektarbeit auf einem Flipchart einen Arbeitsplan, auf dem erkennbar ist, von wann bis wann Sie welche Pläne erstellen wollen. Haken Sie immer am besten das Erreichte ab, damit Sie auch Ihre Erfolgskontrolle für jedermann sichtbar machen. Wenn sich etwas in der Abarbeitung verschiebt – kein Problem: Einfach die alten Uhrzeiten durchstreichen und neue Uhrzeiten daneben schreiben. Am besten versehen Sie auch immer Ihre Pläne mit verschiedenen Versionsnummern. Damit zeigen Sie Ihre Fähigkeit, mit den unterschiedlichen Arbeitsständen gut umgehen zu können.

! Mein Tipp: So machen Sie eine in sich abgestimmte Konzeption/Projektplanung sichtbar: Dass die Konzeption in sich stimmig ist, wir durch die präsentierten Inhalte sichtbar: Haben Sie neben den Zielen des Projektes auch die Nichtziele deutlich abgegrenzt? Sind die in Projektorganigramm benannten Personen auch zuvor in der Stakeholderanalyse genannt worden? Haben Sie die Rahmenbedingungen, Annahmen und Risiken identifiziert und entsprechend im Projektstrukturplan (PSP) mit Arbeitspaketen hinterlegt? Sind die Arbeitsinhalte des Projektmanagements im PSP enthalten – dazu gehören vielleicht auch Arbeitspakete, die der Projektleiter selbst gar nicht bearbeitet sondern ihm von anderen Experten zugearbeitet werden müssen (z.B. rechtliche Themenstellungen)? Ist Ihr vernetzter Balkenplan in Übereinstimmung mit dem viel größeren Phasenplan (v.a. im Blick auf Meilensteine)?

Die Assessoren nehmen, wie bereits erwähnt, eine Doppelrolle ein: Während der Projektarbeit sind sie im Raum und beobachten die Interaktion der Teilnehmer. Dann wiederum gehen sie in die Rolle eines Lenkungsausschusses und wollen von den Projektmanagement-Mitarbeitern Ergebnisse präsentiert bekommen. Dies geschieht vor der Mittagspause und zum Abschluss des Tages. Auch zwischendurch kann es sein, dass sie vom Projektmanagementteam einen Statusbericht präsentiert bekommen haben wollen. In diesen Momenten wollen die Assessoren in ihrer Rolle als Lenkungsausschuss jetzt aber nicht die einzelnen Flipcharts vorgestellt bekommen, die die Gruppen erarbeitet haben. Man präsentiert doch auch in der Realität dem Auftraggeber nicht die Risikoliste oder irgendwelche Tabellen. Vielmehr muss man die erarbeiteten Management-Werkzeuge jetzt in eine präsentable Form „übersetzen". Wie dies aussehen kann, hat eine Gruppe sich in der Vorbereitung wie folgt überlegt:

Bild 5: Managementtools auf Arbeitsebene und deren Übersetzung für die Präsentation vor den Assessoren

Thema	Arbeitsebene	Präsentationsebene*
Teambuilding, Arbeitsplanung	Tagesplan bis zum Ende des Tages zum Abhaken, Spielregeln, eigene Rollen	Tagesplan
Anforderungsklärung	KUS-Liste Ziele-Liste (eventuell Zielbeziehungen) Beginn Steckbrief	Grafik Zielhierarchie mit Abgrenzung zu Nichtzielen
Kontext	Liste der Umfeldfaktoren Stakeholderliste	Grafik big picture Grafik Stakeholdermatrix mit Strategien
Risiko	Risikobewertungstabelle	Grafik Risikomatrix mit Strategien
Organisation	Rollenbeschreibung: AKV Kommunikationsplan	Grafik Projektorganigramm und Kommunikationsplan
Phasen	Phasen mit Dauer und MS (Liste)	Grafik Phasenplan mit MS
PSP	PSP	Grafik PSP mit Codierung
Detailablaufplan	Vorgangsliste	Grafik vernetzter Balkenplan (APs und MS)
Aufwand/Kosten	Ressourcentabelle, Kostentabelle je Phase	Grafik Kostengang, Kostensummenlinie
Zusammenfassung		Steckbrief (fertig) Agenda für jede Präsentation
Fortschritt		Ampelbericht (Status)

! Mein Tipp: So machen Sie eine passende Präsentation vor den Kunden: Bereiten Sie Inhalte in eine präsentable Form auf. Seien Sie pünktlich zur verabredeten Uhrzeit bei den Assessoren zur Präsentation. In der Präsentation geht es darum, die wichtigen Ergebnisse der verschiedenen Flipcharts und Pinnwände vorzustellen. Mache Sie also keine Detailpräsentation daraus. Üben Sie ca. 10 Minuten lang Ihre Präsentation, damit Sie später vor den Assessoren nicht ins Schleudern geraten.

Nach welchen Kriterien werden die Teilnehmer durch die Assessoren im Workshop beurteilt? Das interessiert natürlich jeden Teilnehmer aber darüber verraten die Assessoren natürlich nichts! Nur so viel ist klar: Sie beurteilen das Verhalten jeder Person im Team. Dazu wird jeder Teilnehmer ca. 20 Minuten von jedem Assessor beobachtet. Diese Beurteilung stimmen die Assessoren dann wiederum untereinander ab. Laut einem Insider werden Eigenkompetenz, Soziale Kompetenz und fachliche Kompetenz beurteilt. Was sich dahinter verbirgt, lässt sich nur erahnen:

- Eigenkompetenz im Sinne einer personalen Kompetenz bedeutet Selbsicherheit, Stress-Resistenz, Frustrationstoleranz, Ausdauer ...
- Soziale Kompetenz bedeutet: richtiges Verhältnis von Teamfähigkeit und Durchsetzungsstärke
- Fachliche Kompetenz bedeutet inhaltliche Richtigkeit, logische Qualität, passende Aussagen zum jeweiligen Thema

Wenn Sie diese Kompetenzen den Assessoren „zeigen" wollen, geschieht dies am leichtesten, wenn Sie strukturiert arbeiten. Die folgenden 3 Beispiele zeigen, dass sich firmeninterne Gruppen jeweils im Vorfeld eine Agenda gegeben haben, wie sie „strategisch" den Workshop angehen wollen. Sollten Sie sich in einer offenen Zertifizierungsrunde befinden, können Sie sich nicht im Vorfeld einen Plan überlegen, sondern erarbeiten das Vorgehen als Konsenslösung mit Ihren Kollegen zu Beginn des Workshops.

Praxisbeispiel 1:

BILD 4 1/3: PLANUNGSZYKLUS – AGENDA ZUR PROJEKTBEARBEITUNG

Zeit	Thema	Gruppe
09:00-09:20	*Lesezeit*	*gemeinsam*
09:20-09:30	*Interne Klärung*	*gemeinsam*
09:30-09:45	*Teamfindung mit Festlegung von:*	*gemeinsam*
	• *Rollen (PL, QS, Zeitnemer)*	
	• *Projektorganisation*	
	• *Projektname und Logo*	
	• *Regeln der Zusammenarbeit*	
09:45-10:00	*Zeitplan für den ganzen Tag & Aufgabenzuordnung*	*gemeinsam*
10:00-10:30	*Ziele und Zielhierarchie*	*gemeinsam*
10:30-11:40	*Projektumfeld (15 Min.)*	*Gruppe 1*
	• *Stakeholder, max. 5 (25 Min.)*	
	• *Risikoanalyse (30 Min., Sync mit Gruppe 2, Annahmen dokumentieren*	
10:30-11:40	*Projektorganisation / Aufbauorganisation (20 Min.)*	*Gruppe 2*
	• *Phasenplan und Meilensteine (20 Min.)*	
	• *PSP, phasenorientiert, max. 10 AP (30 Min.)*	
11:40-11:55	*Vorbereitung der Zwischenpräsentation / QS*	*gemeinsam*
12:00-12:45	*Zwischenpräsentation*	*gemeinsam*
12:45-13:45	*<MITTAGSPAUSE>*	
13:45-14:00	*Abstimmung weiteres Vorgehen*	*gemeinsam*
14:00-15:15	*Arbeitspaketbeschreibung, 1 Beispiel (15 Min.)*	*Gruppe 1*
	• *Kommunikationsplan, max. 5 Stakeholder (20 Min.)*	
	• *Einsatzmittelplanung auf Basis Terminplan Gruppe 2 (40 Min.)*	
	○ *Einsatzmittelganglinie*	
14:00-15:15	*Vorgangsliste, max. 10 AP (15 Min.)*	*Gruppe 2*
	• *Terminplan, vernetzter Balkenplan (30 Min.)*	
	• *Kostenplanung (30 Min.)*	

15:15-15:45	Projektsteckbrief	gemeinsam
15:45-16:20	Vorbereitung der Abschlusspräsentation	gemeinsam
16:30-17:30	Abschlusspräsentation	gemeinsam

o Kostenganglinie, Kostensummenlinie

(Statusbericht – nur bei Bedarf)

Praxisbeispiel 2:
BILD 4 2/3: PLANUNGSZYKLUS – AGENDA ZUR PROJEKTBEARBEITUNG

Mindestens 20 Minuten Lesezeit für alle Teilnehmer
- *Ziel: Alle Teilnehmer haben die Aufgabe gelesen, verstanden und erste Überlegungen für die Bearbeitung angestellt.*
- Erkundigen, ob alle bereit für die Bearbeitung sind und alle Punkte verstanden worden sind.

Rollenverteilung festlegen
- Projektleiter[1]
- Zeitnehmer
- Qualitätssicherer (Logo, Versionierung, Layout und Verständlichkeit)
- Präsentatoren (s. Punkt 5)

Regeln der Zusammenarbeit
- Auswählen von fünf wesentlichen Regeln z. B. nach Charakteren im Team
- Gemeinsam im Team erarbeiten und verabschieden

Aufgabenklärung (je Aufgabenstellung) und Vorgehensweise
- Festlegen, welche Pläne und Darstellungen erstellt werden sollen. Ziel der Aufgabe; Ablaufplan und Vorgehensreihenfolge; Darstellung der Ergebnisse (Medien, Methode, Ergebnistyp); Abhängigkeiten der Einzelaufgaben.
- Empfängerhorizont abstimmen (Granularität, worauf kommt es dem Auftraggeber an?).
- Entscheiden, welche Aufgaben im Gesamtteam und welche in verteilten Teams erarbeitet werden.
- Zeitplanung je Aufgabe inklusive ausreichender Zeiteinplanung[2] für Zwischenergebnispräsentation nach jedem Aufgabenpaket, für unvorhergesehene Störungen (kurzfristige Statusberichte, neue Teammitglieder, Change-Requests), Pausen und Endabstimmung, Puffer.
- Einzelne Aufgaben auf die Teilnehmer verteilen (Stärken und Präferenzen abfragen – durch die Projektleitung; Einsatz Qualitätssicherer, so dass dieser kurzfristig abrufbar ist bzw. gegen Ende des Workshops bereits mit der Qualitätssicherung beginnen kann).
- Laufende Dokumentation der wesentlichen Aufgaben und zugehörigen Vereinbarungen als Ablaufplan[3] inklusive der Zeiten durch den Projektleiter.
- Aufhängen des Ablaufplans
- Pflege des Ablaufplans bei Zwischenabstimmungen, Änderungen, Abhaken durch den Projektleiter (ggf. andere Farbe).

Organisation der Ergebnispräsentation
- Wer präsentiert welche Ergebnisse (gleichmäßige Verteilung)?
- Verabreden, wie der Qualitätssicherer eingesetzt werden soll (Organisation durch die Projektleitung).

---

[1] Input für Rolle PL: wenig fachliche Mitarbeit; Moderation, Synchronisation der Teilteams, Nachfragen beim Auftraggeber; Methodische Zielerreichung ständig überprüfen (Detailgrad, Zusammenarbeit); Einsatz von Qualitätssicherer koordinieren; ggf. Arbeiten unterbrechen und Zwischenabstimmung initiieren; Rückversicherern bei Zeitmanager und Qualitätssicherer, ob alles gut läuft, Rückfragen bei Einzelteams, ggf. gemeinsam regeln, wie Zeiteinhaltung erreicht werden kann; Eröffnung Präsentation (Begrüßung, Ansprache Auftraggeber, Vorstellung Teilnehmer mit ihren Rollen, Darstellung Auftrag, Vorschau geben über Präsentationsablauf, Feedback zu Bearbeitung und Vorgehensweise)

[2] Wir sollten gemeinsam einen groben prozentualen Abschlag für Abstimmungen, Pausen und Unvorhergesehenes vereinbaren (**z. B. 10 % plus Pausen**, zu diskutieren)

[3] Input für Aufgabe Entwurf Ergebnistypen: Aufgabenplan für die Startphase

Praxisbeispiel 3:

BILD 4 3/3: PLANUNGSZYKLUS – AGENDA ZUR PROJEKTBEARBEITUNG

Nr.	Aktivität/Methode	gemeinsam/getrennt
1	Klärung Projektauftrag und Vorgehensplanung/Teameinteilung	Gemeinsam
2	Ziele/Zielhierarchie	Gemeinsam
3	Projektumfeld/Stakeholder	gemeinsam/ ggf. getrennt
4	Risikoanalyse	gemeinsam/ ggf. getrennt
5	Projektorganisation/Aufbauorganisation	Gemeinsam
6	Phasenplanung und Meilensteine	gemeinsam
7	PSP	getrennt
8	Netzplan	getrennt
9	Terminplan	getrennt
10	Einsatzmittelplanung	getrennt
11	Kostenplanung	Getrennt
12	Projektrealisierung und Fortschrittskontrolle	getrennt
13	Projektabschluss	Gemeinsam

Als „problematisch" wird es von manchen (firmeninternen) Schulungsgruppen empfunden, wenn zu ihrer Gruppe am Prüfungstag noch ein weiterer „externer" Teilnehmer hinzustößt. Man hat sich als Gruppe zusammengefunden, hat eine Strategie für den Workshop vereinbart – und dann kommt jemand Fremdes dazu? Wer auch immer die Entscheidung dazu getroffen hat - er/sie macht es ja nicht, um es den Teilnehmern in der Prüfung schwerer zu machen – vielmehr hat er/sie meist eigene, andere Gründe (z. B. Wirtschaftlichkeit bei den Prüfungsgebühren). Es gibt gerade bei Level C und B nicht so viele Gruppen und manchmal macht es einfach Sinn, wenn sich zwei Gruppen mit je 4-5 Personen für die Prüfung zusammentun.

! Mein Tipp: Gehen Sie proaktiv auf „die/den anderen" zu und nehmen Sie Kontakt auf. Erläutern Sie Ihre Strategie, seien Sie aber auch neugierig, was der/die anderen an Interessantem für Sie bereithält:

Liebe Kollegen,

ich hatte ja versprochen euch wenigstens kurz von dem Gespräch mit dem externen Teilnehmer an unserer Prüfung, Herrn B., zu berichten:

Zunächst habe ich Herrn B. ein wenig über unsere Workshop-Vorbereitung inkl. aller Diskussionen über eine mögliche Programmleitung berichtet. Herr B. hat ein ähnliches Training (ohne Programmleitung) mitgemacht und dort darüber hinaus ein paar stilistische Elemente eingesetzt (z. B. Farbwahl bei den Überschriften, ...), die für uns ebenso interessant sind. Herr B. hat uns angeboten, ein Fotoprotokoll eines seiner Workshops zur Verfügung zu stellen, damit wir einen Eindruck gewinnen können. Weiterhin fand er es prima, auf unserem Set an Ergebnistypen aufzusetzen.

Wichtig:

- Am Ende müssen die Ergebnisse des Workshops „präsentabel" den Assessoren in ihrer Rolle als Kunden vorgestellt werden.
- Highlighten Sie bestimmte Dinge.
- Üben Sie vor dem Kunden/Auftraggeber zu stehen und in der Körperhaltung richtig zu präsentieren.

Das Feedback der Assessoren: Assessoren machen auf Normabweichungen aufmerksam; deswegen wirken sie manchmal sehr negativ mit ihren Äußerungen auf die Teilnehmer. Gleichzeitig wollen die Assessoren aber auch Verbesserungstipps in ihren Feedbacks geben. Da kommt es dann aber manchmal auch vor, dass sich die beiden Assessoren widersprechen. Es gibt halt nicht immer nur die eine Sicht der Dinge ... Trotzdem empfinden die meisten Teilnehmer diesen Tag als sehr bereichernd – wenn auch oder vielleicht auch, weil dieser Tag so anstrengend ist.

2.3.5 Das sogenannte Interview/mündliche Prüfung

Ein Wort über das Verhalten der Assessoren

Prüfer sind Menschen. Und Menschen menscheln. Aber der Reihe nach: Viele Prüfer werden mir im Nachgang zur mündlichen Prüfung von den Prüfungskandidaten als sehr teilnehmerorientiert beschrieben, d. h.: Teilnehmer hatten den Eindruck, dass die Prüfer in den mündlichen Prüfungen oder Interviews gerne über die größten Klippen hinweg halfen. Manche schildern dies so, als ob es bei den Assessoren das Spiel „good cop – bad cop" gäbe. Ein Assessor ist der aktive Interviewer: Er stellt die Fragen, hakt nach, wenn ihm etwas unklar ist etc. Der andere Assessor hält sich scheinbar mehr zurück. Für viele Teilnehmer wirkt dies so, dass der fragende Assessor kritisch ist und eher als „bad cop" agiert, der andere wird eher unterstützend erlebt und gerne als „good cop" beschrieben. Ich habe für diese informelle Rollenaufteilung jedoch keine offiziellen Belege oder gar eine Bestätigung. Vielmehr ist es wohl so, dass einer der beiden Assessoren der Lead-Assessor ist, der andere ist quasi „Beisitzer" und kann von daher etwas entspannter mit dem Kandidaten umgehen.

!Mein Tipp: Machen Sie sich nicht zu viele Gedanken über die Assessoren. Ich weiß, dass es immer wieder Trainer und Berater gibt, die behaupten, ein besonders gutes Verhältnis zu den Assessoren zu haben und vermeintlich deswegen über gutes Insider-Wissen verfügen. Die Assessoren sind aber Profis, die sich nicht einfach durch irgendetwas beeinflussen oder beindrucken lassen – überzeugen Sie stattdessen durch Ihr Wissen und Ihre Kompetenz!

Wozu eine mündliche Prüfung?

Eine mündliche Prüfung dient beim Prüfer in der Regel meist sehr schnell, wie sicher das Wissen bei dem Kandidaten verankert ist. Manche Menschen empfinden ein mündliches Prüfungsgespräch als anstrengender als eine schriftliche Prüfung, da der Prüfer sofort nachhaken kann und scheinbare Schwachstellen aufdecken kann. Andere empfinden eine mündliche Prüfung als durchaus angenehm, weil sie mehr der realen Alltagssituation entspricht und der Prüfer bewusstes und unbewusstes Feedback über die gegebene Antwort liefert.

Level D – mündliche Prüfung

Das mündliche Interview zeigt dem Prüfer in Level D vor allem dazu, dass Sie noch einmal verbal Ihr vorhandenes Wissen zeigen können. Sie ziehen drei Karteikarten aus einem Stapel von ca. 180 Fragekärtchen; Die Karteikarten haben unterschiedliche Farben. Sie müssen zwei rote und eine blaue Karte ziehen. Die blauen Karten sind Fragen aus dem Methodenbereich der ICB, die rote Karte hat die Verhaltens- bzw. Kontextthemen zum Inhalt. Bereich bei dieser Karten müssen Sie einen spontanen kurzen Fachvortrag halten (die dritte Karte können Sie kommentarlos zur Seite legen). Also: Auf jeder gezogenen Karte steht ein Thema mit einer Frage und Sie können ca. zehn Minuten für Ihren Vortrag verwenden, wobei die Assessoren aus dem kleinen Fachvortrag noch weitere Fragen (Verständnisfragen etc.) entwickeln können. Nach ca. 20 Minuten „Kartenspiel" verlassen Sie den Raum; in dieser Zeit gleichen die Assessoren ihre jeweiligen individuellen Einschätzungen zum Wissen von Ihnen ab. Dann werden Sie wieder in den Raum gebeten und erfahren gleich, ob Sie die mündliche Prüfung bestanden haben. Anschließend sprechen die Assessoren mit Ihnen noch Ihren erstellten und eingesandten

---

Noch eine letzte Frage, die immer wieder auftaucht: Kann man in dem Assessment-Center durchfallen? Wenn man in einer guten Gruppe ist, die sich vielleicht sogar zusammen auf die Inhalte und den Ablauf vorbereitet hat, wenn man so viel Selbstreflexion besitzt, die sich vielleicht sogar zusammen auf die Inhalte und den Ablauf vorbereitet hat, wenn man so viel Selbstreflexion besitzt, dass man weiß, es geht nicht um Selbstdarstellung auf Kosten anderer sondern um echtes Teamwork, dann sage ich: NEIN. Man kann nicht durchfallen. Und doch kenne ich aus der Erzählung von Teilnehmern, die bei der offenen Prüfung waren, dass es scheinbar unbelehrbare Menschen gibt, die genau die oben genannten Kompetenzen nicht zeigten, und dann aus dem Workshop von den Assessoren entfernt wurden ...

Transfernachweis mit Ihnen durch. Am Ende hat dieses mündliche Gespräch (zwei Kurzvorträge und Feedback zum Transfernachweis) ca. 30 Minuten gedauert.

Wie die mündliche Prüfung bei der Level D Zertifizierung aus Sicht eines Teilnehmers erlebt wird, zeigt dieses Feedback:

> *Sie hatten 152 Fragenkarten in zwei verschiedenen Farben. Rot für sachliche und Blau für soziale Kompetenz. Wir mussten zwei Rote und eine Blaue ziehen und eine davon wurde weggelegt. Ich hatte die Themen Sender-Empfänger und Projektkrisen. Das Thema Ressourcenganglinie habe ich weggelegt. Dafür, dass ich nur gestern Abend gelernt habe, ging es. Die Prüfer haben einen in die von ihnen gewünschte Richtung geleitet. Ich war zwar nicht überragend, aber ich habe bestanden. Ich habe mich kurz mit ihnen unterhalten und gesagt, dass alles Neuland für mich ist. Sie sagten, dass man mir die fehlende Erfahrung angemerkt habe, dennoch haben Sie mir alles Gute gewünscht.*
>
> *Vor der mündlichen Prüfung haben sie betont, dass sie keine „Abschussprämie" bekommen. So lang ich bei der Prüfung anwesend war, haben alle bestanden und alle haben gesagt, dass die Prüfer auch geholfen haben.*

Level C bis A: Die STAR-Methode

Die STAR-Methode wird in der NCB 3.0 als eine mögliche Methode zur Beurteilung der Kompetenz beschrieben. Der Grundgedanke ist: Wer über entsprechende Fertigkeiten verfügt und diese auch bereits in der Praxis angewandt hat, kann dazu auch eine praxisnahe Geschichte erzählen. Die STAR-Methode gilt als eine strukturierte Fragemethode für ein „Behavioural Assessment" wie sie z. B. auch Bewerbern in der Personalauswahl gestellt werden kann.

Der Kandidat wird gebeten, seine Praxiserfahrung nach einem geordneten Schema zu erzählen.

S = Situation: Schildern Sie die Situation/Umstände, in denen Sie sich befanden.

T = Task (=Aufgabe): Mit welcher konkreten Aufgabe oder Fragestellung waren Sie in dieser Situation konfrontiert; vor welcher Herausforderung standen Sie?

A = Action (Handlung): Was haben Sie genau getan? Wie sind Sie mit der Aufgabe, vor der Sie standen, umgegangen?

R = Result (Ergebnis): Was haben Sie erreicht?

Ich empfehle immer, diesen Ablauf des strukturierten Erzählens für sich zu üben. Es geht darum, möglichst konkret die Dinge beim Namen zu nennen, also nicht Allgemeinplätze zu erzählen, sondern möglichst entlang der Struktur seine konkreten Erfahrungen zu berichten.

Im zweiten Teil dieses Buches habe ich bei den einzelnen ICB-Elementen die Erfahrungsgeschichten verschiedener früherer Seminarteilnehmer widergegeben. So oder so ähnlich könnte Ihre Erfahrungsgeschichte lauten.

Interview Level C

Ab Level C ist das mündliche Gespräch ein Interview, dessen Inhalt sich aus den bisherigen Prüfungsleistungen ergibt. Level C Teilnehmer berichten z. B., dass Sie in dem Gespräch noch mal zu Themen befragt werden, die sie zuvor im schriftlichen Test nicht gemacht hatten. Offensichtlich – so die Einschätzung – wollen die Assessoren wissen, ob der Kandidat die Aufgabe nicht bearbeitet hat, weil er nicht wusste, wie es geht, oder ob es einfach ein Zeitproblem war.

Viele Teilnehmer berichten, dass sie das Gespräch als angenehm und keinesfalls als Prüfungsgespräch wahrgenommen hätten. Es schien ein „Gespräch auf gleicher Augenhöhe" zu sein, das der Abrundung des bestehenden Eindrucks diente.

Interview Level B

Das mündliche Gespräch der Level B Zertifizierung dagegen macht laut Ansicht einiger Teilnehmer in Hinblick auf den Anspruch noch einmal einen Sprung nach oben. So schrieb mir ein Zertifikant, die Assessoren hätten seine Projektstudienarbeit regelrecht zerpflückt, bevor sie 45 Minuten lang herausfordernde, aber faire Fragen gestellt hätten. Es empfiehlt sich also, die Projektstudienarbeit vor dem Interview noch einmal genau durchzugehen, um auf die Fragen der Assessoren vorbereitet zu sein. Der Teilnehmer berichtete trotz des Anspruchs von einer angenehmen Atmosphäre, allerdings mit deutlichem Prüfungscharakter. So konnte er sich am Ende umso mehr über einen echten Prüfungserfolg freuen.

Hallo Mark,

bin jetzt auf dem Rückweg aus Berlin und seit ca. 1,5 Std. zertifizierter Senior Projektmanager Level B. Das Interview war angenehm aber fordernd. Zeitdauer war ca. 1 Std.

Zunächst hat Frau XY als Lead Assessorin mir ihre Bewertung der überarbeiteten PSA mitgeteilt; für mich sehr überraschend fand sie die Überarbeitung nicht nur ausreichend sondern dadurch wäre die gesamte Arbeit wirklich gut geworden. Also echt eine deutliche Steigerung. Das fand ich natürlich sehr schön. Danach hat sie anhand eines Gesprächsleitfadens und Fragen, die sie sich vorher rund um den PSA notiert hatte, durch das Interview geführt.

Themenbereiche waren:

- Einordnung der Position der fachlichen Projektleiterin (wir waren uns einig dass die Kollegin aufgrund der geschilderten Abhängigkeiten zu Abteilung und Bereich eher eine Alibi Besetzung war)
- Möglichkeiten für Wertschätzung im Projekt ggü. Mitarbeitern (durch Rücksichtnahme auf die Lebens- und Arbeitssituationen, Bestärkung und Unterstützung der Rolle im Projekt)
- Schwierigkeiten und Lösungsansätze im konkreten Projekt Setup (Programmleitung ohne IT Besetzung, Linienvorgesetzter als heimlicher Fachlicher Projektleiter)
- Vorgehen bei der Auswahl der IT Kapazitäten (Netzwerk, Überführung aus zuliefernden Projekt)
- Teambuilding im Projekt (räumliche Nähe, gemeinsame Mittagessen)
- Maßnahmen und Erfolg des Finanzcontrollings (aus Anlass der großen Budgetabweichung vom ursprünglichen Zielwert)
- Einschätzung der Auswirkungen eines agilen Projektvorgehens (mein Lit-Kon und meine Präse) auf ein fachlich dominiertes Projekt (ggf. sogar dieses spezielle)

Zum Schluss hat dann auch die zweite Assessorin noch eine Frage gestellt: was waren meine drei größten Erfolge, schönsten Momente im Projekt? Habe darauf geantwortet dass ich 1. innerhalb von 5 Minuten die Abnahmeerklärung vom Auftraggeber erhalten habe (trotz Zeit und Budgetüberschreitung) 2. auf die Einladung zur Abschlussveranstaltung kaum Absagen bekommen habe und Menschen, die mich bisher nur vom Telefon kannten, mich kennenlernen wollten (aktiv) 3. Projektmitarbeiter auch in Folgeprojekten wieder mit mir arbeiten wollten

Danach musste ich für knapp 5 Minuten aus dem Raum und als ich rein kam hatten beide ihre Taschen schon gepackt, haben mir gratuliert und mich gebeten, das PM weiter in mein Unternehmen zu tragen. Anschließend sind wir dann noch gemeinsam zur U-Bahn und das war's dann.

So, bin jetzt echt froh und stolz, dass die Zertifizierung geklappt hat. Insbesondere der PSA und interessanterweise der Lit-Kon war doch zeitraubender als erwartet. Aber mit dem Ergebnis bin ich sehr zufrieden.

Danke nochmal für Deine prompte Unterstützung, auch zu unüblichen Zeiten und die abschließende QS der PSA. Womöglich hätte ich die zweite Schleife nicht gebraucht wenn wir vorher schon eine Schleife gedreht hätten.

Gruß aus dem Zug!

2.3.6 Mindestpunkte zum Bestehen aller Zertifizierungsprüfungsteile

Je nach Zertifizierungsstufe gibt es verschiedene Grenzen, die man erreichen muss, um den Verfahrensschritt erfolgreich erledigt zu haben.

- Aus der folgenden Tabelle geht hervor, wie viele Punkte bei welchem Verfahrensschritt notwendig sind:

TABELLE 7 NOTWENDIGE PUNKTZAHL PRO VERFAHRENSSCHRITT

bestanden bei	Level D	Level C	Level B	Level A
Transfernachweis	60 von 120 Punkten			
PEB		60 von 120 Punkten		
PSA			72 von 120 Punkten	
PPSA				84 von 120 Punkte
Tests	50 % der Fragen müssen richtig beantwortet sein			
Fallbearbeitung		k. A.	k. A.	k. A.
Interview	60 von 120		k. A.	k. A.

2.4 Was müssen Sie für Ihre Rezertifizierung tun?

Grundsätzliche Voraussetzung für ein Rezertifizierungsverfahren ist natürlich ein gültiges Zertifikat! Nach Ablauf von fünf Jahren wird die Rezertifizierung zur Zertifikatsverlängerung fällig.

2.4.1 Übersicht

Die folgende Tabelle gibt eine Übersicht über die Unterlagen, die je nach Level eingereicht werden müssen.

TABELLE 8 EINZUREICHENDE UNTERLAGEN ZUR REZERTIFIZIERUNG

Einzureichende Unterlagen	Rezertifizierungslevel			
	Level D	Level C	Level B	Level A
Antrag auf Rezertifizierung	Zertifizierungsantrag mit der Kennzeichnung „Rezertifizierung"			
Lebenslauf	identisch für jedes Level, formlos			
Selbstbewertung	identisch für jedes Level Angaben zu Wissen und Erfahrung zu den einzelnen ICB-Elementen von 0 bis 10			
Nachweis Projekte	online auszufüllen im Transferportal der GPM	ausführlichere Projektliste samt Tätigkeitsbeschreibungen; Upload der ausgefüllten Datei		
		≥ 3 Jahre Erfahrung im PM	≥ 5 Jahre Erfahrung im PM	≥ 5 Jahre Erfahrung im Mehrprojekte- und Programm-Management
Weiterbildungsnachweis	nicht notwendig	identisch für jedes Level Umfang von mind. 35 Stunden pro Jahr		
Fragebogen (Feedback) Rezertifizierung	nicht notwendig	identisch für jedes Level		

Level D: Die Angaben können direkt im Transferportal getätigt werden. Der Lebenslauf kann dort hochgeladen werden.

Level C-A: Die Dokumente stehen auf www.pm-zert.de zum Download bereit. Die ausgefüllten Formulare werden über das Transferportal hochgeladen.

2.4.2 Intermediate-Check (I-Check)

Nach der Hälfte der Zertifikatsdauer wird von der Geschäftsstelle der PM-ZERT ein Intermediate Check an alle Zertifikatsinhaber versandt. Dieser „I-Check" ist eine freiwillige Sache und muss vom Kandidaten nicht ausgefüllt werden. Er will eine gute Vorbereitung für die Rezertifizierung sein. Beim I-Check lassen die Kandidaten schon einmal die letzten 2,5 Jahre passieren und tragen alles zusammen. Bei der Rezertifizierung können Sie den I-Check dann als Grundlage hernehmen. Das Schreiben der PM-ZERT an den Teilnehmer lautet so (gekürzt):

Sehr geehrte/r Frau/Herr ,

am ____ haben Sie das Zertifikat NR xxx für den IPMA LEVEL C erhalten.

Als Folge internationaler Anforderungen haben inzwischen alle IPMA Zertifikate von PM-ZERT eine Gültigkeitsdauer von 5 Jahren. Zur Halbzeit dieser Gültigkeitsdauer muss die Zertifizierungsstelle mit einem Intermediate Check (I-Check) überprüfen, ob Sie die in Ihrem Zertifikat bestätigten Kompetenzen noch erfüllen.

Bei allen Zertifikatsinhabern wird zur Halbzeit der Gültigkeitsdauer der Zertifikate mit einem Intermediate Check überprüft, ob die Zertifizierungsanforderungen noch erfüllt sind. Dazu gehört, dass die ausgeübte Tätigkeit im Projektmanagement den Anforderungen des zertifizierten Levels noch entspricht und dass eine angemessene Weiterbildung (auf dem aktuellen „Stand der Kunst" im Projektmanagement) nachgewiesen wird.

Inhaber des Level-D-Zertifikats brauchen den Nachweis der Tätigkeit im Projektmanagement nicht zu erbringen, wenn sie für den Überprüfungszeitraum weder PM-Tätigkeiten noch Weiterbildung nachweisen können.

Anstelle der Nachweisführung für den Intermediate Check kann ein Zertifikatsinhaber auch eine Höherzertifizierung beantragen.

Zur Nachweisführung bitten wir Sie, den Nachweis (F03) an Ihrem Rechner auszufüllen und innerhalb von 2 Monaten an uns zurück zu senden.

Das Dokument können Sie sich auf unserer Homepage unter http://www.gpm-ipma.de/fileadmin/user_upload/Qualifizierung_Zertifizierung/Zertifikate_fuer_PM/F03_NCB3_V05.doc herunterladen.

Ihre Angaben werden nach Überprüfung in Ihrer Zertifikanten-Akte aufbewahrt.

Inhaber des Level D-Zertifikats brauchen den Nachweis nicht zurück zu senden, wenn sie im Überprüfungszeitraum weder PM-Tätigkeiten ausgeübt haben noch Weiterbildung nachweisen können. Wir würden es allerdings sehr begrüßen, wenn wir durch Ihre Angaben erfahren könnten, dass Sie sich auch mit Ihrem Zertifikat erfolgreich im Projektmanagement einsetzen konnten.

Bitte heben Sie Ihre Angaben nach Überprüfung in Ihrer Zertifikanten-Akte auf, da diese nach Ablauf der Gültigkeit Ihres Zertifikates auch relevant für ein Re- oder Höherzertifizierungsverfahren sein werden.

Ihre Daten können jedoch für die Erstellung der Rezertifizierungsunterlagen später nur Erinnerungsposten sein, da im Rezertifizierungsverfahren detailliertere Nachweise gefordert werden müssen. Beispielsweise müssen Weiterbildungsmaßnahmen durch Zertifikate, Teilnahmebescheinigungen, Literaturkonzepte o.ä. belegt werden.

Eine Mitteilung über das Ergebnis dieses Checks erhalten Sie nur, wenn Ihre Angaben nicht ausreichen, um Ihren Zertifizierungsstatus aufrecht zu erhalten.

Diese Zwischenprüfung Ihrer Unterlagen ist gebührenfrei.

! Mein Tipp: Nutzen Sie dieses Formular, um sich mal 30 Minuten lang über die letzten 2-3 Jahre Gedanken zu machen. Wenn Sie das Formular dann wieder bei der eigentlichen Rezertifizierung nutzen, ist der Arbeitsaufwand wesentlich geringer (als wenn Sie jetzt über die letzten fünf Jahre nachdenken müssten).

BILD 6: NACHWEIS FÜR DEN INTERMEDIATE CHECK

IPMA Level	D

Zertifikatsinhaber (Name, Vorname)	31.03.13
	Rücksendetermin (TT.MM.JJJJ)

1. Tätigkeiten im Projektmanagement (für Level D nicht erforderlich)

Projektliste

Von tt.mm.jj	Bis tt.mm.jj	Projektname	Funktion im Projekt	Verantwortlich für

2. Weiterbildung im Projektmanagement

Weiterbildungsnachweis

Teilnahme an Trainings; PM-Veranstaltungen, Erfahrungsaustausch; Studium von Fachliteratur; eigene Lehrveranstaltungen und Publikationen (bitte entsprechenden Kennbuchstaben (K) eintragen

K	Beschreibung

Sonstige Angaben zur Weiterbildung

3. Beanstandungen zum Zertifikat

Beanstandungen

Gab es Beanstandungen zu Ihrem Zertifikat? Wenn ja, bitte erläutern Sie diese hier.

30.01.14	
Datum	Unterschrift des Zertifikatsinhabers (gescannt)

2.4.3 Die Rezertifizierung Level D

Die Rezertifizierung für Level D kann auf zwei Arten erfolgen:

Möglichkeit 1: Der Teilnehmer legt noch einmal eine mündliche Prüfung ab. Diese halbstündige mündliche Prüfung wird entsprechend der Regelungen für die Erstzertifizierung durchgeführt und bewertet. Dazu bietet die PM-ZERT entsprechende Termine im ganzen Bundesgebiet an. Ich weiß nicht, ob jemals ein Teilnehmer diese Prüfung gemacht hat (und ob es jemals einen Bedarf für solche Termine gegeben hat).

Die viel häufigere Form der Rezertifizierung ist

Möglichkeit 2: Der Kandidat weist nach, dass er in den letzten fünf Jahren über 12 Monate Projektmanagement-Erfahrung gesammelt hat. Dies kann er schriftlich über ein Formular oder – noch einfacher – online erledigen. Dazu erhält der Teilnehmer von der PM-ZERT eine E-Mail an seine private E-Mail-Adresse (nicht an die geschäftliche, weil er ja inzwischen das Unternehmen gewechselt haben könnte), mit einem Link, über den man in ein so genanntes Rezertifizierungsportal gelangt. Dort dokumentiert er, dass er in den letzten fünf Jahren 12 Monate im Projektmanagement gearbeitet hat. Dazu füllt er eine Projektliste aus, in der er definiert, an welchen Projekten er in welchem Zeitraum mitgearbeitet hat und welche (Leitungs-)Funktion er dabei innehatte. Außerdem muss er zwei Referenzpersonen mit deren E-Mail-Adresse angeben. Es geht also darum nachzuweisen, dass man weiterhin im Projektmanagement „aktiv" war.

Falls es der PM-ZERT nötig erscheint, kann sie außerdem den Kandidaten noch mal zu einem mündlichen Prüfungsgespräch einladen.

Neben dem PM-Nachweis muss er natürlich einen formalen Antrag Formular gibt es bei der PM-ZERT), einen formlosen Lebenslauf sowie eine Selbstbewertung einreichen. Ach ja: und natürlich auch Geld zahlen! Im Jahr 2017 liegt die Gebühr für eine Zertifikatsverlängerung Level D bei 25€ Euro (zzgl. 7 Prozent MwSt.).

2.4.4 Rezertifizierung Level C/B/A

Zusätzlich zu dem oben genannten Antrag, dem Lebenslauf und der Selbstbewertung reichen Zertifikatsinhaber der Level C, B und A schriftliche Nachweise ihrer PM-Tätigkeiten, -Erfahrungen und -Weiterbildungen ein. Dazu gibt es von der PM-ZERT natürlich wiederum für jeden Level entsprechende Formulare (F05C/F05B/F05A).

Auszug aus den Regularien für Zertifikatsinhaber der Level C, B und A:

„Die Angaben in den Nachweisen werden formal und inhaltlich geprüft und von zwei PM-ZERT Assessoren nach einem vorgegebenen Schema beurteilt und dokumentiert.

Um die Zertifizierungsanforderungen für diese Level zu erfüllen, muss die Beurteilung in den 3 Bereichen PM-Praxis, Weiterbildung und Selbstbewertung auf einer 10-stelligen Skala mindestens den Wert 5 erreichen. In Grenzfällen kann auch das Einholen von Referenzen oder ein persönliches Interview erforderlich werden.

Die Beurteilung der geforderten Daten berücksichtigt ausschließlich die Aktivitäten während der Gültigkeitsdauer des Zertifikats."

Selbstbewertung

Bei der Selbstbewertung müssen C/B/A Bewerber ein bestimmtes Maß der Ausprägung in Blick auf Wissen und Können in den drei verschiedenen Kompetenzbereichen für sich erreicht haben (für Level D gibt es keine minimale Ausprägung!):

TABELLE 9 SELBSTBEWERTUNG

IPMA Level	PM-technische Kompetenzen		PM-Verhaltens-Kompetenzen		PM-Kontext-Kompetenzen	
	Erfahrung	Wissen	Erfahrung	Wissen	Erfahrung	Wissen
A	8	7	7	7	7	7
B	7	6	6	6	6	6
C	6	4	5	4	4	3

PM-Erfahrung

Die PM-Praxis sollte überwiegend innerhalb der dem Zertifikatslevel entsprechenden PM-Bereiche vertieft und ein Auslastungsgrad von mindestens 50 % durch eine dem Zertifikatslevel entsprechende PM-Tätigkeit erreicht worden sein. Auch PM-Tätigkeiten unterhalb des Zertifikatslevels oder außerhalb von Projekten werden als Nachweis anerkannt. Dabei werden PM-Tätigkeiten, die dem Level A entsprechen, auch für den jeweiligen Zertifikatslevel (B und C) anerkannt, solange eine Zertifizierung nach Level A nicht angestrebt wird oder werden kann (PM-Tätigkeiten dieser Art geben Sie bitte mit genauer Rollenbeschreibung sowie Dauer und genauem Auslastungsgrad in strukturiertem Text auf einem zusätzlichen Blatt an).

PM-Weiterbildungsnachweis

Der Nachweis Ihrer Weiterbildung im PM muss insgesamt mindestens sechs Tage (60 Stunden) in den letzten fünf Jahren umfassen. Diese Weiterbildung können Sie auf verschiedenen Wegen erreicht haben, z. B. durch die Teilnahme an Trainingsveranstaltungen, die Teilnahme an Fachtagungen, eigene Lehr-, Vortrags- oder Prüfertätigkeit, Selbststudium von PM Literatur oder eigene Publikationen im PM.

Das Ergebnis der Überprüfung wird Ihnen von der PM-ZERT schriftlich mitgeteilt. Nach positiver Beurteilung des Nachweises und nach Bezahlung der entsprechenden Gebühr (!) wird Ihr Zertifikat um weitere fünf Jahre verlängert.

Bei negativer Beurteilung oder wenn Sie die Rezertifizierung nicht rechtzeitig machen, wird das Zertifikat von der PM-ZERT nicht verlängert bzw. es erlischt nach Ablauf eines Jahres.

ABER: Wenn das Verfallsdatum Ihres Zertifikates nicht länger als sechs Monate zurückliegt, kann eine „wieder auflebende Verlängerung" erteilt werden, wenn Sie die entsprechenden Nachweise für diesen Zeitraum erbringen. Sie haben also gewissermaßen eine gewisse Karenzzeit. Ansonsten sind eine Neubeantragung und ein neues Verfahren erforderlich. Gesetzlich geschützte Zeiten der Nichtbeschäftigung, wie z. B. Mutterschutz und Erziehungszeit, müssen Sie nachweisen, denn diese verlängern die Gültigkeit Ihres Zertifikates entsprechend.

Meine Erfahrungen haben gezeigt, dass die Rezertifizierung oft auch mit Unsicherheiten seitens der Kandidaten verbunden ist. Beispielsweise erreichten mich Fragen nach dem Ablauf des Interviews. Ein Teilnehmer wollte wissen, ob die Prüfer einen Bericht über aktuelle Projekte hören wollen oder ob auch „harte Fakten" abgefragt würden, z. B. die Berechnung eines Netzplans. Entsprechend unsicher war er auch hinsichtlich der Art der Vorbereitung. Je nach Ablauf des Interviews wäre er entweder „lässig und mit breiten Schultern" aufgetreten oder hätte wie auf die Zertifizierungsprüfung ausgiebig gelernt.

Hallo Mark,

vor 5 Jahren nahm ich an einem Kurs zur IPMA Level C Zertifizierung teil. Die Prüfung hatte ich damals erfolgreich abgelegt und war nun 5 Jahre als zertifizierter PL unterwegs. Nachdem ich derzeit die Unterlagen zur Rezertifizierung bearbeite, habe ich ein Defizit im Bereich der benötigten 175 Stunden Weiterbildungsnachweis festgestellt. Bei 100% PM-Tätigkeit kommt man wohl auf rechnerisch 20 Stunden p.a., die als Weiterbildung angerechnet werden. Die verbleibenden 75 Stunden kann ich nur in minimalem Umfang belegen.

Konkret meine Frage:

> *Gibt es gezielte Kurse zur Rezertifizierung??*
>
> *Bzw. wie sind Deine Erfahrungen mit Blick auf vergangene Rezertifizierungen – kann ich mein Zertifikat aufgrund mangelnder „Weiterbildung" in den Wind schreiben??*
>
> *Für eine kurze Einschätzung aus Deine Sicht wäre ich Dir super dankbar.*

Antwort: Das Problem des Teilnehmers konnte dadurch gelöst werden, dass „Weiterbildung" nicht nur der Besuch eines formalen Seminars bedeutet, sondern jede Form der Weiterbildung. Dazu gehört der Besuch eines Vortrags (firmenintern oder extern), Selbststudium durch das Lesen von Lektüren (Zeitschriften, Zeitungen, Bücher zum Thema PM und angrenzende Gebiete) und jede andere Form des Wissenserwerbs. So gesehen war es dann kein Problem für den Kandidaten, auf die benötigten Stunden an Weiterbildung zu kommen.

Die Gebühren für die Rezertifizierung betragen im Jahr 2017 300 Euro (Level C), 400 Euro (Level B) bzw. 500 Euro (Level A), jeweils zzgl. MwSt.

2.5 Die Höherzertifizierung

Höherzertifizierung bedeutet, dass Sie bereits ein gültiges Zertifikat besitzen und jetzt quasi „upgraden" wollen (z. B. von Level D auf Level C oder B oder A, oder von Level C auf Level B oder A etc.). Grundsätzlich gilt: Innerhalb der Gültigkeitsdauer Ihres Zertifikates können Sie jederzeit einen Antrag auf Höherzertifizierung stellen!

Voraussetzung ist also, dass Sie ein gültiges Zertifikat besitzen und die Eingangsvoraussetzungen für das neue Level (bei Level C z. B. drei Jahre Erfahrung in non-komplexen Projekten) besitzen. Der Prozess selbst ist vergleichbar mit einer Erstzertifizierung: Sie müssen zuerst einen Antrag stellen, dann von der PM-ZERT zugelassen werden und schließlich die eigentliche Zertifizierungsprüfung bestehen. Einen Vorteil hat die Höherzertifizierung allerdings gegenüber der Erstzertifizierung: Wer sich höherzertifizieren lassen will, muss bei der schriftlichen Prüfung den sogenannten Basistest nicht noch einmal schreiben. Bei dem Basistest handelt es sich in Wirklichkeit um den Level D Test. Somit hat also jeder Zertifikatsinhaber einmal in seinem Leben den Level D Test geschrieben!

2.5.1 Von Level D auf Level C oder B

Wer von Level D auf Level C upgraden will, muss der PM-ZERT folgende Unterlagen bereitstellen:

- Selbstbewertung
- Unternehmensdarstellung
- Aktueller Lebenslauf
- Nachweis der Tätigkeit im PM (mindestens 3 Jahre)
- Projekterfahrungsbericht
- Referenzen

Im Zertifizierungsverfahren muss dann eine schriftliche Prüfung (Level C-Test) abgelegt, der Projekterfahrungsbericht erstellt, der Zertifizierungsworkshop absolviert und ein einstündiges Prüfungsgespräch durchlaufen werden. Viele Zertifikanten sind verunsichert, wenn sie in den geforderten 3 Jahren nur einen Arbeitgeber hatten, den sie in der Projektliste angeben können. Doch entgegen deren Befürchtungen, der PM-ZERT könnte dies nicht ausreichen, ist es nicht schlimm, solang klar gemacht wird, dass es sich immer um unterschiedliche Projekte handelt.

47

Wer will, kann sich natürlich auch von Level D aus direkt auf Level B bewerben. Die schriftliche Prüfung aus der Level D Zertifizierung (der sogenannte Basistest) wird auch hier angerechnet, so dass neben einem Workshop, einer Projektstudienarbeit und einem Prüfungsgespräch nur noch die entsprechende Level B-Prüfung abgelegt werden muss.

2.5.2 Von Level C auf Level B

Zur Höherzertifizierung auf Level B verlangt die PM-ZERT folgende Unterlagen:

- Selbstbewertung
- Aktueller Lebenslauf
- Nachweis der Tätigkeit im PM seit der Erst- bzw. letzten Rezertifizierung
- PSA Vorschlag auf Basis einer Projektbeschreibung
- Themenwahl zu PSA und Literaturkonspekt. Hierzu ist auch die Anleitung zur Projektstudienarbeit hilfreich

Anders ausgedrückt:

- Antrag auf Höherzertifizierung mit CV und Selbstbewertung
- Projektliste mit Vorschlag der PSA
- PSA und Literaturkonspekt
- abschließendes Prüfungsgespräch

Bei einigen Kandidaten führt dies durchaus zu Missverständnissen: Man muss also keinen neuen Workshop (Assessment-Center) durchlaufen, sondern kann sich direkt nach der Anmeldung um seine PSA kümmern.

Hi Reiner,

hat mir keine Ruhe gelassen, was jetzt die PM-ZERT genau will und habe mich heute noch mal schlau gemacht, was Du zur Höherzertifizierung brauchst.

- Selbstbewertung
- Aktueller Lebenslauf
- Nachweis der Tätigkeit im PM seit der Erst- bzw. letzten Rezertifizierung (F05B)
- PSA Vorschlag auf Basis einer Projektbeschreibung (F05B)
- Themenwahl zu PSA und Literaturkonspekt (Z21). Hierzu ist auch die Anleitung zur Projektstudienarbeit (Z04B) hilfreich.

Anders ausgedrückt
1. Antrag auf Höherzertifizierung mit CV und Selbstbewertung
2. Projektliste mit Vorschlag der PSA
3. PSA und Literaturkonspekt
4. abschließendes Prüfungsgespräch

Vielleicht rührt daher das Missverständnis: Du brauchst keine neue Prüfungsrunde (Assessment-Center) sondern kannst direkt nach Anmeldung (da muss ein Datum drin stehen) Dich um Deine PSA kümmern.

Dass nicht jeder Antrag auf eine Höherzertifizierung Erfolg hat, zeigen die folgenden Beispiele: Eine Bewerberin erhielt eine Absage mit der Begründung, dass ihre beschriebene Tätigkeit als PMO-Leiterin nur unter besonderen Umständen als Projektleiter-Tätigkeit anzuerkennen sei und dass die Ausführungen zur Komplexität daher nicht schlüssig genug seien.

Sehr geehrte Frau ,

in Ihrem speziellen Fall konnte die Zulassung nicht für den von Ihnen gewünschten IPMA Level B ausgesprochen werden. Die Begründung entnehmen Sie bitte der nachstehend zitierten Assessoren-Empfehlung:

Auf der Basis der beschriebenen Tätigkeiten können Sie nicht zum Verfahren Level B zugelassen werden: Sie bewerben sich um eine Zertifizierung als Projektleiter. Eine Tätigkeit als PMO-Leiter ist nur unter besonderen Umständen als PL-Tätigkeit anzuerkennen. Die Ausführungen zur Komplexität erscheinen vor dem Hintergrund dessen, dass Sie keine PL-Verantwortung inkl. Kosten hatten, wenig schlüssig.

Da Sie die Voraussetzung für die Zertifizierung nach IPMA Level C erfüllen, haben wir Sie vorbehaltlich Ihrer Zustimmung entsprechend zugelassen. Sollte dies Ihren Vorstellungen nicht entsprechen, bitten wir Sie um eine kurze Mitteilung.

Auch ein anderer Bewerber meldete sich bei mir, nachdem die GPM ihm die Zulassung für die Höherzertifizierung verweigert hatte. Die Assessoren hatten die Komplexität in zwei seiner beschriebenen Projekte moniert. Meine Empfehlung in diesem Fall war, für eine Nachbesserung die Komplexitätsmatrix zu nutzen und für jedes Projekt die Zeilen der Matrix mit einem inhaltlichen Kommentar zu ergänzen.

Doch dass auch eine Bewerbung für eine Höherzertifizierung ihre Tücken hat, zeigt folgendes Beispiel. In diesem Fall wollte sich ein Level C Inhaber für das Level B Zertifikat bewerben. Für die PSA hatte er sich ein Thema ausgesucht und dieses bei den Assessoren eingereicht. Nach einiger Zeit erhielt er das Formular zurück - mit den Literaturwünschen der Assessoren. Diese hatten seine Vorschläge einfach durchgestrichen und ihre eigene handschriftlich daneben geschrieben (siehe Abbildung). Man sieht: Hindernisse können überall lauern!

BILD 7: THEMENWAHL ZUR PSA

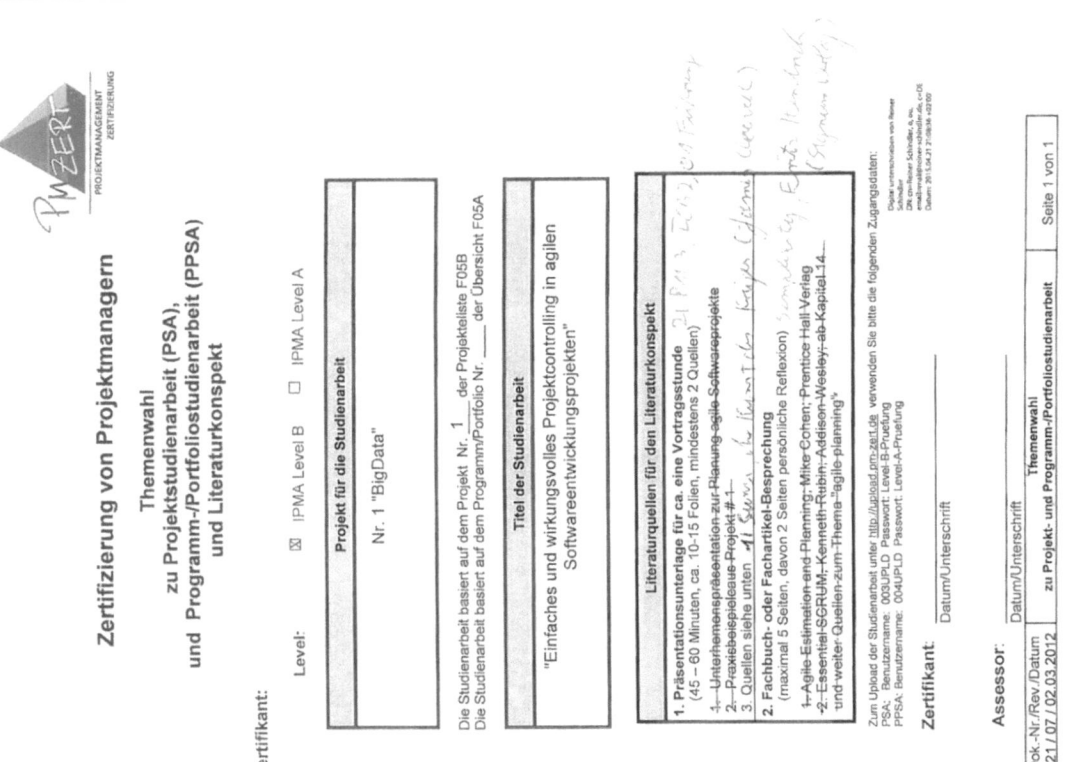

Sehr geehrter Herr ,

in Ihrem speziellen Fall konnte die Zulassung noch nicht für den von Ihnen gewünschten IPMA Level B ausgesprochen werden. Die Begründung entnehmen Sie bitte der nachstehend zitierten Assessoren-Empfehlung:

Bitte beschreiben Sie die Komplexität in den Projekten 13 und 14 näher.

Da Sie die Voraussetzung für die Zertifizierung nach IPMA Level C erfüllen, haben wir Sie vorbehaltlich Ihrer Zustimmung entsprechend zugelassen. Sollte dies Ihren Vorstellungen nicht entsprechen, bitten wir Sie um eine kurze Mitteilung. Die Zertifizierungsprüfungen finden vom 22.-24.06.2015 statt.

Hinweis:
Die vorgenannte Feststellung erfolgte auf Basis der uns von Ihnen übermittelten Unterlagen. Sollten Sie uns weitere Informationen zur Verfügung stellen können, bieten wir Ihnen die Möglichkeit diese schriftlich bis zum 08.06.2015 einzureichen! Die Nachlieferung bitte via an mich senden.

Mit freundlichen Grüßen

In Ihrem speziellen Fall konnte die Zulassung zum Interview Level B am 17.02.2016 nicht ausgesprochen werden. Die Begründung entnehmen Sie bitte der nachstehend zitierten Assessoren-Empfehlung:

Die PSA erfüllt nicht die Anforderung an eine PSA. Die PSA ist nicht bestanden und muss wiederholt werden.

Begründung und Beurteilung der PSA:

Die geforderten PM-Element Technik, Verhalten und Kontext werden in der geforderten Anzahl aufgeführt, es fehlt jedoch die konkrete Beschreibung des PM-Elementes aus der Rolle des Zertifikanten. Diese wird neutral und distanziert beschrieben, weitestgehend unklar bleibt die Abgrenzung zwischen IT/FB-PL und die Herausforderungen (Vor-und Nachteile) dieser Doppelspitze sowie die eigene Verantwortung (IT-PL).

Damit bleibt auch das eigentliche Thema der PSA "Führung mit Doppelspitze" in der Projektleitung - Vor- und Nachteile im Kontext eines fachlich dominierten IT-Projektes"" unzureichend beschrieben. Ebenfalls fehlt die Einordnung in das übergeordnete Programm und die Vernetzung zu anderen Projekten

Die Komplexität ist textuell ausreichend beschrieben.

Es gibt ein eigenes Lessons Learned-Kapitel zu jedem PM-Element, jedoch überwiegend unreflektiert auf das jeweilige PM-Element, sondern es bleibt übergeordnet mit dem Kontext ""gute Zusammenarbeit"".

Die projektspezifischen und übergeordneten Erfahrungen sind in einem eigene Kapitel ausreichend beschrieben.

Das Literaturkonspekt ist eine gelungene Zusammenfassung und verständliche Beschreibung des gewählten Fachbuches mit einer eigenen Reflektion. Die Präsentation ist für den Teil ""klassisches PM und agile Methoden"" gut beschrieben und reflektiert. Die Ergänzung ""Auftraggeber-Auftragnehmer-Verhältnis"" ist nicht erkennbar."

Hinweis:
Die vorgenannte Feststellung erfolgte auf Basis der uns von Ihnen übermittelten Unterlagen. Sollten Sie uns weitere Informationen zur Verfügung stellen können, bieten wir Ihnen die Möglichkeit diese schriftlich bis zum 10.02.2016 einzureichen! Die neu überarbeitete PSA bitte via E-Mail an mich senden.

Gruß,

Hallo Mark,
anbei meine Rückmeldung von der GPM? Was würdest Du empfehlen? Bei den Assessoren anrufen?

Grüße
Mark

Hallo,
dieses Mal scheinen die Assessoren ja sehr gründlich und kritisch zu schauen. Ich würde genau das machen, was sie wollen:
Projekt 13 und 14 in seinen Komplexitäten genauer darstellen. Ich würde die Komplexitätsmatrix nehmen und für jedes Projekt die Zeilen der Matrix mit einem inhaltlichen Kommentar ergänzen ...

2.5.3 ... auf Level A

Wer zu einer Höherqualifizierung auf Level A zugelassen wird, erhält eine Mitteilung, die wie folgt aussieht:

> *Sehr geehrte/r Frau/Herr XY,*
>
> *nach der vollständigen Prüfung Ihrer Unterlagen können wir Ihnen mitteilen, dass Sie zum Zertifizierungsverfahren im "IPMA Level A" zugelassen sind.*
> *Es ist noch ein Zulassungsgespräch erforderlich. Dieses wird nach dem Leveltest A zwischen 15:45 und 17:45 Uhr mit dem Assessor N.N. stattfinden. Die Veranstaltung beginnt um 13:00 Uhr mit der schriftlichen Prüfung.*
>
> *Zweckmäßigerweise sollten zur Prüfung ein nicht programmierbarer Taschenrechner sowie Lineal, Kugelschreiber/Füller, Bleistift, Radiergummi und ein Farbstift mitgebracht werden.*
> *Am nächsten Tag ab 08:00 Uhr folgt die Einführung in den Workshop mit anschließender Bearbeitung eines Projekt-Fallbeispiels in Gruppenarbeit und Präsentation der Ergebnisse vor den begutachtenden Assessoren und den Workshopteilnehmern.*
>
> *Anschließend erfolgt für die Zertifikanten der Level B und A ein Gespräch mit den Assessoren zur Themenwahl von Projektstudienarbeit/Programm-/Portfoliostudienarbeit und Literaturkonzept. Wir bitten Sie hier zu beachten, dass mit einer Dauer bis 20:00 Uhr zu rechnen ist. Für die Auswahl Ihrer Themen zur Programm-/Portfoliostudienarbeit und zum Literaturkonzept gibt es das Formular. Tragen Sie dort bitte Ihre Wunschthemen ein und halten Sie das Blatt beim Workshop zur Besprechung mit den Assessoren bereit.*

Diese Einladung zur Höherzertifizierung zeigt: Grundsätzlich ist die Höherzertifizierung auf Level A eine komplette Neubewerbung - ganz gleich, welches Zertifikat der Bewerber bereits hat. Alle Prüfungsteile sind wieder abzulegen (bis auf den Level D Test = Basistest).

Bei der schriftlichen Prüfung stehen nun mehr die Verhaltens- und Kontextkompetenzen im Mittelpunkt. Mit Fragen nach der Definition von Stakeholdern oder Ähnlichem muss hier also nicht mehr gerechnet werden.

Im Workshop gibt es pro Assessment-Gruppe nur einen Level A-Kandidaten, der in Kontakt mit den Level B-Kandidaten steht. Dies kann die Organisation natürlich manchmal erschweren, da es auch nicht allzu viele Level B Kandidaten gibt ... Während die Level C-Kandidaten das Projekt bearbeiten und die Level B Kandidaten die C-Teams steuern, muss man als Level A-Kandidat wiederum die Level B-Leute koordinieren.

Generell empfiehlt es sich, sich den Level B Kandidaten gegenüber „situativ gerecht" zu verhalten. Je nachdem, wie kompetent diese sind, sollte man ihnen als Level A-Kandidat mehr Anleitung geben bzw. sie mehr involvieren und kooperativ führen. Das Ziel dabei muss sein, dass die B-Kandidaten adäquat mit ihren Gruppen umgehen! Ich hatte vor kurzem die Rückmeldung, dass eben dies der Level B-Kandidat nicht tat: Die Anliegen des Auftraggebers gingen unter, weil der B-Kandidat keine Hintergründe an die C-Gruppe kommunizierte und die C-Gruppe wiederum nur ein Projekt in Standardform abarbeiten wollte und so alles am eigentlichen gewünschten Ziel (wie beabsichtigt) vorbei lief.

Bei der Präsentation sollte man den Business Case präsentieren und Bescheid wissen, was und wann der Arbeitgeber etwas will. Die dazugehörigen Details stellen jedoch die Teilnehmer vor.

Ausarbeitungen können stets delegiert werden, jedoch ist darauf zu achten, die Qualität fortlaufend zu überwachen. Generell gilt: Je besser die Anleitung, desto besser auch das Zuarbeiten.

Für die Programm-/Portfoliostudienarbeit schließlich gibt es ja wieder klare Anforderungen, die in der Prüfungsordnung hinterlegt sind. Bei Level B ging es um eine Projektstudienarbeit, jetzt, bei Level A, dagegen um Programm/Portfolio.

Letztendlich ist es bei Unklarheiten bezüglich der Prüfungssituation immer ratsam, direkt bei den Assessoren nachzufragen.

Da es im Grunde, wie bereits erwähnt, keine Höherzertifizierung auf Level A gibt, muss auch der komplette Betrag für eine Erstzertifizierung entrichtet werden.

2.6 Erfahrungsberichte

Was sagen Teilnehmer aus früheren Zertifizierungsprüfungen, wie sie sich gefühlt haben? Welche Erfahrungen, Tipps etc. würden diese Teilnehmer Ihnen geben? Im folgenden Abschnitt geht es mir darum, die Prüfung aus Anwendersicht zu schildern. Erfahrungsberichte und Einschätzungen über den Schwierigkeitsgrad, den Ablauf der Prüfung und der begleitenden Atmosphäre finden sich natürlich nicht auf der offiziellen Webseite. Selbstverständlich sind diese auch immer subjektiv.

2.6.1 Level D – schriftlicher Test und mündliche Prüfung

Manche Teilnehmer haben mir zurückgemeldet, dass die Fragestellungen manchmal etwas schwierig zu verstehen sind, wie z. B. bei Multiple-Choice Fragen durch Doppelverneinungen. Bei vielen Aufgaben muss auch gerechnet oder eine Grafik entwickelt werden.

Der Zeitdruck ist hoch, so dass kaum die Möglichkeit besteht, längere Zeit über eine Frage nachzugrübeln. Eine Teilnehmerin schrieb mir:

Ich habe in meinem ganzen Leben noch nicht so viel in so kurzer Zeit geschrieben. Bei der schriftlichen Prüfung waren alle Fragen eigentlich gut zu bewältigen. Die Zeit war aber sehr knapp bemessen (24 Seiten). Hier kann man künftigen Prüflingen wahrscheinlich gar nicht deutlich genug sagen, sich die Zeit sehr gut (!) einzuteilen.

Andere Teilnehmer kommen dagegen besser mit der verfügbaren Zeit zurecht.

Hier der Bericht eines Teilnehmers und welche Strategie er in seiner Level D-Prüfung gewählt hatte.

Ich selbst habe ich eine recht einfache Strategie gefahren:

Zwei gesetzte Durchläufe, im ersten davon die Maxime, so schnell wie möglich die geforderten Bestehenspunkte zu machen. Dabei habe ich alles, was ich nicht aus dem Bauch heraus beantworten konnte, erst mal ignoriert (u. a. auch die Kostenganglinie, da ich schon wusste, dass diese aufwendig ist...). Dieser Durchlauf hat mich 55 Minuten der Zeit gekostet und ca. 75 % der Fragen befüllt.

Im zweiten Durchlauf war ich auf Vollständigkeit bedacht, habe also noch alle nicht beantworteten Fragen mit neuem Elan bearbeitet. Dieser hat mich inklusive Kostenganglinie 40 Minuten gekostet. Danach hab ich noch Feinkorrekturen gemacht.

Die Strategie ist gut aufgegangen, statt dem Bestehensziel von 61 Punkten wurden es dann doch 92,5... (trotz meiner grausigen Schrift).

Dieses Feedback zeigt, wie die Atmosphäre bei der Prüfung insgesamt von den Teilnehmern wahrgenommen wird:

Hi Mark,

ich wollte Dir nur kurz Feedback geben.

Feedback zur schriftlichen Prüfung:

Die Zeit war sehr knapp bemessen.

Multiple-Choice Fragen waren z. T. mit doppelter Verneinung.

Obwohl ich auf den Gebieten sicher war, hatte ich mit den Ankreuzfragen reichlich Probleme.

Der Fertigstellungswert musste errechnet werden, aber es gab keinen Fertigstellungsgrad.

Die Meilensteintrendanalyse hat mich durcheinander gebracht und leider habe ich die komplett weglassen müssen.

Feedback zur mündlichen Prüfung:

Beide Prüfer waren einfach super!!! Ich war nervös und wollte alles am liebsten ganz schnell hinter mich bringen. Die beiden haben mich erst beruhigt und mir aufmunternd zugenickt.

Ich habe drei Karten gezogen, wobei ich bei zwei Karten nicht sicher war, was die Prüfer hören wollten. Habe mit der Karte begonnen, bei der ich sehr sicher war. Meine Intension war, dass ich, solange es geht, um dieses Thema diskutiere und zeige, wieviel Hintergrundwissen ich habe, so dass die Prüfer mir bei der zweiten Frage helfen und genauso ist es auch passiert.

Meine erste Frage war: Welche Rechte haben Sie als Projektleiter bei Leistungsstörung und erläutern Sie dies anhand von Beispielen. Wir sind das gesamte Vertragswesen durchgegangen. Gerichtsstand bei Verträgen mit Firmen im Ausland: Wie ist ein Vertrag aufgebaut? Worauf basieren die AGBs etc.

Dann kam die andere Frage dran und der Prüfer hatte schon gemerkt, dass ich da nicht so recht wusste, was ich damit anfangen sollte: „Welche Probleme können bei Stammorganisation und Projekt auftreten? Erläutern Sie an Beispielen." Er hat mich erst einmal definieren lassen, was Stammorganisation ist und dann wusste ich sofort, worauf alles hinaus laufen sollte.

Sie haben mich gebeten gleich im Raum zu bleiben, denn es wäre klar, dass ich bestanden hätte. Beide strahlten mich dabei glücklich an. Ich hatte während der Prüfung immer das Gefühl, dass sie einem helfen wollen.

Transfernachweis: Es wurde bemängelt, dass mein Deckblatt nicht schön ausgesehen hätte. Zudem wäre der Projektname nicht gut und man könne sich unter diesem Namen nichts vorstellen. Meinen Einwand, dass dieses Projekt tatsächlich so heißt, wischte er mit dem Kommentar weg, dass es trotzdem nicht schön klingen würde.

Hallo Mark,

alles in allem war ich nach etwas mehr als 15 Minuten durch. Kleine Anekdote hierzu, bei der ich sofort an Dich denken musste: Während der Prüfung hat das Handy des älteren Prüfers geklingelt. Nach kurzem Blick auf das Display meinte er nur: Oh, da muss ich mal schnell ran, stand auf und hat für ca. 2-3 Minuten telefoniert. Die Situation war recht lustig und ich habe nur quittiert mit: Kein Problem, gehen Sie ruhig ran … Nach Ende des Gesprächs hat er sich wieder zu uns gesetzt und wir haben die Prüfung fortgesetzt, da ich mich solange mit dem anderen Prüfer ganz locker unterhalten habe, was dann wohl nicht in die Wertung der Prüfung einging.

Im Nachhinein betrachtet war die mündliche Prüfung recht lustig und mehr ein Gespräch unter Kollegen. Mich würde allerdings das Bewertungsraster mal interessieren, wie man exakt auf 98 Punkte kommt. Wird das gewürfelt?

Zur schriftlichen Prüfung fällt mir leider kaum noch was ein. Es gab auf jeden Fall keinen Netzplan, keine Ganglinien etc. Dafür gab es aber eine Aufgabe mit additiver und linearer Berechnung der erwarteten Projektgesamtkosten sowie der Herleitung der hierfür benötigten Eingangsgrößen und der Interpretation der Ergebnisse. Es war also wichtig, die Formeln im Kopf zu haben. Mir ist vor allem eine Frage hängen geblieben, die so oder so ähnlich lautet: „Erläutern Sie Aspekte der „menschlichen Führung" und nennen Sie Beispiele."

Die Multiple-Choice-Fragen waren ähnlich den bereits bekannten Fragen zum Thema PM. An genaue Formulierungen kann ich mich aber leider nicht mehr erinnern.

Von der Zeit her hat es gerade gereicht. Das lag aber wohl daran, dass ich bei so manchen Fragen sehr kreativ werden musste und mir etwas intensiver Gedanken zu den Fragen machen musste. ;-)

So, das soll es erst mal gewesen sein. Bleibt mir nur, Dir Danke zu sagen! Auch wenn's sicherlich nichts bei 100 %, so hatte das sicherlich nichts mit Dir zu tun. Im Gegenteil, Deine Art mit uns umzugehen und wie Du die Schulungen gestaltet hast, hat zumindest mir (meistens) großen Spaß gemacht!

Hi Mark,

hier kommt meine kleine Zusammenfassung des Prüfungstags – ohne Anspruch auf Vollständigkeit ☺

Die Agenda am Prüfungstag ist anscheinend sehr flexibel gehalten, soll heißen, dass wir D-Leveler sehr überraschend zwei Stunden früher dran waren, als gedacht. Kommentar der Assessoren war, dass sie sich kurzfristige Änderungen immer vorbehielten.

Die schriftliche Prüfung Level D war der von dir bekommenen sehr ähnlich, d. h. der mit den Multiple Choice-Fragen zu den Organisationsformen, bei denen nur eine Antwort richtig und der Netzplan schon vollständig geben war, wozu dann noch die Kostenganglinie gezeichnet musste, mit dem vorherigen Ausrechnen der Vorgänge mit gleichverteilten Kosten sowie der Gesamtkosten.

Die wohl ganz guten Ergebnisse haben die Assessoren glauben lassen, dass die und ähnliche Prüfungen schon lange im Umlauf wären.

Meine mündliche Prüfung bzw. die Fragen bestanden fast nur aus GPM-Lernkarten-Fragen:

1.) Frage 8
2.) Fragen 76/77, 81, 84
3.) Wann im Projektverlauf muss man verhandeln (oder so ähnlich formuliert)?

Bei meinem Transfernachweis wurde das Big Picture besonders gelobt, dafür war ich wohl zu früh zu konkret: Die Ziele zu terminiert, die Arbeitspaketbeschreibungen bereits terminiert u. ä. Außerdem wäre Zufriedenheit kein soziales Ziel und bei der Kostenganglinie habe ich den ersten senkrechten Stich über 0 Euro vergessen. Dazu kam noch, dass ich nicht so nah an meinem realen Projekt hätte bleiben sollen, denn da war ja klar, wer zum Team gehören würde, zu wieviel Prozent usw. Im TRN hätten sie gerne gelesen, dass man sich erst mal grob einen Bedarf anmeldet, bspw. an einem Programmierer zum Zeitraum x, dieser einem dann zugewiesen wird usw., und da nicht von vornherein schon ein konkreter Name steht.
Die Assessoren geben einem dann noch den Rat, die Fehler im TRN zu korrigieren, damit man sich mit ihm ggf. mal irgendwo bewerben kann. Also sollte man zur Besprechung auf jeden Fall ein Blatt und einen Stift mitnehmen, woran ich in dieser Situation überhaupt nicht gedacht habe ;-).

Mehr fällt mir dazu gerade nicht ein.

Vielleicht noch als Hinweis zum Zeitaufwand im Vorfeld der Prüfungen: Ich habe zusammengefasst ca. 2,5 Wochen am TRN geschrieben und eine Woche für die mündliche/schriftliche gelernt (GPM-Lernkarten, zwei alte Prüfungen, „Auf den Punkt gebracht" gelesen/Fragen und Antworten daraus in „Card2Brain"-App).
Irgendwie hat damit alles geklappt – Puh! ;-)
Zur Frage eines Teilnehmers, wie man denn 100 % erhalten könne, sagten sie, dass dafür alles druckreif seien müsse; alles was weniger druckreif ist, führe zu den Abzügen.

Vielen Dank nochmals und viele Grüße

2.6.2 Level C/B schriftlicher Test

Auch zum schriftlichen Test der Level C/B Prüfungen erreichten mich Feedbacks einiger Teilnehmer:

Vergleicht man Level C und D, waren generell viele Themen doppelt oder sehr ähnlich. Die Rechnung zum Fertigstellungswert war sogar zahlenmäßig und bzgl. des Rechenwegs in beiden Prüfungen komplett identisch. Diejenigen, die die Aufgabe schon in C nicht lösen konnten, hatten somit allerdings doppeltes Pech. Dann fehlten auch die Punkte in D.

Hallo Mark,

ich bin komplett durchgekommen, auf die Minute, und konnte zu jeder Aufgabe etwas sagen, bin aber wirklich durchgerast und konnte so nicht viel in Kreativität in Risiken, Stakeholder etc. investieren, aber ich hoffe, dass es so gereicht hat… Jetzt muss ich nur bis morgen zittern. Vielen Dank für die gute Vorbereitung!! Liebe Grüße

Hallo Mark,

so, heute war das Finale – bestanden! Bei den beiden schriftlichen Tests war einer nicht zu schaffen. Beim Level C-Test – 63 oder 65 Prozent – das war knapp… Beim zweiten Test (Basistest/Level D) waren es dann 91% – da war ich auch 20 Minuten früher fertig.

Hallo Herr Reuter,

der C-Test war deftig (haben alle so empfunden)! Mein Gefühl war, dass oft relativ „tiefes" Wissen abgefragt wurde. Es wurde z. B. nicht nach den relevanten Gesetzen gefragt, sondern nach den Inhalten des Arbeitsschutzgesetzes.
Eine Aufgabe des C-Tests konnte ich überhaupt nicht beantworten. In der Aufgabe wurde nach Führungsdimensionen gefragt (Aufzählung, 2 Punkte) und danach sollte eine Führungsdimension auf ein gegebenes Beispiel angewendet werden (8 Punkte). In diesem sollte der Dienstjüngste eine „unbeliebte" Arbeit verrichten, wollte dies aber nicht mehr machen (es waren diverse Informationen zu den Personen enthalten, wie z. B. „er ist nett zu Kollegen", „hilfsbereit", …). Da ich mich nicht erinnern kann, Führungsdimensionen schon mal gehört zu haben (Führungsstile waren dort nicht gefragt), war für mich bei der Aufgabe nicht viel zu holen.
Der Workshop lief in eine „etwas" andere Richtung als erwartet. Wir hatten die Tsunami-Fallstudie und wurden dort in drei Gruppen aufgeteilt (alle sollten konkurrierend arbeiten). In den Gruppen sind wir alle nach Schema F vorgegangen. Die

55

fachliche Breite der Fallstudie haben wir dabei alle etwas trivialisiert (damit wir die geübten Ergebnisse in der Zeit erzeugen konnten). Dies hat den Assessoren überhaupt nicht gefallen. Somit gab es gegen 11:30 Uhr ein Gespräch mit den drei Projektleitern, in dem wir den Auftrag bekommen haben, das ganze aus einer topologischen Sicht zu betrachten. Von da an sollten wir kooperativ arbeiten (eine Gruppe in Deutschland für Spenden, Logistik und Task Force, eine für das Krankenhaus und eine für die Infrastruktur). Ab da hatte ich das Gefühl, dass es den Assessoren am wichtigsten war, dass die Aussagen möglichst die fachliche Breite des Fallbeispiels abdeckten. Rückfragen/Anmerkungen gab es zum Teil zwar auch zu den Methoden und der Präsentation, aber überwiegend zu fachlichen Themen.

Der Workshop war schon anstrengend, die Assessoren waren aber immer freundlich und „entspannt". Auch das Feedback am Ende war – ausgenommen der Tatsache, dass wir halt unser Schema F angewendet haben – ziemlich positiv.

Hallo Mark,

so, zwei Wochen verdaut, jetzt kann ich Dir auch endlich mal – nach bestandener Zertifizierung – die Eindrücke meiner letzten Monate und der Zertifizierung selbst zusammenfassen. Erst einmal ein dickes Dankeschön an Dich für die tolle Vorbereitung, die mir echt eine Menge Spaß gemacht hat und mir nicht zuletzt zum Erfolg verholfen hat! Ich würd's wieder tun. So, zur eigentlichen Prüfung:

Die C-Klausur war schon ein Kracher. Am Ende war es zeitlich eine Punktlandung, ich habe alle Aufgaben geschafft (auch wenn ich laut Assessoren in der letzten Aufgabe nur noch einen Punkt rausschlagen konnte). Dank des Stresslevels hatte ich gewisse Startschwierigkeiten, alleine die Projektziele zu formulieren, geschweige denn die Umfeldanalyse anschaulich auf Papier zu bringen. Ich habe dann einfach weitergemacht, mich sortiert und dann irgendwann mittendrin Ziele und Umfeldanalyse ergänzt. Das war auch insgesamt meine Strategie. Ich bin wirklich von Anfang bis Ende durch die Aufgaben gegangen, habe gemacht, was mir eingefallen ist und habe mich nirgends aufgehalten, wo ich länger hätte überlegen müssen. Wenn mir dann zwischendurch noch Dinge zu den Vorgänger-Aufgaben eingefallen sind, habe ich die schnell ergänzt. Strategie ist aufgegangen, ich bin durchgekommen und hatte am Ende 83 Punkte. Zu den Inhalten kann ich Dir eigentlich kaum noch was sagen, die hatte ich eigentlich schon direkt danach vergessen. War aber alles nichts Überraschendes, wenn man vorab die Probeklausuren gemacht hat.

Die D-Klausur war dagegen fast ein Spaziergang. Ich war, wie einige andere, nach ca. 75 Minuten fertig. Die Fragen waren auch hier nicht überraschend, super ähnlich zu einer der Probeklausuren. Hat für 100 Punkte gereicht.

Meine Empfehlung zu den Klausuren ist, sich wirklich an die Probeklausuren zu halten. Ich habe insgesamt 9 oder 10 Probeklausuren gemacht (hälftig C und D) und das auch nicht auf Zeit, sondern auf Inhalt. Ich habe mir für Aufgabe für Aufgabe vorgenommen und mir die Literatur und den guten Kumpel Internet dazugenommen, um Dinge nachzuschlagen und zu klären, sodass ich in den Aufgaben inhaltlich sicher war. Bei größeren Aufgaben mit Zeichnen (z. B. Meilenstein-Trendanalyse) habe ich die Aufgaben auch mehrfach gemacht, um den für mich effizientesten Weg der Herangehensweise herauszufinden, sodass die Bilder schneller von der Hand gingen. Ich habe zwar auch zig Karteikarten geschrieben, weiß aber im Endeffekt nicht, wie hoch hier der Lerneffekt wirklich war. Super geholfen hat gerade am Ende auch unsere WhatsApp-Gruppe, in der wir in der letzten Woche viele, viele Fragen klären konnten und immer wieder Bilder von unseren Ergebnissen hochgeladen haben. Hat super geholfen.

Hallo Mark,

ich habe die Level C Prüfung bestanden.

Die Level D Prüfung war ziemlich ähnlich bis gleich, mit derer, die du uns gegeben hattest.

Die Level C Prüfung war da schon happiger. Meine Strategie mit den Wissensfragen anzufangen, habe ich gleich wieder bleiben lassen, als ich gesehen hatte, dass sie nur sehr wenige eindeutige Wissensfragen waren, also begann ich mit dem Anfang und hatte das 1. Szenario ausgewählt. Ich muss nochmal in mich gehen, was noch hängen geblieben ist, aber jedenfalls hatte ich fast einen Krampf im rechten Arm, als es vorbei war.

Die mündliche Prüfung heute war nicht mehr so anstrengend. Ich wurde nach einigen Details zum PEB gefragt. Und jetzt geht es weiter mit dem Level B!

Hallo Mark,

ich hatte dir ja noch einen Bericht von der Prüfung versprochen. Also hier ein paar Eindrücke:

Der Start war für 12 Uhr angesetzt. Als erstes wurde der C-Test geschrieben. Die D'ler durften aber zunächst bei der Einleitung noch mit im Raum bleiben und sich die Hinweise der Assessoren anhören. Großartig vorgestellt haben sich die Assessoren zu diesem Zeitpunkt noch nicht. Ich hatte – zumindest war das mein Eindruck – ziemlich auf Lücke gelernt, d. h. ich habe

56

Hallo Mark,

zunächst mal: Habe bestanden! Herzlichen Dank für die gute Vorbereitung!

Grundsätzlich hatte ich den Eindruck, dass von allen Vorbereitungskursen unserer einer der besten war. Wir waren mit am besten auf die Anforderungen der Prüfung vorbereitet.

D-Test: Wenn man sich in die PM3 eingelesen hatte und anhand der (Alt-)Fragen, die man von dir bekommen hat, die auch im 'Auf-den-Punkt-gebracht' stehen, vorbereitet hat, war man richtig gepolt und auf das, was in der Prüfung kam, sehr gut vorbereitet.

C-Test: Hier haben wir es nicht optimal erwischt. Der Test, der bei uns zum Einsatz kam, hatte einen etwas anderen Schwerpunkt als die, an denen wir geübt haben (kein Netzplan, z. B.). Wir mussten am Anfang des C-Tests eine Case-Study wählen, beschreiben, um welche Art von Projekt es sich handelt, und ein Phasenmodell anhand des Standardvorgehensmodells für diese Projektart zeichnen. Wer - wie ich - sich nicht in der Vorbereitung damit beschäftigt hatte, hat so in den ersten 3 Fragen bereits seine 10-20 Punkte eingebüßt. Außerdem wichtig: die Unterscheidung zwischen Führungsdimensionen, -eigenschaften, -techniken, -stilen. Also: Was ist was? Die Abstufungen wie patriarchalisch, autoritär, beratend ...; by objectives, by exception ...; charismatisch, teamorientiert ... waren mir bekannt. Die Terminologie (was ist Stil, was ist Dimension, ...?) war das Problem. Außerdem haben sie Belbin gefragt. Wichtig auch nochmal: kritischer Weg = kritischer Pfad. Hier hab ich mich durch die kritische Kette irre machen lassen - die am besten nie wieder erwähnen! Die Zeit war knapper als in den Übungen, hier bin ich ganz schön geschwommen.

Es gab deshalb einige Kollegen, die mehrere Fragen ausgelassen hatten und mit einem sehr schlechten Gefühl aus der Klausur herauskamen. Ein Kollege war z. B. dazu übergegangen, Fragen von hinten nach vorn zu beantworten, weil er die hinteren Fragen leichter fand. Dabei hatte er jedoch übersehen, dass die vorderen Fragen auf die ausgewählte Fallstudie zu beantworten waren, was bei den hinteren Fragen nicht der Fall war. Die Prüfer hatten zuvor angekündigt, dass man bei fehlendem Bezug zur Fallstudie schon nur maximal 50 % der Punkte erreichen konnten. Nach dem C-Test gab es 20-30 Minuten Pause, bevor der D-Test geschrieben wurde. Mit dem D-Test war ich mit einigen anderen 45 Minuten vor der Zeit fertig. In der C-Klausur hatte ich letztlich 74 und in der D-Klausur 98 Punkte, das war in etwa auch der Durchschnitt in unserer Gruppe. Es gab aber auch einige Kandidaten, die in der C-Klausur gerade mal 60 oder 60,5 Punkte hatten.

Beim Klausuren-Üben habe ich bei den einzelnen Fragen dann jeweils im GPM-Kompendium nachgeschaut und einzelne Themen (wie z. B. die Formen der Projektorganisation oder Netzpläne) vertieft. Wichtig war, die Klausuren wirklich komplett runterzuschreiben, um sich an das schnelle Schreiben zu gewöhnen und damit die Lösungen wirklich komplett hatte ich mir 2 Wochen Lernurlaub genommen. Letztlich war ich ziemlich überrascht und damit die Lösungen wirklich komplett war, obwohl ich gefühlt sehr stark auf Lücke gelernt hatte. So konnte ich mir keine einzige Prüfungsfrage unbekannt war - wie erwartet - von der Zeit her sehr knapp bemessen.

(lediglich) jeweils 3-4 C-Klausuren und 3-4 D-Klausuren aus unserem Fundus geschrieben und die Fragen aus deinem Buch per „Card2Brain" gelernt.

Hier eine Rückmeldung zu den verschiedenen Prüfungsteilen der Level C-Prüfung:

- 3 Fallstudien (je ¾ Seite) aus denen man sich eine aussuchen muss (Invest, F&E, Orga).
  - Darauf basierend mehrere (Standard-Fragen: Umfeldanalyse, Quantitative Risikoanalyse etc.
  - Einsatzmittelganglinie malen. Basis war hier ein Screenshot eines Gantt-Diagramms aus MS Project. Kritischen Pfad einzeichnen. Eine Kapazitätsgrenze wurde vorgegeben, die überschritten wurde. Wie sieht ein neuer Plan aus, der mit den verfügbaren Mitteln auskommt? Inhaltlich eigentlich klar, mich irritierte nur die Darstellung der Ausgangsdaten als Screenshot. Etwas unübersichtlich.
  - Weitere Fallstudie (Kleine Firma, ein Fenster sollte regelmäßig von jüngsten Mitarbeiter ausgetauscht werden, der sich dann aber eines Tages weigerte). Hier sollte eine Lösungsmöglichkeit anhand des kooperativen Konfliktmodells beschrieben werden.
  - Standardfragen zur Fertigstellungswert, Kostenabweichung etc. Besonders war hier nur, dass nicht konkret gefragt wurde, berechnen sie FW, KA etc, sondern nur die Ausgangszahlen (PGK, FGrad, Ist-Kosten) und dann allgemein gefragt wurde: „Was würden sie mit diesen Zahlen anfangen? Wie bewerten sie den Status des Projektes?"
  - Weitere Fragen zur Fallstudie: Boston Matrix...

Die C-Level Prüfung ist aus meiner Sicht vernünftig zu machen in der Zeit. Im Grunde schreiben ohne nachzudenken.

Workshop

Fallstudie: Eine Mülldeponie sollte verlegt werden und das Gebiet dann renaturiert werden und als Erholungspark gestaltet werden. Die Fallstudie an sich war relativ klar strukturiert, kritisch waren jedoch die Angaben zu den Kosten: Es gab ei-

57

ne komplette A4-Seite mit sehr detaillierten Angaben, unmöglich, hier in der Zeit eine saubere Kostenganglinie etc. zu entwerfen.

Ergänzung eines Kollegen: Hier war es wichtig auch das Zahlenwerk zu rechnen (eine Seite mit Angaben), da waren Hinweise und Platz für Annahmen enthalten. Wir haben uns alle erst sehr spät damit beschäftigt. Die Ergebnisse wurde aber schon im Big Picture erwartet (Gesamtkosten, Laufzeiten, so was). Mein Eindruck war, dass hier die Entstehung der Ergebnistypen mindestens so wichtig war, wie die Ergebnisse selbst.

Aufgabe: 2 konkurrierende Teams, die jeweils eine Präsentation vorbereiten sollten, inklusive abschließendes Angebot und Marketingkonzept. Beide Teams hatten im Grunde keinen Kontakt zu einander.

Störungen:

- Ein schützenswerter Baum wurde nachträglich „entdeckt", dieser musste ausgegraben und verlegt werden.
- Projektleitertausch zwischen den Gruppen
- Sonderaufgaben: 1) Was kostet ein Kubikmeter Müll? 2) Pressemitteilung erstellen.

Feedback der Assessoren zu den Präsentationen (jeweils vor beiden Gruppen):

Sehr detailliert, sehr viel Formales:

- Wie werden Risiken formuliert, was sind soziale Ziele? Ziele nicht zu generisch formulieren.
- Das Organigramm wurde auseinandergenommen (beachte z. B: Durchgezogene Linie bedeuten Linienhierarchie), hier wurde auch Wert auf eine realistische (im Sinne der Fallstudie) Darstellung gelegt.
- Beim Stakeholder/Risikoportfolio müssen (!? ich sehe es anders …) die Strategiepfeile immer in einen anderen Quadranten zeigen

Mündliche Prüfung

Die Fragen bezogen sich i. W. auf den PEB und den Workshop.

Einige Verständnisfragen, nach dem Motto: Auf Seite 23 haben sie geschrieben, dass… Wie haben sie das gemeint? Dann noch einige Fragen zu bestimmten Kompetenzelementen:

- Unterschied Kosten, Budget, Finanzmittel?
- Was ist Kommunikation? Wann ist sie erfolgreich?
- Wie machen Sie eine Einsatzmittelplanung?
- Was sind Lieferobjekte, was versteht man unter Leistung?
- Erläuterung einer kooperativen Konfliktlösung anhand eines „echten" Konfliktes aus dem Workshop
- Personalmanagement im Projekt?

Insgesamt gut machbar, die Assessoren wollten oft ein bestimmtes Stichwort hören, leiten einen da aber auch hin.

Fazit: 3 intensive Tage.

Als Vorbereitung für die schriftliche Prüfung Level C als auch für den Workshop macht es Sinn einen Transfernachweis durchzulesen. Denn letztendlich geht es darum alle PM-Elemente anzuwenden, die in einem Transfernachweis beschrieben sind. Wichtig ist, dass man weiß es geht um die Anwendung und nicht um die Erklärung der PM Elemente!

Die allgemeinen Fragen im schriftlichen Test (nicht projektbezogenen Fragen) sind auch wichtig und da kann man auch enorm viel Punkte holen. Deshalb würde ich in der Sammlung von den Fragen, die Du ausgibst, vor der Prüfung gut durchgehen....Am besten neben die Fragen sich eine kurze „Musterantwort" schreiben.

Auch wichtig: Es hilft auch eine bis zwei frühere Prüfungen in prüfungsähnlichen Zuständen (Zeit) zu machen um zu schauen, wie klar kommt man mit der Zeit...Zeitverteilung und schnell zu schreiben kann man auch üben ☺

Man muss auch die Zeit so einteilen bei der schriftlichen Prüfung dass man nur ca.1 Minute pro Punkt hat und nur genau so viel antworten wie gefragt (Viel hilft nicht viel!)...Man muss sich auch schnell entscheiden für ein Projekt und nicht alle Projekte gründlich durchlesen.

Um auch keine Zeit zu verlieren und effizient beim Workshop zu arbeiten, würde ich am Anfang des Workshops in der ersten Stunde neben Agenda und Lesen der Aufgabenstellung ein Big Picture mit dem Team zusammen erarbeiten, um ein gemeinsames Verständnis der Problemstellung in der Gruppe zu etablieren und um beim Auftraggeber vorzustellen, was man verstanden hat (Inkl. Annahmen).

Da es auch Änderungen bei der Aufgabenstellung am Anfang des WS geben kann, würde ich am Anfang Zeit investieren in der Erstellung von Flipcharts für Ziele, Umfeldanalyse, SH-Analyse, Risikoanalyse,…) ohne Inhalte. Danach kann man sie relativ schnell mit Inhalt füllen.

2.6.3 Bewertung des Level C/B Workshops

Auch bei den Workshops macht jeder Teilnehmer seine eigene Erfahrung - die einen eine bessere, andere eine schlechtere. Hier einige Beispiele:

Hallo Mark,

teilweise war uns die geschilderte Aufgabenstellung unklar. Auch auf wiederholtes Nachfragen bekamen wir nicht den gewünschten Durchblick. Erst nach der Zwischenpräsentation kam dann endlich mehr Klarheit rein. Wir vermuten, dass dies Absicht war... Es hat mir wirklich Spaß gemacht, auch wenn es echt anstrengend war und in der zweiten Tageshälfte die Komplexität und die Notwendigkeit der Steuerung deutlich zugenommen hatte.

Ein Hinweis der Assessoren war, dass wir die ganze Zeit nicht wussten, was eigentlich die zu erbringende Tagesleistung sein sollte. Wir haben nie nachgefragt, was 100 % sein sollen, was also gefordert wird. Ich habe das so erklärt, dass wir alle sehr gut vorbereitet waren und nach dem Standard-Projektvorgehen vorgegangen sind (Inhalte analog Transferprojekt). Wahrscheinlich hätten wir uns viel Arbeit sparen können, wenn wir einfach mal gefragt hätten, was denn konkret geliefert werden soll.

Zum Glück waren die beiden Assessoren auch nicht so sehr auf eine tolle grafische Aufbereitung der Präsentationsunterlagen erpicht. Da wären wir glatt durchgefallen. Auch haben sie eine Menge an Inconsistenzen zwischen den einzelnen Artefakten durchgehen lassen.

Die Präsentation unserer Gruppe wurde von den Assessoren bemängelt; sie sagten unsere Präsentation sei „blutleer". Die Präsentation soll die Assessoren in ihrer Rolle als potentielle Auftraggeber überzeugen, dass dieses Projektteam die Fähigkeit besitzt, das Projekt zum Erfolg zu führen.

Workshop – meine Erinnerung: Die Aufgabe war etwa 2/3 einer Seite; dazu in einem 2. Blatt Angaben über Kosten von Bahnhof und weitere Kosten über Lackierung usw. Es wurde auch gleich gesagt, dass man die Namen drüber schreiben sollte. Abgabe am Ende war Pflicht, sonst gäbe es kein Zertifikat.

Vormittag: Team 1: Verlagerung des aktuellen Fahrzeugmodells in einen a deren Standard in zwei Schritten: Zunächst nur Teilmontage und Lackierung dann Endmontage von 80.000 Units pro Jahr; nach 5 Jahren soll im Standort 1 das neue Modells komplett laufen.

Team 2 – Der Standard in Polen. Standort 3 war der zusätzliche Standard, der aber erst nach 5 Jahren anlaufen sollte.

Nachdem die Gruppe nach Verteilen der Aufgabe zunächst das Projekt lesen wollte, habe ich ziemlich am Anfang die Z08 ins Spiel gebracht. Dafür bin ich gleich mal aufgestanden und habe der Gruppe vorgeschlagen, dass wir, bevor wir uns mit dem Inhalt beschäftigen, erst mal Spielregeln aufstellen sollten. Nach der ersten Sammlung habe ich die Z08 als Vorgehensmodell vorgeschlagen. Da kam dann tatsächlich die Frage von ein paar Leuten, was die Z08 ist. Ich habe dann gesagt, ich mache gerne eine 5 Minuten Einweisung, habe dann kurz die Inhalte der Gruppe geschildert. Mir war wichtig, dass wir gleich richtig starten, bevor wir uns verzetteln. Sehr stark war auch der Wunsch der Gruppe nach der Einteilung. Die Einteilung der Leute war durch die Assessoren vorgegeben. Die Gruppe hatte sich dann relativ schnell geeinigt, dass jede Gruppe einen Standort vertreten sollte. Auch kam das Big Picture sehr gut an. Einer hatte sich gleich vorgestellt, dass er gut im Big-Picture-malen ist. Und er war gut.

In meiner Gruppe (Team 1) war ein B Kandidat. Dieser war dann der Projektleiter. Ich war gleich als Stellvertreter vorgeschlagen.

Wir haben dann anhand Z08 die Inhalte als Agenda aufgeschrieben und analysiert, wo wir in Kleingruppen arbeiten können. Wir waren zu fünft. Der PL, der die Infos mit den anderen PLs ausgetauscht hat, und jeweils zwei 2-er Grüppchen, die nach gemeinsamer Zielerarbeitung und Umfeld-Analyse sehr gut in 2-er Gruppen = bearbeitet haben. Es hat richtig Spaß gemacht. Präsentation am Mittag war easy. Jeder musste ran, was gut war. Ich hatte mich richtig auf den Nachmittag gefreut, eigentlich war es nur noch abzuarbeiten. Mir kam dann die wichtige Idee, dass die Verlagerung des Tooling von Werk 1 in das andere Gruppe abkommandiert. Kurz vorm Mittagessen wurden dann die „Störungen" bekannt gegeben. Ich wurde in eine Werk 2 sich eine Produktionslücke ergibt. Dieses, denke, war dann auch wichtig für die Nachmittagsarbeit. Es wurde dann beschlossen, dass es 4 Produktionslinien im Werk 1 gab, die sukzessive abgebaut, transportiert und wieder aufgebaut wurden. Dann wurde jeweils eine Pilotierung durchgeführt.

Inhaltlich wurde bis Mittag Projektsteckbrief, Umfeldanalyse, Umfeldportfolio, Stakeholderanalyse (hier wurde ich gelobt, dass nur die TOP5 behandelt wurden), SH Strategie, Kommunikationsmatrix, Chance und Risiken, Risikobewertung, Risikomaßnahmen, Projektplan; zunächst nur 3 Phasen im Team 1 bearbeitet.

Der Workshop-Tag begann mit einer gemeinsamen Vorstellungsrunde. Dabei ging es (noch) sehr lustig zu und alle haben sich viel Zeit gelassen. Schließlich haben wir mit dem eigentlichen Workshop mit etwa 45 Minuten Verspätung angefangen. Die Assessoren hielten jedoch am ursprünglichen Zeitplan fest, so dass wir um 12:30 Uhr zum ersten LA mit allen Ergebnistypen erscheinen mussten. Wir hatten uns auf ein Projekt mit einem Programmleiter und 2 Teilprojektleitern vorbereitet. Da eine Kollegin spontan einen Downgrade von B auf C gemacht hatte, stand diese nicht mehr als Projektleiterin zur Verfügung.

Wir wurden somit in 2 (unabhängige) Projekte eingeteilt. Die Aufteilung erfolgte durch die Assessoren nach dem A-B-Prinzip (der Erste ist A, der Zweite B, der Dritte A ...). Dadurch wurde die zuvor geplante Aufteilung aufgebrochen. Zu lösen bekamen wir, wie die Gruppe im Vorjahr auch, den Tsunami-Fall. Aufgabe war, in einem überschwemmten Gebiet ein Krankenhaus wieder aufzubauen, ein bestimmtes Gebiet trocken zu legen, Strom- und Wasserleitungen zu verlegen und freiwillige Helfer in Deutschland zu organisieren. Dabei waren die A- und die B-Gruppe zwei konkurrierende Hilfsorganisationen, die unsere beiden Auftraggeber jeweils davon überzeugen mussten, dass sie das beste Angebot haben. Es mussten also beide Gruppen alle Ergebnistypen (und das bis Mittag) liefern.

Spätestens damit waren unsere vorherigen Absprachen zum Timing dahin. Und das war auch das wesentliche Ziel des gesamten Workshop-Tages, uns zu verunsichern. Wenn man sich vor Augen führt, dass ein wild zusammen gewürfelter Haufen von Einzelkämpfern, die nicht den Vorteil eines 6-monatigen intensiven Trainings genossen haben, diesen Teil bestehen muss, ist klar, dass wir unter gleichen Bedingungen vermutlich innerhalb von 2 Stunden alle Ergebnistypen technisch perfekt abgeliefert hätten. Also musste Verunsicherung her. Nachdem wir von der Gruppe aus dem Vorjahr wussten, dass die Assessoren die fehlenden Sofortmaßnahmen als völlig weltfremd kritisiert hatten, hatten wir natürlich eine entsprechende Phase brav eingebaut. Deshalb mussten andere Fehler her:

- Wir haben kein „Big Picture" gemalt, mit dem man den Auftraggeber viel besser hätte abholen können.
- Die Ableitung der Risiken und Stakeholder aus der Umfeldanalyse war nicht sauber.
- Die „Strategie" fehlte sowohl beim Stakeholder- als auch beim Risikoportfolio.
- Der Auftraggeber wurde von beiden Gruppen als Stakeholder vergessen (was m. E. durch die bewusst kumpelhafte Atmosphäre in der Vorstellungsrunde „provoziert" wurde)
- In der Zwischenpräsentation wurde kein Tisch für die Auftraggeber bereitgestellt.
- Man hat sich zu wenig mit den Problemen vor Ort (Tsunami-Gebiet) auseinander gesetzt.
- Und noch vieles mehr (eigentlich haben wir am Vormittag gar nichts richtig gemacht) ...

Dies reichte, dass beide Gruppen am Mittag einen mächtigen Einlauf bekamen. Den Projektleitern (B-Kandidaten) wurde darüber hinaus gesondert mitgeteilt, dass ihre bisherige Vorstellung auf keinen Fall für B, sondern allenfalls für C reiche (einer der B-Kandidaten wurde im Nachhinein dafür gelobt, dass er dies nicht seinem Projektteam mitgeteilt hat, sondern sein Team positiv motiviert hat).

Am Nachmittag ging es dann eigentlich nur darum, Fehler zu korrigieren. Als „Zusatzaufgabe" gab es lediglich noch den Auftrag, eine Experten- und Materialliste zu erstellen. Ein wirklich gutes Gefühl hatten wir bei der Abschlusspräsentation eigentlich nicht. Dennoch bekamen wir das Ruder ja noch mal richtig rumgerissen hätten und alle die Klausuren ihren gewünschten Level bestanden haben. In dem Zusammenhang wurde uns dann auch mitgeteilt, dass alle die Klausuren bestanden hätten.

Hallo Mark,

Dein Daumendrücken hat geholfen.
Wir haben alle bestanden und in der schriftlichen Prüfung nach der Aussage der Assessoren vergleichbar gut abgeschnitten!!!

Ich persönlich habe ich der Level D-Klausur 105 Punkte und in der Level C/B-Klausur 84 Punkte erreicht und bin mit diesem Ergebnis sehr gut zufrieden. Es kamen keine Überraschungen, alle Fragestellungen kannten wir aus irgendeiner der Beispielklausuren. Fragestellungen, Fallbeispiele und Zahlen waren zwar etwas abgewandelt, stellten aber inhaltlich keine größere Herausforderung dar. In der Level C/B-Klausur war es zeitlich sehr knapp und die Aufregung hat sich sehr (und nicht nur bei mir) bemerkbar gemacht. Während des Tages gab es immer wieder „Störungen" in Form von Sonderaufgaben durch Assessoren, z.B. eine Pressemitteilung zu erstellen, einen Statusbericht abzugeben oder einen Kriterienkatalog zu Bewertung/Auswahl der Angebote. Damit haben wir aber gerechnet und konnten die Aufgaben ganz gut bewältigen.

Gegen 15 Uhr kam allerdings eine etwas überraschende Wendung: Die PL sollten die Gruppen tauschen. Also machten wir in Anwesenheit der Assessoren eine kurze Übergabe und mussten uns im neuen Team neu orientieren, die Führung übernehmen und die Abschlusspräsentation halten. Da die Vorgehensweise (phasenorientierter gegenüber objektorientierter PSP, Matrix-Orga gegenüber autonome Orga), das Tempo und der Fortschritt in einzelnen Gruppen recht unterschiedlich waren, mussten wir ganz schön schwitzen.

Im praktischen Workshop hatten wir die Mülldeponie als Fallstudie und mussten diese in einer für uns etwas unerwarteten Konstellation spielen: zwei Gruppen, die zwei konkurrierende Angebote abgeben sollten. In der 4-er Gruppe machte ich die PL. In der 5-er Gruppe war ein Kollege der PL.

Ich habe die Prüfung für Level C bestanden. Ich hab unheimlich viel Lob bekommen für meine Leistung während dem Workshop...Sie waren von mir so begeistert, dass Sie meine Leistung auf ein Level B anerkennen wollen. Ich muss nur noch formell eine höhere Zertifizierung beantragen ☺

Ich durfte an dem Tag glücklicherweise die Rolle von einem Programm- und Projektleiter spielen. Es ging dabei um die Verlagerung von einem Fzg-Produktion sowie der Bau von einer neuen Produktion im Ausland mit Kapazitätserweiterungen für die aktuelle Produktion (Für neues Auto. Wir waren zu 9 und wir wurden in 3 Gruppen aufgeteilt. Jede Gruppe sollte am Anfang das Gesamtprojekt machen. Eine Stunde nach Start wollten Sie von uns eine Big-Picture von uns sehen. Da haben Sie uns mitgeteilt, dass eine Gruppe nur ein Teil der Aufgabe macht und dann haben Sie mich beauftragt die Rolle des Programmmanagers zu übernehmen. Zum Glück hatten wir bei uns kein Level B-Kandidat. Bei Mittag wollten Sie einen Zwischenstand sehen. Da kam bei ein paar Gruppen viel Kritik...bei meiner Gruppe haben wir erstmal alle Templates vorbereitet und dann war es einfach diese mit Inhalten zu füllen. 2 Stunden vor Ende wollten Sie noch von meiner Gruppe eine Nutzwertanalyse haben, um sich für einen Standort im Ausland zu entscheiden. Sie haben zum Beispiel drauf geachtet dass die Prozentsätze bei den Risikokosten und PM Sinn machten

Bei der schriftlichen Prüfung haben wir 3 unterschiedliche Projekte bekommen (Orga-, Entwicklung, und Investitionsprojekt). Man sollte sich für ein Projekt entscheiden. 4 Aufgaben hatten direkt mit einem Projekt was zu tun gehabt (Ziele, Risiko, Umfeldanalyse, Stakeholderanalyse,...)

Dann haben wir ein Konfliktfall bekommen für 2 Aufgaben☐ Anwendung der Konfliktlösung (Einleitung, Diagnose, Lösungsentwicklung und Erfolgssicherung) und dann sollten wir erläutern die Führungsdimensionen und eine auswählen die wir bei diesem Konfliktfall anwenden könnten. Dann kam eine Aufgabe mit der Einsatzmittelplanung (Kritische Ressource identifizieren, optimieren,...) und dann allgemeine Fragen (Unterschied zwischen Programm-, Multi und Portfoliomanagement, Boston-matrix,...) 2 Stunden sind unglaublich schnell rum und da muss man unglaublich viel schreiben. Ich frag' mich, ob sie meine Schrift noch lesen konnten. ☺

Mündliche Prüfung lief auf Augenhöhe, ungefähr 45 Min. Sie wollten von mir zum Beispiel wissen: Auf welche technische Elemente kann ich beim PM verzichten in der Zukunft und warum, ein bisschen erklären was das Projekt von meiner PEB war, Allgemeine PM Erfahrungen und dann Feedback über den Workshop.

Und obwohl wir natürlich sowohl bei der Zwischenpräsentation, als auch bei der Abschlusspräsentation mehrere Anmerkungen und Hinweise der Assessoren „einstecken" mussten, war unser Ergebnis aus meiner Sicht sehr solide. Einige Bemerkungen der Assessoren waren aus unserer Sicht abends an der Bar) sehr strittig, sobald wir aber versucht haben, in die „Verteidigungsstellung" zu gehen, wurde von den Assessoren abgeschnitten: „Nehmen Sie es einfach mit". Alles in einem war es eine sehr angenehme und produktive Atmosphäre und nach meiner persönlichen Empfindung war keiner von uns zu irgendeinem Zeitpunkt gefährdet. Allerdings haben wir uns darauf sehr gut vorbereitet, in dem wir uns privat mehrmals sowohl für die Klausur-Übungen als auch für die Workshop-Übung getroffen haben.

Ich habe mit den Assessoren Themen für PSA, Lit-Konspekt und Präsi vereinbart und würde mich freuen, wenn Du mich bei der QS unterstützen könntest.

Vielen Dank für Deine Unterstützung bei der Vorbereitung!

2.6.4 Bewertung des Interviews bei Level C und B

Hallo Mark,

es gab keinen Bezug zum Projekterfahrungsbericht.

Während ich mich mit der Assessorin unterhielt, schaute der andere Assessor meinen PEB durch und stellte immer wieder unvermittelt Zwischenfragen. Das hat mich verwirrt, weil ich gerade mit der Assessorin am Reden war. Ich konnte diese Fragen aber immer gut beantworten.

Ein ganz gezielte Frage: Was unterscheidet einen B-Kandidaten von einem C-Kandidaten?

Ein bisschen PSP, ein bisschen Phasenplan, ein wenig Arbeitspaket und „Bla-Bla" über die wirtschaftliche Lage, herzlichen Glückwunsch und ade.

Am dritten Tag fand das mündliche Gespräch statt. Im Gegensatz zu einigen anderen Kandidaten wurde ich hier zu meinem PEB rauf und runter befragt. Bei den anderen Kandidaten wiederum war es so, dass zu den Teilen der Prüfung Nachfragen kamen, wo Fragen komplett nicht beantwortet waren. Da ich überall was stehen hatte, entfiel dies wohl bei mir… (vermute ich).

Mein PEB wurde in der mündlichen Prüfung als einer der beiden Besten benannt mit dem Hinweis, dass er ja sehr strikt nach der Vorgabe erstellt wurde. Falls Sie Auszüge als Muster benötigen, stell ich den gern zur Verfügung. Die Punkte vom PEB selbst wurden nicht benannt, spielten in dem Zusammenhang wohl auch nicht die große Rolle (so der Assessor). Da ich heilfroh war, endlich die drei sehr aufregenden Tage hinter mir zu haben, genügte mir das „Bestanden". Ich habe mich nun erst einmal erholt und freu mich auf das Wiedersehen in fünf Jahren oder zu Level B.

Hallo Mark,

das Interview war richtig gut. Die beiden Assessoren waren aber auch wirklich klasse und konnten mir wirklich viel von ihrer Projektleitererfahrung in der ganzen Welt vermitteln. Das Gespräch war total locker, wir hatten ja alle schon am Vorabend gehört, dass wir bestanden hatten. Ich habe tolles Feedback bekommen, was mich sehr gefreut hat. Der eine Assessor meinte zuerst, dass sie von mir gehofft hatten, dass ich in meiner Gruppe mehr auf den Putz hauen würde und „den Jungs ein bisschen Feuer unterm Hintern mache", weil sie den Eindruck hätten, dass ich das könnte. Ich habe den beiden erklärt, dass ich es in der Rolle als Projektleiter in so einer Workshop-Situation nicht für angebracht halte, meinem Projektleiter die Rolle quasi aus der Hand zu nehmen, gerade, weil wir ja einfach ein Haufen Alphatierchen sind und das Ganze schnell aus dem Ruder laufen könnte. Darauf hatten wir uns ja auch vorab geeinigt. Das hat der zweite Assessor dann auch aufgegriffen und meinte, dass es so eigentlich mehr Stärke und Disziplin zeigt, dass diese Rolle so eingenommen wurde.

Persönlich hat mich am meisten gefreut, dass sie meine Präsentation am Ende sehr überzeugend fanden und zum Abschluss gesagt haben, dass ich mit meiner Kommunikationsstärke bloß mit internationalem PM weitermachen sollte, da wäre ich genau richtig. Das von diesen beiden international erfahrenen Projektleitern zu hören, fand ich toll und wohltuend bestätigend!

Ach ja, zu meinem PEB, zu dem Du mir ja auch recht gutes Feedback gegeben hattest. Ich hatte ihn mir morgens noch einmal von vorn bis hinten durchgelesen und war ein bisschen überrascht. Ich fand ihn auf einmal viel zu oberflächlich und nicht differenziert genug. Der Kommentar von den Assessoren ging dann in die gleiche Richtung: „Ihr PEB war ja eher die Schmalspurvariante, hat aber gereicht." Interessant war auch, dass sie meinten, dass der Bericht so distanziert und sachlich gewesen sei. Da musste ich nur lachen und habe den beiden erklärt, wie ich mich bemüht habe, dass der Bericht genauso ist, weil er das Projekt so konfliktgeladen und politisch brisant war, dass ich vorsichtig damit war, wie viel schriftlich festgehalten wird und ich das Ganze auch einfach professionell sachlich halten wollte. Man weiß ja nie, wer den PEB vielleicht noch liest im Unternehmen … Aber da sieht man auch, dass die Erwartungshaltungen sich evtl. von Assessor zu Assessor unterscheiden können.

So viel dazu. Ich freu mich, dass es geschafft ist. Den Seminaren mit den netten Abenden werde ich ein bisschen hinterher trauern, aber vom Lernen habe ich erst einmal die Nase voll!

Hallo Mark,

Das Interview war, wie erwartet, eher unspektakulär. Erst wurde etwas auf den Lebenslauf eingegangen und dann sollte man etwas von seinem Projekt aus dem PEB erzählen. Vorab sollte man sich noch selbst einschätzen (mit wie vielen Punkten man die schriftlichen Prüfungen bestanden hat). Da kam dann leider für mich einer der größten Knackpunkte der gesamten Prüfung. Bei meinem PEB hatte ich eigentlich recht viel Mühe gegeben und hatte (nicht nur wegen deines Feedbacks) ein relativ gutes Gefühl. Dieser wurde von den Assessoren jedoch nur mit 62 bzw. 68 Punkten bewertet. „Nachbessern müsse ich

Hallo Mark,

Das Interview war sehr locker. Kurze Fragen/Bemerkungen zur theoretischen Prüfung (wahrscheinlich abhängig von der erzielten Punktzahl). Dann kamen Fragen wie: „Was verstehen Sie unter Motivation/Kreativität im Projekt?", „Wie kann man PM-Erfolg/Projekterfolg messen?". Da kann man dann Bezug zum PEB und/oder anderen Projekten herstellen und schön aus dem Nähkästchen plaudern. Abschließend geben dir Assessoren noch einen persönlichen Eindruck, Tipps zum Präsentationsstil und zur Weiterbildung.

Kleine Anmerkung zum PEB noch: Ich hatte das Thema „Rechtliche Aspekte" mit aufgenommen, was aber in der neuesten Fassung für den PEB wohl gar nicht mehr vorgesehen ist. Die Punkte, die ich dafür bekommen hätte, haben die Prüfer nach deren Aussage aber auf andere Elemente verteilt.

Hier mein Erfahrungsbericht:

Anwesend waren zwei Assessoren und ein Assessoren-Anwärter.

Der erste Assessor war zum Schluss „giftig", hat sich schon fast entschuldigt, mir auf den Zahn zu fühlen; der zweite ist Bauingenieur, von Softwareentwicklung keine Ahnung. Von ihm kam anfangs eine Frage, das war's dann auch schon.

Auf die Punkte, wo ich meine angreifbar gewesen zu sein, kam keine einzige Frage.

Ablauf:

Kurze Begrüßung, die Herren kamen schnell zur Sache. Hatte meine Bücher dabei, hat einen der Assessoren sichtlich beeindruckt, weil ich gesagt habe, dass ich die ja schon seit mehreren Jahren habe und die auch kommentiert sind.

Einleitung war die Kritik an meiner PSA. Grundsätzlich ok, der Projektsteckbrief war ihnen zu kurz. Ich durfte ja 60 Seiten nicht überschreiten.... :-)

Dann kam die Frage, ob wir außer dem Projektsteckbrief noch andere Vorlagen von Open-Pm verwendet hatten. Habe beiläufig erwähnt, dass ich dort aktives Mitglied bin.

Anfangs kurz über das Projekt und seinen Verlauf erzählt. Eingehakt hatten sie bei der Scope Erweiterung und warum ich mich nicht dagegen gewehrt hatte.

Es ging weiter zu wesentlichen Problemen (zweites Team, unfähige Scrum-Masterin) und wie das gelöst habe. Probleme verteilter Teams war ein Thema, ebenso wie Politik und Entscheidungen, die man einfach akzeptieren muss.

Der zweite Assessor hakte nach, was wir im Projekt alles weggelassen haben. Nix, ein paar Dinge verschlankt, anderes anders gemacht.

Noch eine Frage, wie wir Change-Management gemacht haben, da ich geschrieben hatte, dass wir das nicht hatten. Das geht in Scrum ja über die Priorisierung des Backlogs. Da gibt's keinen formalisierten Prozess.

Er fragte mich dann noch zum Schaubild von Stacy/ Schwaber und wie das zur Einstufung der Komplexität passen würde und dass Softwareentwicklung doch gar nicht komplex sei. Ich erklärte ihm, dass selbst wenn man in Java programmiert die BigData-Technologie neu war und Java nur ein Werkzeug ist wie ein Hammer oder Gabelschlüssel. Hatte das verglichen mit der Formel 1, dass man zwar grundsätzlich wisse, wie man eine Motor baut, aber wir bauen einen komplett neuen.

Dann bemerkte er (künstlich entrüstet), dass es ja nicht sein könne, dass ein Sprint keine Ergebnisse liefere. Meine Antwort war, dass das a) in Projekten immer so ist, dass ein Arbeitspaket mal nix liefert oder zu spät. Das wäre ja gerade das, was man über Fortschrittskontrolle in den Griff bekommt. In Scrum würden wir das nach 1 Tag sehen und nicht erst wenn der Flughafen eröffnet werden sollte (Gelächter) b) auch ein nicht-erfolgreicher Sprint liefert zumindest einen Erkenntnisgewinn, wäre also nicht grundsätzlich wertlos.

---

aber nicht" kam dann noch als Anmerkung, als die Prüfer merkten, dass ich einigermaßen geschockt war. Was ihnen nicht am PEB gefallen hat, konnte ich nicht herausfinden. Auch im Übrigen hatte ich nicht das Gefühl, dass die Prüfer mit dem Gefühl nach Hause schicken wollten, ein guter Projektleiter zu sein, sondern eher mit dem Hinweis, „du warst nicht schlecht genug, als dass wir dich hätten durchfallen lassen können, aber Leute wie dich braucht die Projektwelt nicht". Hört sich jetzt hart an, war aber leider das Gefühl.

Zum Schluss hatte er noch die Bemerkung, dass Sun Tsu Kunst des Krieges seiner Meinung g nach nicht auf Management übertragbar sei. Dem stimmte ich zu.

Das war's dann auch schon.

Alles in allem:
Lockere Atmosphäre.
Ich hätte mich noch länger unterhalten können.

Zum Vergleich mit Vorstellungsgesprächen bei Kunden, eher harmlos.
Ich hatte mich auf knackige Fragen eingestellt und auch darauf zerlegt zu werden. Nix.

Seinerzeit bei Level C waren die Prüfer richtig giftig. Da war das gestern ein Spaziergang.

Nachdem die Assessoren uns eigentlich durchgehend ziemlich klein gehalten haben, war das gefühlt kein leicht verdientes Bestehen der Prüfung.

Die klare Unterscheidung zwischen Kosten, Budget und Finanzmitteln waren dann schon ein Punkt auf dem sie natürlich rumgeritten sind, dass jedoch Striche und Punkte in Organigrammen noch zu großen Diskussionen führten, hat mich schon gewundert. Man hat uns im Workshop heftigst durch formale Fehler zugesetzt, aber auch Inhalte kritisiert. Stakeholder-Portfolio ohne Auftraggeber war so ein Ding, das man uns um die Ohren gehauen hat.

Als PL muss von Anfang an eine klare Planung des Tages durchgeführt werden und auch ein bemessen des Fertigstellungswertes/-grades klar sein (ich hatte nur für den Vormittag geplant und das wurde mir gerade als Level D zertifizierter PL stark angekreidet!). Bei der Fallstudie Mülldeponie A-Stadt war das Thema Kostenrechnung wichtig und man hätte es bestimmt schon vormittags anfangen müssen, auch wenn wir ein anderes Vorgehen trainiert hatten. Die Flexibilität, die wir uns ein Stück weit wegtrainiert haben, um nach Schema durch den Workshop zu kommen, war also nicht nur hilfreich.
Einmal solch eine Fallstudie mit dieser Zusatzbelastung zu üben wäre gut.

Dazu kommen dann sowieso noch die weiteren Störungen durch die Assessoren - die zumindest hatten ihren Spaß daran.

Assessoren geben übrigens permanent Feedback, also darf man nie Stellung dazu beziehen ;-) immer nur hinnehmen und mit dem Kopf nicken. Es ist ein wenig wie mit Chefoberärzten.

Mit dem C-Level-Test hatten wir alle keine überzeugenden Ergebnisse, ich war mit 78,5 P. oder so der Zweitbeste. Das war also eher knapp. Ich glaube, dass es gut wäre demnächst schon zu einem früheren Zeitpunkt einmal einen Level C-Test schreiben zu lassen, um mehr Aufmerksamkeit auf die zu erlernenden Themen zu lenken.

Gruß

Leider besteht aber nicht jeder Teilnehmer. Hier die frustrierte Reaktion einer Teilnehmerin:

Hallo Herr Reuter,

es ist wie es ist, für mich sehr ärgerlich, dass ich die mündliche noch einmal machen muss oder hast Du von den Prüfern noch was gehört? Ich habe an gestrigen Tag mein Bestes gegeben; hätte reichen können, denn wegen zweier Fragen noch einmal den ganzen Tag einplanen – für eine Wiederholung. So nebenbei, zwei Firmen, für die ich arbeite und ein 5-köpfiger Haushalt. Diese Prüfungssituation: Ich hätte mir eine Situation wie in einem modernen Praxis-Management gewünscht. Einfach noch eine neue Frage ziehen – es wäre für alle einen Versuch wert gewesen – auch für die Prüfer, denn ich glaube nicht, dass sie mit meinem Ergebnis so glücklich nach Hause gefahren sind. Meine Wissens-Ressourcen, Dranbleiben, Ausdauer, waren auch noch nicht ausgeschöpft, ich habe einfach noch auf die Chance gewartet, die dann am gestrigen Tag nicht mehr kam.

Diese Chance: Warum ging das nicht? Es wären doch noch alle Beteiligten da gewesen. Ich werde nicht aufgeben und natürlich weitermachen, denn ich möchte die Zertifizierung bekommen.

2.7 FAQ

In der unten stehenden Tabelle habe ich Fragen und Antworten zusammengestellt, die mir immer wieder von Teilnehmern oder Interessenten gestellt werden. Ich habe die Antworten nach bestem Wissen und Gewissen zusammengestellt, aber bei manchen Fragen (z. B. Aufwand für die Vorbereitung) kann ich nur Schätzungen abgeben, weil die Angaben sehr vom Einzelnen und dessen Lernstil abhängen!

TABELLE 10 FAQ

Frage	Antwort
Aktuelle Projekte: Kann ich meine aktuellen Projekte in der Zertifizierungsprüfung darstellen?	Ja, allerdings müssen diese Projekte „weitestgehend" abgeschlossen sein.
Anmeldung zur Zertifizierungs-Prüfung?	Erfolgt über die auf GPM-IPMA.de hinterlegten Anmeldeformulare.
Arbeitsaufwand Level A-Zertifizierung?	Aufwand von ca. 100 Stunden sollte genügen (geschätzt).
Arbeitsaufwand Level B-Zertifizierung?	Aufgrund der langjährigen PM-Erfahrung, die der Kandidat haben müsste, sollte ein Aufwand von ca. 100 Stunden genügen (geschätzt). Wer Level D bereits hat, muss den Basistest = Level D nicht mehr machen.
Arbeitsaufwand Level C-Zertifizierung?	Aufgrund der langjährigen PM-Erfahrung, die der Kandidat haben müsste, sollte ein Aufwand von ca. 100 Stunden genügen (geschätzt). Wer Level D bereits hat, muss den Basistest = Level D nicht mehr machen.
Arbeitsaufwand Level D Zertifizierung?	Transfernachweis ca. 50-80 Stunden; GPM-Kurs ca. 90 Stunden; Vorbereitung auf die schriftliche und mündliche Prüfung: 30 Stunden.
Arbeitsaufwand Höherzertifizierung (von D auf C oder B)?	Ist abhängig, wie lange die Level D-Zertifizierung zurückliegt; je länger, umso mehr muss man sich wieder in einen „Prüfungsmodus" bringen.
Info zum aktuellen Stand der Zertifizierungsanmeldung: ich habe auf meine Anmeldung zur Prüfung per Brief von der GPM noch keinerlei Reaktion erhalten, muss ich mir Sorgen machen?	Nein, das dauert bei denen. Meistens bekommt man erst ca. 3 – 4 Wochen vor der Prüfung die Info, dass man zugelassen ist.
Gültigkeitsdauer der Zertifizierung?	Jeweils fünf Jahre.
Gültigkeit der Zertifizierung auch im Ausland?	Ja, die nationalen Zertifizierungen können auch im Ausland genutzt werden z. B. Level C (GPM/IPMA) dadurch wird sichtbar, dass man die Level C Zertifizierung in Deutschland gemacht hat.
Nicht bestanden! Was kann ich machen? Kann man Prüfung wiederholen?	Schauen Sie sich Ihr Prüfungsergebnis genau an. Fehlen Ihnen nur ein bis zwei Punkte im jeweiligen Test, kann eine Zweitkorrektur durchaus erfolgreich sein (Antrag stellen). Sie können alle Prüfungsteile innerhalb von 12 Monaten wiederholen. Ab Level C können Sie die einzelnen Prüfungsteile auch unterbrochen werden.
Prüfungsergebnisse – Erfährt mein Arbeitgeber, wenn ich nicht bestanden habe? Schließlich hat er die Rechnung bezahlt.	Nein, nur wenn Sie eine entsprechende Erklärung zur Weitergabe Ihrer Prüfungsergebnisse unterschrieben haben.
Prüfungsergebnisse – Wie erfahre ich diese?	Sie erhalten auf Ihre persönliche E-Mail-Adresse eine differenzierte Rückmeldung Ihrer Ergebnisse. Z. T. geben Ihnen die Assessoren auch schon während des Zertifizierungsprozesses eine mündliche Rückmeldung.
Rezertifizierung – Aufwand und Kosten?	Für die Rezertifizierung gibt es je nach Level unterschiedliche Bestimmungen und Gebühren. Erkundigen Sie sich rechtzeitig auf der Webseite der GPM!
Ist die Verschiebung des Abgabetermins bei den schriftlichen Ausarbeitungen möglich?	In der Regel ist eine Verschiebung nicht möglich.
Voraussetzungen zur Zertifizierungsprüfung	Für Level D: keine; bei den anderen Levels sind die Erfahrungen mit der Zertifizierungsanmeldung nachzuweisen.

3 Die ICB/NCB und Kompetenz-Taxonomie

Bei einer Taxonomie handelt es sich um eine Klassifikationseinteilung. Die Kompetenz-Taxonomie der GPM/PM-ZERT gibt an, wie stark die Projektmanagement-Kompetenz einer Person bezüglich eines Themengebietes ausgeprägt sein muss, wenn die Person einen bestimmten Zertifizierungslevel erreichen will bzw. erreicht hat.

Kompetenz meint hier Handlungskompetenz, die sich im Wesentlichen aus „Wissen", „Können" und „Erfahrung" zusammensetzt.

Beispiel:

Eine Person, die auf Level D zertifiziert ist, kann verschiedene Faktoren auflisten, die der Projektleiter oder sein Team unternehmen können, um den Projekterfolg zu erreichen. Er weiß diese Faktoren und kann sie in einer Prüfung aufschreiben bzw. aufsagen.

Wer Level C oder B zertifiziert ist, kann zu diesem Thema über eigene Erfahrungen berichten. Er weiß um diese Faktoren und hat auch schon erlebt, wie er bewusst sein Handeln in die entsprechende Richtung gesteuert hat.

Ein Level A Kandidat ist in der Lage, andere Projektleiter so zu steuern, dass diese fähig sind, ihr Handeln zum Nutzen des Projektes gezielt einzusetzen. Er hat nicht nur das Wissen und die Erfahrung, sondern kann dieses auch in der Anleitung von Projektmanagern zum Einsatz bringen.

TABELLE 11 ERLÄUTERUNG DER TAXONOMIE

	Erläuterung	Wie/wo wird geprüft	Relevanz	Berücksichtigt in diesem Übungsbuch als
Kennen	Kandidat kennt den Begriff und kann ihn auch in den entsprechenden PM-Bereich richtig einordnen.	Level D Test (Basistest) Mündliche Prüfung Level D	Wird nur mit 1-2 Fragen getestet	Wissensfrage
Wissen	Kandidat kann den Prozess, die Methoden und ihre Varianten sowie den Einsatz der Methode erläutern.	Level D Test (Basistest) Mündliche Prüfung Level D	Wichtige Frage im Level D Test (Basistest) Wichtig für die mündliche Prüfung Level D und Interview bei den anderen Zertifizierungen.	Wissensfrage Anwendungsaufgabe
Können	Kann das Verfahren an einem Beispiel anwenden/erläutern	Transfernachweis Assessment-Center Andere schriftliche Ausarbeitungen	Wichtig in allen Zertifizierungslevels → Beispiele benennen können	Anwendungsaufgabe Praxisbeispiel
Managen	Kann die Ausübung des Verfahrens auf andere delegieren; steuert den Prozess; Hat Erfolgskriterien	Assessment-Center Schriftliche Ausarbeitungen Level B und A	Wichtig für die beiden oberen Zertifizierungsstufen	Praxisbeispiel

TABELLE 12 PRÜFUNGSINHALTE UND PRÜFUNGSSCHWERPUNKTE AUF BASIS DER ICB 3.0 (TAXONOMIE)

Kapitel ICB 3		Titel	Level D	Level C	Level B	Level A
35		**PM-technische Kompetenz**				
1.01		Projektmanagementerfolg	Wissen	Können	Können	Managen
1.02		Interessierte Parteien	Können	Können	Können	Managen
1.03		Projektanforderungen und Projektziele	Können	Können	Können	Managen
1.04		Risiken und Chancen	Können	Können	Können	Managen
1.05		Qualität	Wissen	Wissen	Können	Managen
1.06		Projektorganisation	Können	Können	Können	Managen
1.07		Teamarbeit	Können	Können	Können	Managen
1.08		Problemlösung	Wissen	Können	Können	Managen
1.09		Projektstrukturen	Können	Können	Können	Managen
1.10		Leistungsumfang und Lieferobjekte	Wissen	Wissen	Können	Managen
1.11		Projektphasen, Ablauf und Termine	Können	Können	Können	Managen
1.12		Ressourcen	Können	Können	Können	Managen
1.13		Kosten und Finanzmittel	Können	Können	Können	Managen
1.14		Beschaffung und Verträge	Wissen	Können	Können	Managen
1.15		Änderungen	Wissen	Können	Können	Managen
1.16		Überwachung und Steuerung, Berichtswesen	Wissen	Können	Können	Managen
1.17		Information und Dokumentation	Wissen	Können	Können	Managen
1.18		Kommunikation	Können	Können	Können	Managen
1.19		Start	Können	Können	Können	Managen
1.20		Abschluss	Wissen	Können	Können	Managen
2.00		**Macht und Autorität in Projekten**				
2.01		Führung	Wissen	Können	Können	Managen
2.02		Engagement und Motivation	Können	Können	Können	Managen
2.03		Selbststeuerung	Kennen	Können	Können	Managen
2.04		Durchsetzungsvermögen	Kennen	Können	Können	Managen
2.05		Entspannung und Stressbewältigung	Kennen	Können	Können	Managen
2.06		Offenheit	Kennen	Können	Können	Managen
2.07		Kreativität	Wissen	Können	Können	Managen
2.08		Ergebnisorientierung	Wissen	Können	Können	Managen
2.09		Effizienz	Kennen	Können	Können	Managen
2.10		Beratung	Kennen	Können	Können	Managen
2.11		Verhandlungen	Wissen	Können	Können	Managen
2.12		Konflikte und Krisen	Wissen	Wissen	Können	Managen
2.13		Verlässlichkeit	Wissen	Können	Können	Können
2.14		Wertschätzung	Kennen	Können	Können	Können
2.15		Ethik	Können	Können	Können	Managen
3.00		**PM-Kontextkompetenz**				
3.01		Projektorientierung	Wissen	Können	Können	Managen
3.02		Programmorientierung	Kennen	Wissen	Können	Managen
3.03		Portfolio-Orientierung	Kennen	Wissen	Können	Managen
3.04		Einführung von PPP-Management	Kennen	Wissen	Wissen	Managen
3.05		Stammorganisation	Wissen	Können	Können	Managen
3.06		Geschäft	Wissen	Können	Können	Managen
3.07		Systeme, Produkte und Technologie	Kennen	Können	Können	Wissen
3.08		Personalmanagement	Wissen	Können	Können	Managen
3.09		Gesundheit, Betr.-, Arbeits- u. Umweltschutz	Wissen	Können	Können	Managen
3.10		Finanzierung	Wissen	Können	Können	Managen
3.11		Rechtliche Aspekte	Kennen	Wissen	Können	Managen

3.1 Methodisch-Technische-Kompetenzen

Unter Methodisch-Technischen-Kompetenzen versteht man die Fähigkeit, Projekte zu starten, die Umsetzung des Projektes zu überwachen und es letztlich zum Abschluss zu bringen. Die Inhalte dieses Kompetenz-Bereichs werden häufig als Arbeitstechniken des Projektmanagements bezeichnet. Die Reihenfolge der für einen erfolgreichen Projektabschluss benötigten Kompetenzen variiert in Abhängigkeit zur Projektart/Projektgröße/Projektkomplexität.

3.1.1 Projektmanagementerfolg

Einführung:

Ein Projekt ist ein Vorhaben, das im Wesentlichen durch Einmaligkeit der Bedingungen gekennzeichnet ist, auf ein Ziel ausgerichtet ist und die Realisierung hinsichtlich Zeit, Qualität und Kosten beschreibt.

Als Projekteigenschaften werden definiert: neuartig, einmalig, komplex, zeitlich begrenzt, mit klarer Zielvorgabe, mit aufgabenbezogenem Budget und mit einer Projektorganisation.

Unter der Bedingung, dass Projektmanagement die Gesamtheit aller Planungs-, Überwachungs- und Steuerungsansätze sowie der konkrete Einsatz von Instrumenten und Mitteln für die Abwicklung eines Projektes ist, stellt sich die Frage, welche Strategien und Mittel dafür am besten eingesetzt werden. Anders ausgedrückt: Projektmanagementerfolg ist dann gegeben, wenn die Teilschritte *Starten/Initiieren, Planen, Ausführen (lassen), Steuern und Überwachen* und *Abschließen* so von den Verantwortlichen ein- und umgesetzt werden, dass am Ende der Projekterfolg steht. Erfolgskriterien sind dann die Aspekte, nach denen man die Umsetzung bzw. Anwendung von Erfolgsfaktoren beurteilt.

Projekterfolg ist dann gegeben, wenn die Leistungsziele, Kostenziele, Terminziele, die zwischen Auftraggeber/Stakeholder und Auftragnehmer vereinbart worden sind, auch umgesetzt wurden und der Auftraggeber/die Stakeholder zufrieden sind. So kann auch das Nicht-Erreichen eines Teilziels (Kostenziels) das Projekt immer noch erfolgreich machen, wenn der Auftraggeber damit einverstanden ist.

Das Beachten von Projektmanagementerfolgsfaktoren garantiert aber nicht den Projekterfolg. So kann im Extremfall im Management des Projektes alles „richtig" gemacht worden sein – und trotzdem stellt sich kein Projekterfolg ein.

Wissensfragen:

1. Wann ist ein Projekt als erfolgreich zu betrachten?
2. Was sind „Faktoren des Projekterfolgs"? Was sind „Projektmanagementerfolgsfaktoren"?
3. Wie unterscheiden sich Abwicklungserfolg und Anwendungserfolg eines Projekts?

Anwendungsaufgabe:

1. Erläutern Sie Managementerfolgsfaktoren anhand eines freigewählten bzw. vorgegebenen Projektbeispiels (z. B. Bau einer Schule in einem Entwicklungshilfeprojekt mit unterschiedlichen Projektteilnehmern).

Praxisbeispiel:

Durch die Systematisierung unseres Projektmanagements im Unternehmen wurde ein wichtiger Baustein für das erfolgreiche Projektmanagement gelegt: In unserem Projektmanagementhandbuch sind jetzt klar die PM-Aktivitäten festgelegt, die den Projekterfolg wahrscheinlich machen. Welche Managementfaktoren haben sich in unserem Projekt positiv auf den Projekterfolg ausgewirkt?

Gezielte Einführung, Anwendung und ständige Weiterentwicklung von PM im Unternehmen: Nutzung eines standardisierten Vorgehensmodells, Vorlagen (z. B. Risikomanagement), Plattform zum regelmäßigen Austausch mit anderen Projektleitern, Qualifizierung der Mitarbeiter.

Befugnisse des Projektleiters: Waren diese ausreichend dimensioniert? Konnte z. B. innerhalb des Budgetrahmens frei entschieden werden? Wurden die Budgeterhöhungen mit der Programmleitung abgestimmt?

Teambildung: Verschiedene Events, wie z. B. wöchentliches „Bagel-Meeting" etc., haben dazu beigetragen, dass der Umgang professionell und freundlich war; dies wirkte sich positiv auf die Produktivität und das Engagement aus.

Fehler aus Projekten wurden nicht wiederholt: Die Komplexität im Programm wurde aufgrund der schlechten Erfahrungen aus Vorprojekten deutlich reduziert.

Risikomanagement: Stringentes und rollierendes Risikomanagement auf Programm- und Teilprogrammebene.

Akzeptanz des Projektes bei den Führungskräften: Notwendigkeit für das Projekt wurde akzeptiert. Wichtige Erkenntnis: Die Akzeptanz des Projektergebnisses muss im Wesentlichen über Transparenz und Kommunikation des Projektleiters erarbeitet werden.

Experten sind kritikfähig und verfolgen pragmatische Lösungsansätze. Sowohl Fach- als auch IT-Experten arbeiten Hand-in-Hand; Einigung i.d.R. auf pragmatische Lösungen im Sinne der Projektziele.

Lösungshilfen für die Wissensfragen:

1. Ein Projekt ist erfolgreich, wenn es die letztlich definierten Ziele erreicht hat und der Nutzen für die Stakeholder erreicht ist (=Zufriedenheit).

2. Faktoren sind Einflussgrößen, die auf eine Person oder eine Sache einwirken. Projekterfolgsfaktoren sind also Einflussgrößen, die auf den erfolgreichen Abschluss/Ende des Projektes wirken. Es können sich verschiedene Faktoren positiv auf das Ende eines Projektes auswirken – ein möglicher Erfolgsfaktor ist u. a. das praktizierte Managementsystem (bestehend aus Projektleiter, Unternehmensleitung, Mitarbeiter, Kunden etc.). PM-Erfolgsfaktoren sind also die Faktoren, die das Management bewusst praktizieren kann, um den Projekterfolg zu erreichen.

3. Der Abwicklungserfolg wird sichtbar am Projektabschluss und zeigt, wie das Projekt gemanagt wurde: Wie genau wurden die definierten Leistungs-, Kosten- und Terminziele während des Projektablaufs geplant und gesteuert? Der Anwendungserfolg wird manchmal erst lange Zeit nach Projektabschluss sichtbar: Wird das Projektprodukt in der Praxis eingesetzt? Wie ist die Zufriedenheit bei den Anwendern?

3.1.2 Interessierte Parteien

Einführung:

Das Projekt kann nicht losgelöst von seinem Umfeld betrachtet werden. Über die bestehenden Verbindungen zu Bereichen innerhalb und außerhalb des Projekts oder der Organisation können Einflüsse aus dem Projektumfeld direkt und indirekt auf das Projekt wirken. Es ist daher notwendig, Einflusspotentiale des Projektumfelds zu erkennen, zu bewerten, zu steuern und zu überwachen.

Personen oder Personengruppen, die an der Durchführung bzw. dem Ergebnis eines Projektes interessiert oder in irgendeiner Weise dadurch betroffen sind, werden „interessierte Parteien" oder „Stakeholder" genannt. Wichtig ist dabei, dass diese Gruppen ein „berechtigtes" Interesse an dem Projekt haben.

Die das Projekt beeinflussenden Faktoren und Stakeholder müssen frühzeitig erkannt, benannt und analysiert werden. Das rechtzeitige Erkennen und Bewerten der daraus entstehenden Risiken und Chancen ist für das

Projekt von zentraler Bedeutung. Stakeholder oder interessierte Parteien haben eine gewisse Einstellung zu einem Projekt, sind von ihm zu einem bestimmten Grad betroffen und können in einem gewissen Umfang ihren Einfluss, ihre Machtposition geltend machen. Das Bestimmen dieser Kriterien ist wichtig, um die Strategie zur Stakeholder-Steuerung und konkrete Maßnahmen entwickeln zu können.

Die Analyse des Projektumfelds ist im Laufe des Projekts regelmäßig durchzuführen, um auf das dynamische Projektumfeld reagieren zu können.

Das Projektumfeld mit den Projektumfeld-Faktoren kann für das obere Management in einer Tabelle aufgelistet werden oder in einer Portfolio-Darstellung sichtbar gemacht werden. Hier ist darauf zu achten, dass die Darstellung der Stakeholder und ihrer (eventuell kritisch negativen) Einstellung zum Projekt sensibel und mit gebotener Vorsicht erfolgt.

Wissensfragen:

1. Was ist ein Projekt-Stakeholder und aus welchen Schritten besteht ein systematisches Stakeholder-Management?
2. Warum nimmt man eine Stakeholderanalyse vor?
3. Welche Probleme muss man bei der Stakeholderanalyse beachten?
4. Worin besteht der Zusammenhang zwischen Stakeholder- und Risikoanalyse?
5. Welche Strategien zur Projekt-Umfeldsteuerung kennen Sie?
6. Welche Maßnahmen der Stakeholder-Kommunikation kennen Sie?
7. Wie ist ein Stakeholder-Portfolio aufgebaut? Erklären Sie die Achsenbeschriftungen.

Anwendungsaufgaben:

1. Skizzieren Sie eine Stakeholderanalyse bei einem Investitionsprojekt mit einer Matrixorganisation.
2. Zeigen Sie die unterschiedlichen Interessen von Stakeholdern auf, die an der Erstellung eines Produktkataloges beteiligt sind.
3. Welche konkreten Stakeholder gibt es beim Bau einer neuen Eisenbahntrasse? Wichtig: Benennen Sie möglichst konkret die einzelnen Stakeholder und deren Interessen.

Praxisbeispiel 1:

Mein Vorgehen habe ich bereits unter Beteiligung der wichtigsten Keyplayer im Projektvorfeld in einem Projektierungsworkshop gewählt und im weiteren Projektverlauf ständig aktualisiert. Die Interessen der Stakeholder mit dem größten Einfluss auf das Projekt wurden in Interviews durch mich abgefragt und bei der Erstellung des Anforderungskataloges berücksichtigt. Natürlich wurde hierbei die Zielsetzung des Projektes im Auge behalten und mit den einzelnen Interessen abgeglichen. Um den Kommunikationsbedarf abzudecken, Transparenz über den Projektverlauf zu schaffen und die Zufriedenheit sicherzustellen, habe ich abgestimmt, in welcher Form und in welchem Rhythmus diese Stakeholder über den Projektverlauf informiert werden und in einem ausschließlich für mich relevanten Kommunikationsplan hinterlegt. Des Weiteren wurde bereits zu Beginn des Projektes festgelegt, dass bei wichtigen Entscheidungen innerhalb des Projekts, Erreichung managementrelevanter Meilensteine oder Änderungen/Changes, auch kurzfristiger Informationsabgleich stattfindet. Dieses bot mir die Möglichkeit, etwaige Änderungen der Interessenlagen frühzeitig zu erkennen und entsprechende Steuerungsmaßnahmen einzuleiten. Zur weiteren Steuerung dieser Interessenlagen wurden die Stakeholder mit dem größten Machtpotential, Einfluss und Beteiligung auf meinen Vorschlag hin in die Entscheidungs- und

Eskalationsprozesse eingebunden, d. h. diese wurden als Mitglieder des Lenkungsausschusses mit in die Projektverantwortung genommen.

Meiner Meinung nach haben die frühzeitige Einbeziehung der Stakeholder und die Steuerung der einzelnen Interessenlagen über den gesamten Projektverlauf maßgeblich zu Teilen des Projekterfolges durch Erreichung der Termin-, Vorgehens- und Ergebnisziele beigetragen.

Praxisbeispiel 2:

Die Stakeholderanalyse erfolgte in meinem Projekt mittels Brainstorming im Kernteam. Mit der erstellten Stakeholderanalyse und den daraus abgeleiteten Maßnahmen, konnte ich zwei wesentliche Erfahrungen machen:

Die erste Erfahrung: Die Kommunikation und der Umgang mit den identifizierten Stakeholdern waren so gut, dass keine potentiellen Interessenskonflikte aufgetreten sind und die Maßnahmen wirkten.

Die zweite Erfahrung: Ein Stakeholder wurde zu Beginn nicht als kritisch identifiziert – alle Teammitglieder waren der Meinung, dass dieser Stakeholder unwichtig sei. Damit wurden die Informationsbedürfnisse dieser Abteilung übersehen, was in der Folge zu Verstimmungen führte. Mir ist dadurch bewusst geworden, dass durch eine sorgfältige Stakeholderanalyse Problemen im Vorfeld begegnet werden kann und dass bei der Identifikation der Blickwinkel erweitert werden muss.

Lösungshilfen für die Wissensfragen:

1. Projekt-Stakeholder sind Personen oder Personengruppen, die direkt oder indirekt am Projekt betroffen oder beteiligt sind (alternative Bezeichnung: interessierte Parteien). Ein systematisches Stakeholder-Management besteht aus den fünf Schritten: identifizieren, analysieren, bewerten, Maßnahmen planen und diese Maßnahmen steuern.

2. Projekte werden von Menschen für Menschen gemacht. Die Zufriedenheit der Stakeholder ist ein wichtiges Kriterium für den Projekterfolg.

3. Zu Beginn eines Projektes ist es nicht immer klar, wer alles zu Stakeholder in dem Projekt ist. Außerdem können Stakeholder ihre Einstellung ändern, so dass aus Projektbefürwortern plötzlich auch Projektgegner werden können. Die Stakeholderanalyse ist daher regelmäßig im Projekt zu aktualisieren.

4. Stakeholder sind Personen, die aufgrund ihrer Einstellungen positiv oder negativ dem Projekt gegenüberstehen. Risiken sind Faktoren, die sich auf ein Projekt negativ auswirken – allerdings mit einer bestimmten Wahrscheinlichkeit. Insofern unklar ist, welche Einstellung ein Stakeholder hat und wie wahrscheinlich es ist, dass er auf den Plan tritt, kann dieser Stakeholder auch als ein sozialer Risikofaktor betrachtet werden. Ist es sicher, dass der Stakeholder Einfluss nimmt (und vielleicht sogar negativen Einfluss), ist dieser Faktor fix im Rahmen des Stakeholder-Managements einzuplanen.

5. Das Projektumfeld besteht aus sozialen und sachlichen Einflussgrößen. Strategisch ist zu überlegen, ob diese Faktoren aktiv in das Projekt aufzunehmen und einzuplanen sind (Betroffene zu Beteiligten machen), ob diese Personen oder Faktoren nur quasi Vorschläge machen bzw. als Vorschlag zu betrachten sind oder ob im Extremfall gegen diese Faktoren vorgegangen werden muss (z. B. rechtlich).

6. Stakeholder werden in der Regel durch Kommunikationsmaßnahmen beeinflusst, dazu zählen Infoveranstaltungen, Workshops, aber auch Presseartikel, Internet- und Intranet-Beiträge oder das Entwickeln eines Logos/Slogans etc.

7. Ein Stakeholder-Portfolio kann als Achsen die Dimensionen *Betroffenheitsgrad* und *Beteiligungsgrad* haben oder *Konfliktpotential* und *Einstellung zum Projekt*. Möglich ist auch, Wirkungspfeile einzuzeichnen, die zeigen in welche Richtung ein Stakeholder sich nach einer Maßnahme entwickelt.

MUSTERGRAFIK 1: BEISPIEL FÜR EIN STAKEHOLDER-PORTFOLIO MIT WIRKUNGSPFEILEN

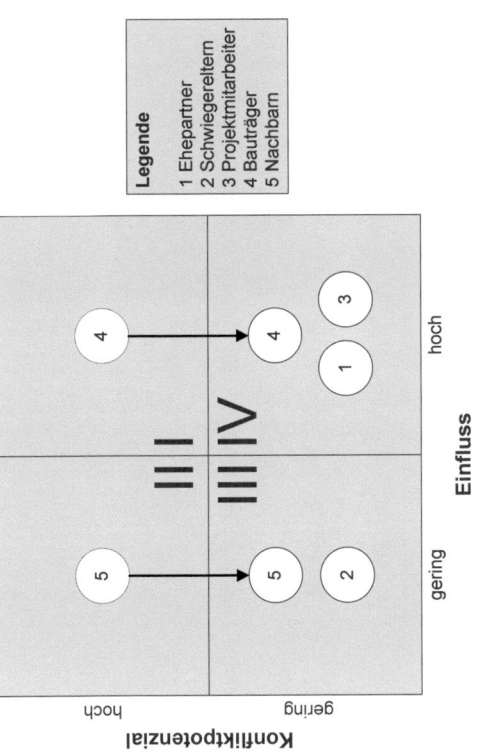

3.1.3 Projektanforderungen und Projektziele

Einführung:

Ein Ziel ist ein Zustand, der in der Zukunft erreicht sein soll. Die Definition von Projektzielen dient dazu, festzulegen, welcher Sollzustand am Ende des Projekts zu erreichen ist und welche zeitlichen und finanziellen Rahmenbedingungen sowie vertraglichen Risikoparameter einzuhalten sind.

Die Zielbeschreibung ist die Formulierung des Sollzustandes, klassifiziert nach verschiedenen Zielklassen (Terminziele, Leistungsziele, monetäre Ziele, soziale Ziele, Ergebnisziele, Vorgehensziele), in denen es wiederum verschiedene Teilziele geben kann. Während die Festlegung und Vereinbarung fachlicher Ziele häufig wenig Schwierigkeiten darstellt, erweist sich die präzise und detaillierte Definition sozialer und politischer Ziele als deutlich schwieriger. Hintergrund sind unterschiedliche Vorstellungen und Auslegungen aus kultureller und gesellschaftlicher Sicht.

Die Beschreibung der Ziele ist erst dann vollständig, wenn auch die Messkriterien zur Zielerreichung benannt sind. Ergebnisse der Zielbeschreibungen sollen eindeutige, messbare und durch die Empfänger akzeptierte Zielvorgaben sein, die erreichbar sind und deren Termin klar festgelegt ist.

Zusammen mit den auftragsrelevanten Stakeholdern ist eine Priorisierung der Ziele vorzunehmen, an deren Ende ein Konsens steht. Nur so ist sicherzustellen, dass alle Stakeholder eine gemeinsame Ausrichtung haben.

Die Aufspaltung des Oberziels in Zielklassen, Zielunterklassen und Ziele kann zur besseren Visualisierung in Form einer Zielhierarchie dargestellt werden. Durch Aufspalten des Oberziels in vielfältige Unterziele entstehen auf die unterschiedlichen Stakeholder des Projektes ausgerichtete Ziele in den verschiedenen Hierarchiestufen. Um eine konsistente zielorientierte Projektarbeit durchführen zu können, sind daher die Zielbeziehungen zu identifizieren, zu bewerten und bei problematischer Beziehung geeignete Maßnahmen zu treffen. Es können folgende Zielbeziehungen auftreten: Zielidentität (Ziele sind vollständig deckungsgleich); Zielkomplementarität (die Zielverfolgung des Einen wirkt positiv auf die Zielerreichung des Anderen); Zielneutralität (die Zielerreichung ist unabhängig und beeinflusst sich nicht); Zielkonkurrenz (die Zielverfolgung des Einen wirkt negativ auf die Zielerreichung des Anderen); Zielantinomie (die Ziele schließen sich vollständig aus). Die ersten drei Zielbeziehungen mit Zielkonkurrenz und Zielantinomie wirken sich negativ auf die Projektarbeit aus und müssen durch geeignete Maßnahmen sofort entschärft werden.

Wissensfragen:

1. Was versteht man unter einem Ziel? Welche Zielgrößen gibt es in einem Projekt?
2. Welche Regeln bei der Zieldefinition gibt es? Was bedeutet in diesem Zusammenhang s.m.a.r.t ?

3. Was versteht man unter Vorgehensziele im Projekt?
4. Was ist eine Zielhierarchie?
5. In welcher Beziehung können Ziele zueinander stehen?
6. Erklären Sie, was man unter Zielkonflikten versteht.
7. Was würden Sie in einem Anforderungsschreiben nennen?
8. Wo werden in der Regel die Leistungsziele des Projekts festgehalten? Was versteht man in diesem Zusammenhang unter einem Lastenheft bzw. Pflichtenheft?
9. Wozu dient eine Nutzwertanalyse im Zusammenhang der Zieldefinition?
10. Was sind moralisch-ethische Zielbeschreibungen?

Anwendungsaufgaben:

1. Ein Callcenter gibt den Auftrag die Kundenzufriedenheit zu steigern: Welche Daten stehen zur Verfügung und wie will man vorgehen?

2. Definieren Sie die Ziele: Ein junges Studentenpaar möchte einen Camping-Urlaub in Serbien machen. Der Vater finanziert den Caravan, die Omi spendiert 500 Euro für die Urlaubskasse. Die Bilder der wichtigsten antiken Städte der Urlaubsreise sollen am Ende als Fotodokumentation für eine universitäre Hausarbeit dienen. Die Reise soll im Juli beginnen und zum 15. Oktober abgeschlossen sein.

Praxisbeispiel 1:

Die Definition der Ziele war wichtig, um dem Projekt einen Rahmen zu geben und den Projekterfolg festlegen zu können. Daher mussten die Ziele messbar sein. Das gesamte Projekt wurde in der Umsetzung u. a. durch die Festlegung von Arbeitsschwerpunkten so geplant, dass die Ziele erreicht wurden. Des Weiteren waren die Ziele Bestandteile von Entscheidungsgrundlagen, ob und wie Anforderungen umgesetzt wurden.

Es hat sich als Vorteil herausgestellt, dass die definierten Ziele in der Anzahl überschaubar waren und sehr klar definiert waren. Alle diese Ziele konnten mit einem „erfüllt" bzw. „nicht erfüllt" bewertet werden, so dass der Projekterfolg messbar war.

Praxisbeispiel 2:

In unserem Unternehmen ist die Definition der groben Projektziele für die Portfoliofreigabe des Projektes essentiell. Im weiteren Verlauf werden die Ziele in einer ersten Zielhierarchie von „Nichtzielen" klar abgegrenzt.

Die Zielhierarchie habe ich in meinem Projekt gemeinsam beim Projektstartmeeting allen Teammitgliedern vorgestellt. Um die Anforderungen inklusive der Abnahmekriterien detailliert zu erarbeiten, habe ich in der Phase Grobkonzeption moderierte Arbeitssitzungen mit den betroffenen bzw. beteiligten Stakeholdern durchgeführt. Dabei wurden widersprüchliche Anforderungen identifiziert und mit dem Fachbereich zu konfliktfreien Anforderungen zusammengeführt. Die Produktanforderungen wurden durch fachliche Paten qualitätsgesichert, durch den Auftraggeber abgenommen und bilden so den Ausgangspunkt für die weiteren Phasen. Sofern im Projektverlauf neue Anforderungen auftauchten, war grundsätzlich ein Änderungsprozess mit der Stabsstelle Anforderungsmanagement zu durchlaufen.

Verbesserungswürdig: Eine Priorisierung der Ziele und der Anforderungen wurde nicht vorgenommen, könnte aber z. B. bei Terminproblemen helfen, die wichtigsten Anforderungen zuerst umzusetzen.

73

Lösungshilfen für die Wissensfragen:

1. Ein Ziel ist ein Zustand, der in der Zukunft liegt und angestrebt wird. Im Projekt werden die Zielzustände entlang der Leistungsziele, Kostenziele/Aufwandsziele und Terminziele beschrieben. Es gibt aber noch weitere Zielkategorien!

2. Bei der Zieldefinition ist darauf zu achten, dass die Ziele so beschrieben werden, dass sie am Ende auch überprüfbar sind, dass sie faktisch und persönlich auch realistisch und machbar sind etc. → specific, measurable, attainable, realistic, timely bound

3. Vorgehensziele = Prozessziele = Zielstellung wie man im Projekt etwas abzuarbeiten hat.

4. Eine Zielhierarchie ist eine geordnete Darstellung der Vielzahl von Zielen. Aus einem Oberziel leiten sich mehrere Unterziele ab, die wiederum weitere Unter(unter-)ziele haben können. Sind die jeweiligen Unterziele erreicht, ist auch das dazugehörige Oberziel erreicht. Die Zielhierarchie zeigt also den Zusammenhang der Ziele, nicht aber eine Priorisierung oder eine zeitliche Reihenfolge der Bearbeitung.

5. Ziele können inhaltsgleich sein (identisch), neutral zueinander stehen, in Konflikt (gegenläufig) oder sogar in Antinomie (ausschließend) oder komplementär (ergänzend) zueinander stehen.

6. Unter Zielkonflikten versteht man entweder eine Zielkonkurrenz oder sogar eine Zielantinomie (Unvereinbarkeit).

7. Ein Anforderungsschreiben wird in der Regel vom Auftraggeber erstellt (Lastenheft). Es enthält die Beschreibung dessen, was am Ende fertig sein soll, wozu es Anwendung finden soll und welche weiteren Rahmenbedingungen am Ende erfüllt sein müssen wie z. B. zeitliche Vorgaben.

8. Leistungsziele werden aus der Sicht des Auftraggebers im Lastenheft festgehalten (was und wozu etwas geleistet werden soll). Im Pflichtenheft beschreibt daraufhin der Auftragnehmer wie und womit er dies erreichen möchte.

9. Eine Nutzwertanalyse ist eine Methode zur Bewertung verschiedener Alternativen. In einem Projekt gibt es häufig viele (Teil-)Ziele, die wiederum priorisiert werden müssen. Dazu werden die verschiedenen Teilziele nach einem Bewertungskriterien beurteilt, wobei die Bewertungskriterien wiederum selbst unterschiedliche Gewichtungsfaktoren haben können. Am Ende werden die Ziele hoch priorisiert, die die höchsten „Nutzenpunkte" haben.

10. Moralisch-ethische Zielbeschreibungen finden sich in einem Projekt häufig in der Kategorie Prozessziele. In der Durchführung eines Projektes gilt es auch entsprechende Compliance-Richtlinien einzuhalten.

Lösungshilfen für die Anwendungsaufgaben:

1. Die Callcenter-Aufgabe zielt auf die Definition des Projektziels „Kundenzufriedenheit" ab. Es muss operationalisiert werden, was man unter Kundenzufriedenheit versteht z.B. die Verweildauer in der Warteschleife, welchen Ist-Zustand man momentan hat, welchen Sollzustand man erreichen will und wie man diese Veränderung messen will.

2. Die wichtigsten Ziele:
   o Leistungsziel: Reise mit dem Auto durch Serbien hat stattgefunden. X Bilder von y Städten sind gemacht. Bilder stehen für Hausarbeit bereit.
   o Kostenziel/Finanzziel: Urlaubskasse in Höhe von 500 Euro wurde eingehalten.
   o Terminziel: Rückkehr von der Urlaubsreise bis zum 15. Oktober.
   o Soziales Ziel: das Studentenpaar ist mit der Urlaubsreise zufrieden.

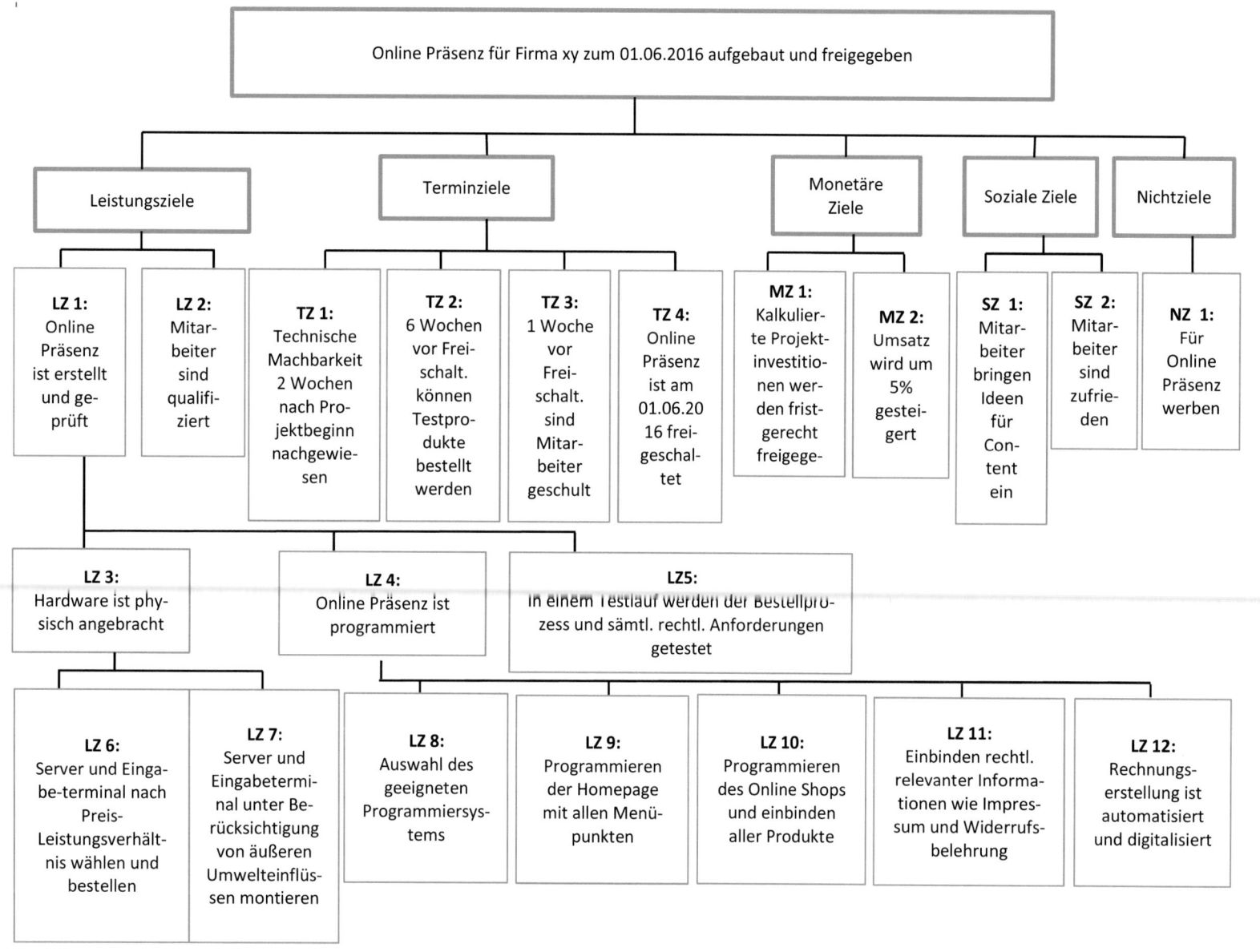

Mustergrafik 2: Beispiel für eine Zielhierarchie

MUSTERGRAFIK 3: BEISPIEL FÜR EINE ZIELVERTRÄGLICHKEITSMATRIX

		S2	S1	M3	M2	M1	T3	T2	T1	L3	L2	L1
Leistungs-ziele	Immobilie ist gefunden und Baudetails sind geklärt	n	n	k	n	ko	k	k	k	k	k	L1
	Finanzierungsplan mit der Bank ist erstellt	n	n	k	n	n	n	k	n	k	L2	
	Innenausbau in Eigenleistung ist abgeschlossen	n	n	n	n	n	n	n	n	L3		
Termin-ziele	Gesamtprojektdauer von 12 Monaten ist eingehalten	n	n	n	n	n	n	k	T1			
	Eigentumswohnung ist durch Bauträger fertiggestellt	n	n	k	n	n	k	T2				
	Suche nach einen geeigneten Mieter ist abgeschlossen	n	k	n	n	k	T3					
Monetäre Ziele	Das Gesamtbudget in Höhe von 250.000€ ist eingehalten	n	n	n	ko	M1						
	Die eingesetzte Eigenkapitalquote <10% vom Gesamtbudget ist eingehalten	n	n	k	M2							
	Einnahmen decken die laufenden Verbindlichkeiten	n	k	M3								
Soziale Ziele	Wohnung ist für ältere Personen geeignet	n	S1									
	Projektmitarbeiter haben am Abschlussfest teilgenommen	S2										

n = neutral
k = komplementär
ko = konkurrierend

3.1.4 Risiken und Chancen

Einführung:

Projektrisiken sind „mögliche ungeplante Ereignisse oder Situationen mit negativen Auswirkungen auf das Projektergebnis bzw. den Projekterfolg".

Wesentlicher Charakter von Projekten sind die Neuartigkeit und die Einzigartigkeit des Vorhabens. Diese beiden Aspekte implizieren, dass die Projektarbeit von größeren Unsicherheiten und Unwägbarkeiten geprägt ist als die Routinetätigkeit. Um die daraus resultierenden Gefahren dennoch möglichst gering zu halten, ist ein systematisches Vorgehen im Risikomanagement zwingende Voraussetzung. Ziel ist es, Risiken hinsichtlich ihrer Auswirkung und Eintrittswahrscheinlichkeit zu identifizieren, zu bewerten und entsprechende (Gegen-) Maßnahmen zu entwickeln. Diese müssen hinsichtlich ihrer Wirksamkeit bewertet werden, die entsprechenden Maßnahmen sind auszuwählen, einzuplanen und zu überwachen.

Im Rahmen des Risikomanagements ist daher folgende strukturierte Vorgehensweise zu institutionalisieren:

- Risikoidentifikation: bekannte Risiken erfassen, unbekannte Risiken suchen, klassifizieren, beschreiben

- Risikoanalyse und -bewertung (Eintrittswahrscheinlichkeit, Schaden): Sie erfolgt nach qualitativen oder quantitativen Gesichtspunkten. Bei der qualitativen Risikobewertung werden Risiken nach Eintrittswahrscheinlichkeit und Auswirkung klassifiziert. Daraus ergibt sich eine entsprechende Priorisierung. Risiken, die nicht akzeptabel sind, werden durch Maßnahmen beseitigt, vermindert, gesenkt oder auf andere übertragen. Risiken und Maßnahmen müssen über den gesamten Projektverlauf überwacht werden, z. B. können sich als niedrig eingestufte Risiken durch Rahmenbedingungen verändern und zu einem hohen Risiko „mutieren". Des Weiteren ist es im Projektverlauf möglich, dass neue Risiken auftauchen. Maßnahmen müssen ständig auf ihre Wirksamkeit geprüft werden.

- Die quantitative Risikobewertung liefert darüber hinaus einen Zahlenwert, der zur Messung der erwarteten Auswirkungen der Risiken und Chancen dient.

- Gegenmaßnahmen planen und umsetzen (präventiv, korrektiv)

- Überwachung und Bewertung des Maßnahmenerfolges.

Dieser Prozess ist nicht als einmaliger Vorgang zu sehen, sondern wiederkehrend durchzuführen, um auf die sich während des Projektes entwickelnden Risiken vorbereitet zu sein.

Wissensfragen:

1. Warum ist eine Risikoanalyse wichtig?
2. In welcher Phase der Projektarbeit beginnt die Risikoanalyse?
3. Wo können im Projektverlauf Risiken auftreten und wodurch? Nennen Sie Beispiele.
4. Welche Arten von Projektrisiken gibt es und in welchen Beziehungen stehen sie zueinander?
5. Welche Möglichkeiten der Risikoidentifizierung gibt es?
6. Wie werden Risiken bewertet und überwacht?
7. Was sind quantitative Risiken? Nennen Sie die Spalten bzw. die Dimensionen, die für die quantitative Bewertung von Risiken notwendig sind.
8. Welche Strategien können im Umgang mit Risiken angewandt werden?
9. Was besagt eine große Differenz beim Vergleich des Risikofaktors vor und nach Maßnahmen?

Praxisbeispiel 1:

In unserem Migrationsprojekt wurde eine erste Risiken-Chancen-Analyse bereits noch in der Vorstudie durchgeführt, die als Entscheidungsgrundlage für das entsprechende zukünftige Projekt diente. Mit meiner Übernahme der Projektleitung habe ich die in der Vergangenheit erstellte Risiko- und die Stakeholderanalyse wieder herangezogen, um mögliche projektgefährdende Risiken weiter zu analysieren und Maßnahmen zur Vermeidung und Behebung aufzustellen. Die Risiken wurden dazu im Kernteam mittels Brainstorming vertieft und anschließend bewertet.

Eine regelmäßige Neubewertung der Risiken führte im weiteren Projektverlauf zu einer Um-Priorisierung, aufgrund der gewonnen Erfahrungswerte und damit zu Änderungen bei den Risikomaßnahmen. So konnten nach der ersten Migration die Schnittstelle und die zu migrierenden Daten (Datenqualität) als stabil angesehen werden und der Testaufwand für diesen Teil konnte für die weiteren Migrationen reduziert werden.

Positiv war, dass alle benannten Risiken reell eingeschätzt und mit Maßnahmen erfolgreich minimiert werden konnten. Das Risiko einer Aufwandserhöhung infolge schlechter Datenqualität wurde z. B. durch vorab durchgeführte Datenanalysen dieses Bestandes bekannt und durch eine Datenbereinigung im Basissystem ausgeschlossen.

Negativ war, dass ein Risiko nicht erkannt wurde: Die Ursache dafür lag in einer nicht ausreichenden Synchronisation von Risiken und Abhängigkeiten meines Projektes mit einem anderen Projekt im Rahmen des Gesamtprogramms. Mir ist damit die Abhängigkeit von Projekten untereinander schlagartig wieder bewusst geworden und dass auch dadurch Risiken entstehen oder eventuell nicht rechtzeitig bekannt werden.

Praxisbeispiel 2:

Auf Projektebene wurden die Risiken qualitativ mittels Risikobeschreibung, Eintrittswahrscheinlichkeit und Auswirkungsgrad dokumentiert und z. T. mit Gegenmaßnahmen belegt. Die wöchentlichen Statusberichte der Arbeitspakete enthielten außerdem einen Abschnitt für qualitative Risikomeldungen, so dass Beobachtungen von Risiken und die Kontrolle der Maßnahmen möglich waren. Es fand jedoch eher eine sporadische und keine systematische Überwachung und Anpassung der Risiken und der Maßnahmen auf Projektebene in der Projektrisikoliste statt. In den Statusberichten wurden teilweise Probleme und Risiken vermischt. Die Definition eines Risikobudgets für unvorhergesehene Abweichungen in der Kostenplanung des Projektes fand (leider) nicht statt.

Lösungshilfen für die Wissensfragen:

1. Projekte sind innovative, komplexe Vorhaben, die aufgrund dieser Eigenschaften risikoreich sind!

2. Die erste Risikoanalyse wird bereits zum Projektstart gemacht. Es ist die Aufgabe des Projektleiters so früh wie möglich auf Risiken aufmerksam zu machen. Später wird die Risikoliste kontinuierlich gepflegt und aktualisiert.

3. Zu Beginn eines Projektes können Risiken v. a. durch unklare bzw. widersprüchliche Ziele, unklare Rahmenbedingungen etc. erwachsen. Später entstehen Risiken durch Fehler in der Planung bzw. durch nicht abgesprochene Änderungen im Projektverlauf.

4. Technische, wirtschaftliche, finanzielle, politische, rechtliche, soziale, u.v.m. Risiken. Risiken können sich ergänzen oder verstärken, neutral oder in Antinomie zueinander stehen.

5. Analyse früherer Projekte, Nutzen von Checklisten, Risikoworkshop, Expertenbefragung.

6. Risiken können entweder qualitativ oder quantitativ bewertet werden. Die Darstellung erfolgt in einem Portfolio (Risikorader), die Durchführung von Risikobewältigungsmaßnahmen führt zu einer veränderten Lage in diesem Risikoradar.

7. Die Spalten bzw. die Dimensionen, die für die quantitative Bewertung von Risiken notwendig sind, sind die Eintrittswahrscheinlichkeit in Prozent und die vermutete Schadenshöhe in einer Währungseinheit.

8. Risiken können akzeptiert, verlagert, präventiv oder korrektiv bearbeitet werden. Sie können auch ausgeschlossen werden (z. B. Umformulierung des Projektauftrages).

9. Ist die Zahl des Risikofaktors nach Durchführung der Maßnahme kleiner als zuvor, scheint die Maßnahme geeignet zu sein, um gegen das Risiko vorzugehen.

MUSTERGRAFIK 4: BEISPIEL FÜR EINE QUANTITATIVE RISIKOBEURTEILUNG UND -MAßNAHMENPLANUNG

Nr.	Risikoidentifikation vor Maßnahmen			Risikomaßnahmenplanung				Risikoüberwachung	Restrisiko nach Maßnahmen	
	Risikobeschreibung	EW in %	SA in €	RW in €	Strategie	Maßnahme	Voraussichtliche Kosten/Aufwand	Verantwortlich	Status	EW in %	SA in €	RW in €
1	Personeller Engpass bei Organisation in Brüssel	20	4.000	800	korrektiv	Kollegen vor Ort in CC setzen / Agentur vor Ort engagieren	0 / 500	PL / PL	ok	5% / 2%	4.000 / 3.000	200 / 60
2	Personeller Engpass bei der Erstellung des Inhaltskonzeptes und Durchführung des Moduls in Brüssel	15	8.000	1.200	präventiv / korrektiv	Qualifizierung eines zusätzlichen Fachexperten / kurzfristige Beauftragung durch externen Fachexperten	1500 / 10.000	Leiter Personalentwicklung Werk Ingolstadt / PL	ok	2% / 10%	8.000 / 8.000	160 / 800
3	Ungenügende Infrastruktur Hotel	30	7.200	2.160	korrektiv	Zimmer einer anderen Klasse buchen	800	Kundenbetreuung LCP	ok	2%	7.200	144
4	Steigender Budgetbedarf	10	2.500	250	präventiv	Bereitstellung eines "Risikobudgets" durch Auftraggeber	250	PL	ok	5%	2.500	125
	∑ Risikoerwartungswert 1 = 4.410 €				∑ voraussichtliche Kosten* = 3.050 €					∑ Risikoerwartungswert 2 = 689 €	
					Einzuplanendes Risikobudget = 3.739 €						
					Anteil vom Gesamtbudget: 15 %						

* Die voraussichtlichen Kosten ergeben sich aus der Summe der grün markierten Felder.
Die weissen Felder sind kostenmäßig eine schlechtere Option.

3.1.5 Qualität

Einführung:

Die Qualität eines Projekts bezieht sich darauf, ob die Projekt- oder Produkteigenschaften den Projektanforderungen entsprechen. Neben der inhaltlichen Dimension gibt es auch ein Qualitätsverständnis, das sich auf die Prozess-Dimension bezieht: Qualität ist dann erreicht, wenn alle Prozess-Regeln, die im Unternehmen definiert sind, bei der Produkterstellung eingehalten worden sind.

Das Qualitätsmanagement (QM) zieht sich durch alle Projektphasen und ist definiert als das Lenken und Leiten einer Organisation bezüglich der Qualität, was in der Regel das Festlegen der Qualitätspolitik, der Qualitätsziele sowie die Planung, Lenkung und Sicherung der Qualität einschließlich deren kontinuierlichen Verbesserung umfasst.

Die wichtigsten Qualitätskonzepte können unterteilt werden in:

1. Total Quality Management (TQM): Hierbei geht Qualität jeden an. Alle Bereiche einer Organisation sind dabei betroffen und führen sich kontrollierende, sichtende Tätigkeiten durch, um Qualität einzuführen und dauerhaft zu garantieren.

2. Der Kontinuierliche Verbesserungsprozess (KVP): Der Prozess wurde im Rahmen der Qualitätsbewegungen in den 1950er Jahren von W. Deming entwickelt und ist stark an den Qualitätskreis Plan-Do-Check-Act angelehnt. Das aus Japan stammende Kaizen steht als Synonym.

3. Six Sigma (6σ): Hierbei handelt es sich um ein statistisches Qualitätsziel und es ist zugleich auch der Name des Qualitätsmanagement-Konzeptes. Das Kernelement ist die Beschreibung, Messung, Analyse, Verbesserung und Überwachung von Vorgängen mit statistischen Mitteln. Der Name „Six Sigma" kommt daher, dass die folgende Forderung erhoben wird: Die nächstgelegene Toleranzgrenze ist mindestens sechs Standardabweichungen (6σ) vom Mittelwert entfernt.

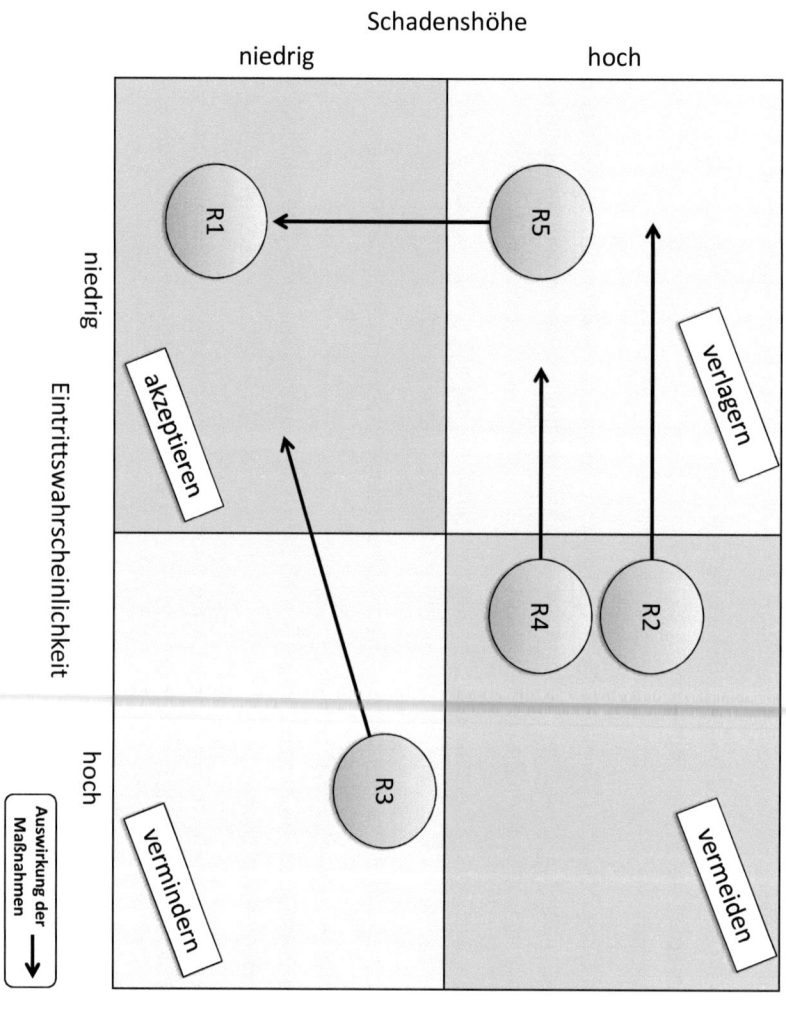

MUSTERGRAFIK 5: BEISPIEL FÜR EINE RISIKOMATRIX MIT WIRKUNGSPFEILEN

79

Wissensfragen:

1. Was wird unter Qualität und was wird unter einer Abweichung verstanden?
2. QM-System – Prozess; Kunden – mitarbeitergerecht. Erklären Sie den Zusammenhang.
3. Erläutern Sie den "Deming-Zyklus der ständigen Verbesserung".
4. Erläutern Sie die Begriffe QM und TQM im Zusammenhang mit Projektmanagement.
5. Was ist der Inhalt eines PM-Audits und was der eines QM-Audits? Welche Rolle spielen dabei das Projektmanagementhandbuch (PMH) oder das Qualitätsmanagementhandbuch (QMH) des Unternehmens?
6. Was ist die Funktion eines Auditors?
7. Was ist der Unterschied zwischen einem Projektmanagementhandbuch und einem Projekthandbuch?
8. Wie kann Qualität im Vorgehensmodell eines Projektmanagements berücksichtigt werden?
9. Welche Arbeitspakete bzw. Teilaufgaben müssen bzgl. Qualität im PSP berücksichtigt werden?
10. Welche Aufgaben hinsichtlich des Qualitätsmanagements hat das strategische Management und welche das operative Management?

Anwendungsfrage:

- Erstellen Sie ein Ishikawa-Diagramm für folgende Situation: Sie arbeiten bei einem Hersteller für Rasenmäher. Das Drucken des Bedienerhandbuches, das Sie an einen Dienstleister vergeben haben, verspätet sich. Das Handbuch muss aber in die Kartons mit den Geräten beigelegt werden, sonst können die Produkte nicht ausgeliefert werden.

Praxisbeispiel:

Im Rahmen meines Tagesgeschäfts bin ich für das Portfoliomanagement in unserem Unternehmen verantwortlich. Zentraler Bestandteil ist dabei die Erfassung der Kosten durch eigenes Personal und Fremdpersonal der einzelnen Abteilungen. Diese werden aufgrund der inhomogenen Geschäfte der einzelnen Abteilungen in Dienstleistungsphasen eingestuft und in Bezug zum Kostenvorteil gegenüber externen Dienstleistern bzw. zur strategischen Relevanz für den Konzern gesetzt. Da der Erhebungsprozess einen sehr hohen Abstimmungsaufwand mit den Abteilungsleitern und verantwortlichen Controllern unter Einhaltung strengster Vertraulichkeit in sich birgt, war der Zeitaufwand enorm.

Allerdings ist mir in der Vergangenheit oftmals aufgefallen, dass es aufgrund unklarer Definitionen, Prozesse und Termine zu unnötigen Verzögerungen kam. Um eine kontinuierliche Verbesserung des Prozesses zu erhalten, habe ich zuerst einen Qualitätszirkel gegründet, dessen Aufgabe es war, diese Unschärfen methodisch genauer zu analysieren und nach Lösungen zu suchen. Außerdem habe ich in Abstimmung mit der Bereichsleitung eine jährliche Review-Befragung im Nachgang der Datenerhebung eingeführt. Im Rahmen dieser Befragung werden eventuelle Ursachen für Falschmeldungen aufgedeckt, zusätzliche Abstimmungsschleifen mit den Verantwortlichen besprochen und es wird versucht, Ableitungen für eine zukünftige optimierte Abfrage zu finden. Im Folgejahr wurde dann die Abfrage auf Basis der festgelegten Optimierungen durchgeführt und bei der nächsten Befragung auf ihre Wirksamkeit hin überprüft. So entsteht ein Regelkreis zur Optimierung des Portfolioprozesses und zur Erhöhung der Prozessqualität der Abfrage.

Lösungshilfen für die Wissensfragen:

1. Qualität ist die Übereinstimmung mit einer vorgegebenen Erwartung oder Norm. Abweichung bezeichnet die Differenz zu dieser Erwartung oder Norm. Die Erwartung oder Norm kann eine Produkteigenschaft oder ein Prozess sein.

2. In einem QM-System sind alle Mitarbeiter in einer Kunden-Lieferanten-Kette, d. h. auch der Mitarbeiter ist mein Kunde, dem ich entsprechend seinen Erwartungen zuarbeite.

3. Plan-Do-Check-Act. Jeder Arbeitsprozess sollte so aufgebaut sein.

4. Qualitätsmanagement (QM) ist die Aufbereitung von Prozessen und Werkzeugen, die einem zeigt, wie man kundengerecht und mitarbeitergerecht arbeitet. TQM is der Leitgedanke, dass alle Mitarbeiter, Vorgesetzte und auch die Unternehmensleitung mit in diese qualitative Zusammenarbeit einbezogen sind – jeder entsprechend seiner Kompetenz. PM ist Teil eines umfassenden QM-Systems. Entsprechend sollte der TQM Gedanke auch im Projekt Anwendung finden.

5. PM-Audits: Überprüfung durch einen Dritten auf Einhaltung von PM-Prozessschritten; Voraussetzung ist, dass ein PMH als Beschreibung der Prozessschritte vorhanden ist (= Norm).
QM-Audits: Überprüfung auf Einhaltung von (allgemeinen) Prozessanforderungen, beschrieben im Qualitätsmanagementhandbuch (QMH) des Unternehmens.

6. Überprüfung auf Normenkonformität durch einen neutralen D ritten.

7. Projektmanagementhandbuch = Beschreibung aller Prozessschritte des PMs im Unternehmen (ohne Bezug auf ein konkretes Projekt).
Projekthandbuch = Regeln, die für ein konkretes Projekt vereinbart wurden.

8. In Form von Quality Gates (anderes Wort für Quality Gates → Meilensteine)

9. Qualitätsplanung, Qualitätsüberwachung

10. Das strategische Management macht die Vorgaben, es gibt die Richtlinien und Prinzipien vor, stellt Ressourcen grundsätzlich zur Verfügung.
Das operative Management entscheidet über die konkrete Planung und Umsetzung der passenden Maßnahmen.

Lösungshilfen für die Anwendungsaufgabe:

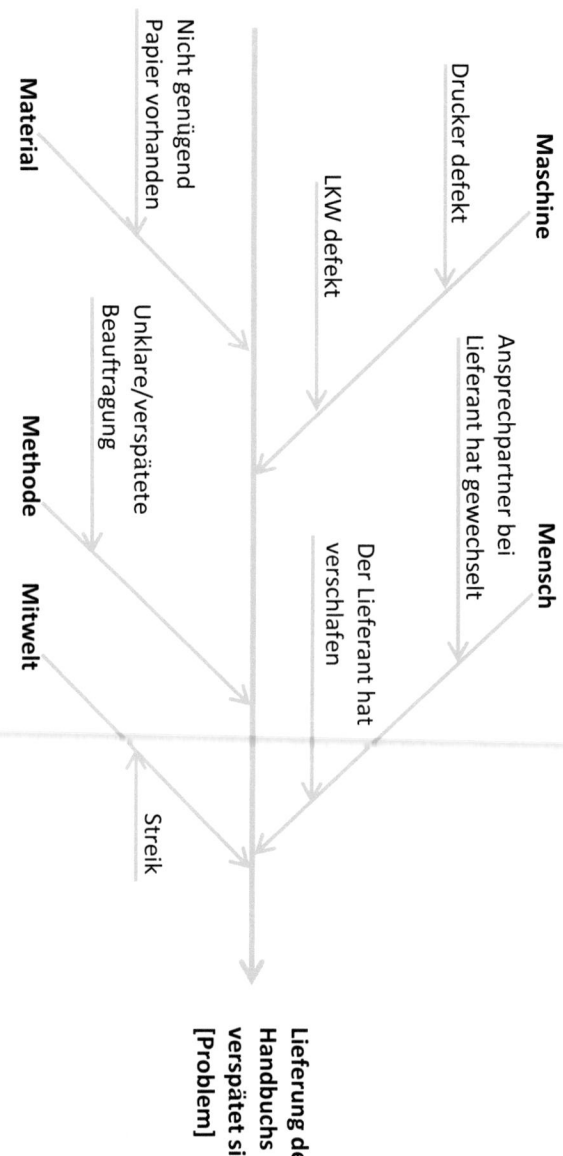

3.1.6 Projektorganisation

Einführung:

Das Themengebiet „Projektorganisation" befasst sich – im Gegensatz zur Ablauforganisation (→ Vorgehensmodelle, Phasenmodelle) – mit den Personen sowie Gremien und deren Rollen. Unter Rolle wird eine Zusammenstellung von Aufgaben, Befugnissen und Verantwortlichkeiten verstanden, die der Akteur im Rahmen des Projektes innehat. Die Klärung dieser Aspekte ist für die Praxis wichtig, weil damit die Macht und der Handlungsspielraum der Akteure bestimmt und begrenzt wird. Typische Rollen im Projekt sind der „Steuerkreis", der „Lenkungsausschuss" und andere Gremien, der „Projektsponsor", der „Projektleiter" und das dazugehörige „Projektmanagementteam" sowie das „fachliche Team/Arbeitspaktverantwortliche". Mit der Rollendefinition werden die Rolleninhaber jeweils „in die Pflicht" genommen. Die Übersicht über diese verschiedenen Rollen im Projekt erfolgt über eine Verantwortlichkeitsmatrix.

Mit Hilfe dieser gestuften Verantwortungsverteilung lassen sich auch verschiedene Eskalationsstufen definieren, also: Was kann/darf der AP-Verantwortliche entscheiden und was muss er vom Projektleiter genehmigen lassen? Was kann/darf der Projektleiter entscheiden und was muss er vom Steuerkreis/Steuergremium entscheiden lassen etc.?

Die Projektorganisation ist zeitlich begrenzt und steht neben der Stammorganisation. Sie ist in ihrer Struktur der Projektaufgabe anzupassen, berücksichtigt aber auch kulturelle und umweltbedingte Einflüsse. Projektorganisationen werden im Wesentlichen in folgende drei Grund-Projektorganisationsformen typisiert:

Stab- oder Einflussprojektorganisation

Der Projektleiter wirkt hier nur koordinierend und beratend, z.B. ist er der Geschäftsleitung beigestellt und hat keine Weisungsbefugnis. Es müssen keine organisatorischen Umgliederungsmaßnahmen durchgeführt werden. Deshalb ist diese Organisationsform schnell aufgebaut und arbeitsbereit.

Matrixorganisation

Die Weisungsbefugnisse werden zwischen Projektleitung (für Belange des Projekts) und Leitung in der Linie (für Belange außerhalb des Projekts, disziplinarisch) aufgeteilt. Hier kann es zu Konflikten zwischen Projekt- und Linienleitung kommen und es besteht somit ein hoher Kommunikationsbedarf.

Reine/autonome Projektorganisation

Die Projektleitung hat fachliche und disziplinarische Weisungsbefugnis und besitzt die volle Verantwortung. In einem Unternehmen findet man aber häufig nicht eine Organisationsform, sondern mehrere. Denn die Organisation muss sich auch immer der Komplexität des Projektes anpassen.

Wissensfragen:

Dass zwischen der aufbau- und der ablauforganisatorischen Seite unterschieden werden muss, zeigen folgende Prüfungsfragen:

1. Welche ablauforganisatorische Maßnahme stellt sicher, dass die übergeordneten Interessen von Auftragnehmer und Auftraggeber regelmäßig während der Projektabwicklung eingebracht werden können?

2. Welche aufbauorganisatorische Maßnahme stellt sicher, dass die übergeordneten Unternehmensziele von Auftragnehmer und Auftraggeber ausreichend während der Projektabwicklung berücksichtigt werden?

Sie sehen! Fast die gleiche Frage ist einmal in Richtung „Ablauforganisation" gestellt, das andere Mal in Richtung „Aufbauorganisation". *Hätten Sie die unterschiedlichen Antworten gewusst?*

3. Für welche der drei Projektorganisationsformen (Stabs-PM, Matrix-PM, Autonomes PM) treffen die folgenden Aussagen zu? Mehrfachnennungen sind möglich.

Praxisbeispiel 1:

In unserem Projekt gab es die Rollen Projektleiter, Teamleiter, Arbeitspaketverantwortlicher, Projektmitarbeiter, Auftraggeber und Entscheider im Lenkungsausschuss. Zusätzlich standen fachliche Experten zur Verfügung, die in einem „Fach-Projekt" organisiert waren. Diese und Mitarbeiter aus der Linie erbrachten die Qualitätssicherung für fachliche Spezifikationen und gaben eine Abnahmeempfehlung für die Entscheider im Lenkungsausschuss ab.

Für alle Rollen wurde definiert, was die Aufgaben, Kompetenzen und Verantwortungen (AKV) sind. Einige Personen hatten gleichzeitig mehrere Rollen besetzt (z. B. Teamleiter und Projektmitarbeiter). Insbesondere für diese Fälle (aber auch für alle anderen) war eine klare Rollenbeschreibung erforderlich, um die Abgrenzung zwischen den Rollen deutlich zu machen.

Praxisbeispiel 2:

In unserem Unternehmen gibt es definierte Rollenbeschreibungen für die verschiedenen Projektmanagementrollen. Exemplarisch finden Sie unten die Rolle des Projektleiters beschrieben.

Kompetenzen

4. Mitspracherecht bei der Formulierung des Projektauftrags und der Auswahl der Projektmitarbeiter (keine abschließende Entscheidungskompetenz)
5. Projektspezifische Weisungsbefugnis gegenüber Teilprojektleitern und Projektmitarbeitern
6. Eskalationsrecht an Auftraggeber
7. Verfügungsgewalt über das genehmigte Projektbudget (z. B. Ressourcenbeschaffung)
8. Entscheidung über Change Requests, die innerhalb eines zuvor definierten Rahmens liegen; Vetorecht bei Änderungen des Projektauftrags
9. Ressourcenauswahl der Linienorganisation

3.1	Der Projektleiter ist dafür zuständig Entscheidungen vorzubereiten; getroffen werden die Entscheidungen aber von anderen. ☐ **Stabs-PM**	☐ **Matrix-PM**	☐ **Autonomes-PM**
3.2	Der Projektleiter bestimmt, wann und was gemacht wird, der Linienvorgesetzte entscheidet, wer und wie etwas gemacht wird. ☐ **Stabs-PM**	☐ **Matrix-PM**	☐ **Autonomes-PM**
3.3	Nach Abschluss des Projektes kann es zu Schwierigkeiten bei der Wiedereingliederung der Projektmitarbeiter kommen. ☐ **Stabs-PM**	☐ **Matrix-PM**	☐ **Autonomes-PM**
3.4	Alle Projektmitarbeiter sind dem Projektleiter disziplinarisch unterstellt. ☐ **Stabs-PM**	☐ **Matrix-PM**	☐ **Autonomes-PM**
3.5	Diese Organisationsform kann am schnellsten eingerichtet bzw. wieder aufgelöst werden. ☐ **Stabs-PM**	☐ **Matrix-PM**	☐ **Autonomes-PM**
3.6	Entscheidungen können am schnellsten getroffen werden. ☐ **Stabs-PM**	☐ **Matrix-PM**	☐ **Autonomes-PM**
3.7	Die ausführenden Projektmitarbeiter verbleiben organisatorisch in den Fachabteilungen. ☐ **Stabs-PM**	☐ **Matrix-PM**	☐ **Autonomes-PM**
3.8	Der zuständige Projektleiter bestimmt, bis wann welche Ergebnisse geliefert werden müssen. ☐ **Stabs-PM**	☐ **Matrix-PM**	☐ **Autonomes-PM**

10. Entscheidungen im Kernteam
11. Fachliche Führungsverantwortung für die Projektmitarbeiter auf Basis der in der Programmleitung getroffenen Vereinbarungen
12. Eskalationsrecht an Programmleitung

Verantwortung

13. Prozessverantwortlich von der Projektplanung, -durchführung und -steuerung bis zum Projektabschluss
14. Verantwortlich für die Einhaltung und Umsetzung der geltenden Projektmanagementregeln
15. Verantwortlich für die Erreichung der Projektziele (Inhalt, Kosten, Termin, Qualität)
16. Verantwortlich für den zielgerichteten Einsatz des Projektbudgets und die Einhaltung des Budgets
17. Informationspflicht gegenüber Programmleitung, Lenkungsausschuss, Projektteam, Auftraggeber, Linienführungskraft etc.
18. Kommunikation der Projektziele und Projektergebnisse in die Fachbereiche hinein
19. Vorantreiben von Entscheidungen in der Fachbereichslinienorganisation.

Lösungshilfen zu Wissensfragen:

1.	Phasenplan mit Meilensteinen
2.	Lenkungsausschuss
3.1	Stabs-PM
3.2	Matrix-PM
3.3	Autonomes-PM
3.4	Autonomes-PM
3.5	Stabs-PM
3.6	Autonomes-PM
3.7	Stabs-PM und Matrix-PM
3.8	Matrix-PM und Autonomes-PM

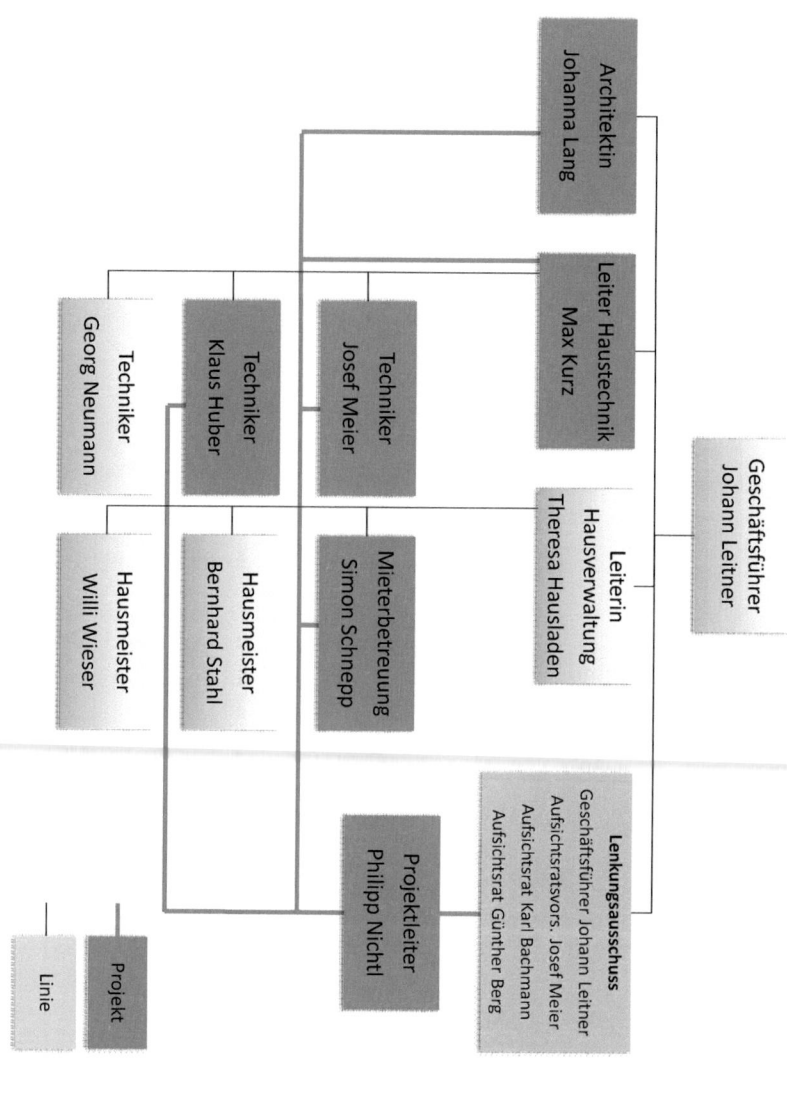

MUSTERGRAFIK 6: VERBINDUNG DER PROJEKTORGANISATION MIT DER LINIENORGANISATION (ALS MATRIXORGANISATION)

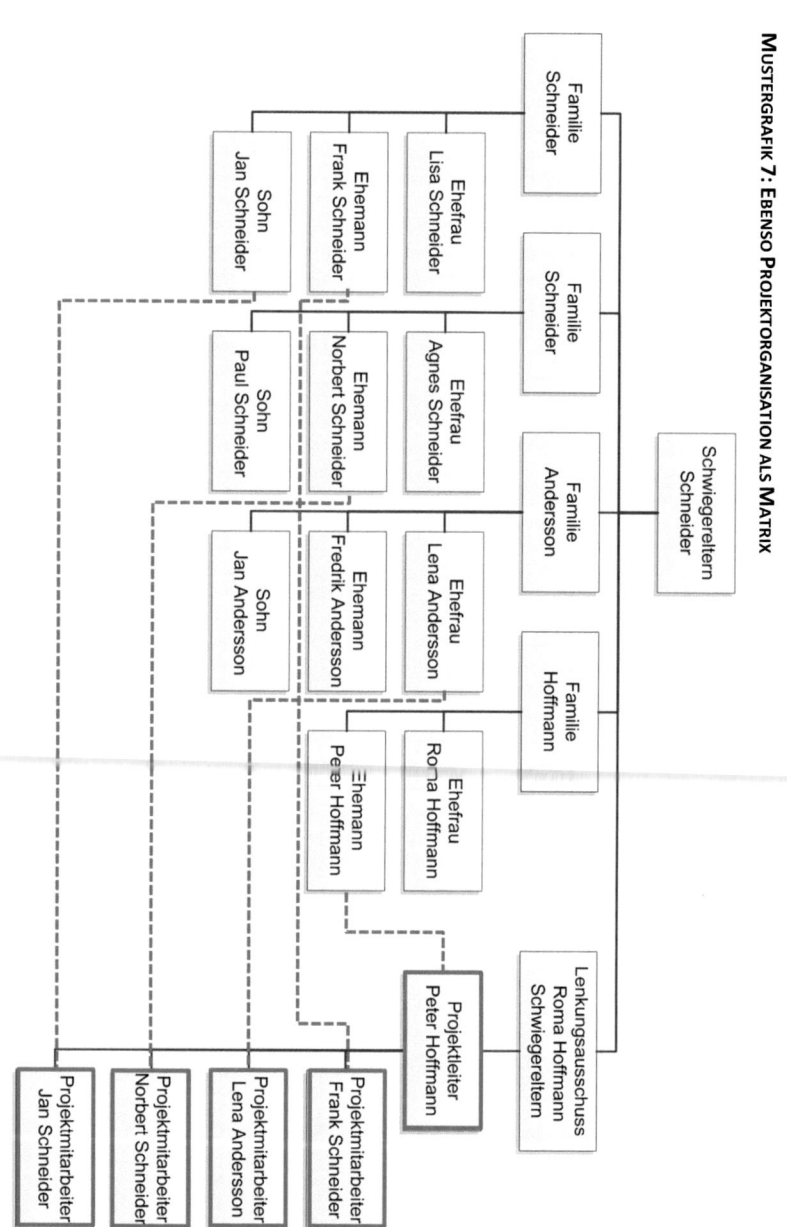

MUSTERGRAFIK 7: EBENSO PROJEKTORGANISATION ALS MATRIX

85

3.1.7 Teamarbeit

Einführung

Teams sind Gruppen von Personen, die zusammenkommen oder zusammengestellt werden, um gemeinsam eine Zielsetzung zu erreichen. Durch die Zusammensetzung des Teams wird i. d. R. eine Leistungssteigerung im Vergleich zur Einzelpersonen erwartet.

Wenn Menschen zusammenarbeiten, gibt es neben den formalen Regeln und Rollen eine Reihe von gruppendynamischen Phänomenen zu beachten: Wie entwickelt sich ein gemeinsames Zusammengehörigkeitsgefühl? Welche Stadien und Reifegrade kennt dieses Zusammengehörigkeitsgefühl? Welche Klippen und Herausforderungen gilt es zu meistern?

Für die Frage, ob aus Einzelindividuen wirklich ein Team wird, gibt es eine Reihe von Voraussetzungen, z. B. dass alle Beteiligten auch willens sind, offen und ehrlich miteinander zu kommunizieren und sich gegenseitig zu vertrauen etc. Dann ist häufig der Projektstartworkshop wichtig. Hier kommt das Projektteam zum ersten Mal zusammen und arbeitet gemeinsam für eine längere Zeit an einer gemeinsamen Fragestellung. Die eigentliche Feuertaufe steht aber meist noch bevor: Nach dem anfänglichen Kennenlernen geraten Teammitglieder aufgrund ihrer individuellen Verhaltensweisen auch manchmal in Konflikt zueinander, bevor gemeinsame, verbindliche Regeln der Zusammenarbeit erstellt wird, deren Mitglieder sich gegenseitig die Bälle gut zuspielen können. Der Teamentwicklungsprozess wird dabei häufig in den Stadien *Forming - Storming - Norming - Performing* beschrieben.

Der Projektmanager trägt für den gesamten Verlauf der Zusammenarbeit die Verantwortung für die Gruppendynamik: vom ersten Kennenlernen über die verschiedenen Stadien der Zusammenarbeit bis zum Ende, wenn das Projektteam sich auflöst und die Personen wieder in andere Projekte abwandern oder zurück in die Linie gehen. Da die Teammitglieder häufig aus der Stammorganisation kommen, ist es wichtig, dass der Projektleiter eine enge Verbindung zu den Linienverantwortlichen hält. Mit ihnen sollte er in einem Austausch stehen über die mögliche Unterstützungsmaßnahmen für einzelne Teammitglieder.

Wissensfragen:

1. Was ist den Teammitgliedern nach der Projektstartsitzung bekannt?
2. Welche besonderen Aufgaben sollte der Projektleiter in der Startphase „Teambuilding" wahrnehmen?
3. Nennen Sie die Phasen der Teamentwicklung, erläutern Sie diese und benennen Sie die Rolle des Projektleiters je Phase.
4. Was sind Maßnahmen zur Planung und Steuerung eines Teams?
5. Worauf soll bei der Teambesetzung geachtet werden? Was sind Qualitätskriterien für ein Team?
6. Welche Maßnahmen zur Teambildung sollte der Projektleiter ergreifen?
7. Ab wann kann man davon ausgehen, dass sich ein Team mit dem Projekt identifiziert?
8. Was versteht man unter der informellen und der formellen Seite im Teambuilding?
9. Welche Regeln sollten im Team entwickelt werden und wann sollte das erfolgen? Nennen Sie Beispiele, erklären Sie.
10. Was lässt die Leistungsfähigkeit einer Gruppe steigen? Welche Phänomene reduzieren die Leistungsfähigkeit einer Gruppe?
11. Was versteht man unter „Group Think"?

Praxisbeispiel:

„Wir sind ein Team ..." ist schnell gesagt – aber deswegen noch lange nicht Tatsache. Was wirkliches Team-Play bedeutet, haben wir erst auf einer organisierten „Freizeitveranstaltung" (Outdoor-Event nennt man das heute) im Allgäu gelernt. Es begann schon einige Tage vor der Veranstaltung, als es darum ging, die Einkaufsliste für die gemeinsame Verpflegung zusammenzustellen. Das war noch relativ harmlos. Wir hatten uns zu kleinen Gruppen zusammengeschlossen, um Frühstück, Mittagessen und Abendessen zu realisieren – all die Dinge, die wir benötigen, wurden dann von zwei Freiwilligen eingekauft. Vor Ort im Allgäu angekommen, hieß es dann gleich Wanderrallye mit verschiedenen Aufgaben, die es zu lösen gab. In Kleingruppen brachen wir auf, um auf einem Bergweg versteckte Aufgaben zu lösen, die zum einen viel Spaß machten und zum anderen – und das war wohl das Wichtigste – uns ganz neue Seiten von den Kollegen zeigten: Der eine konnte Holz im Nu zersägen, der andere hatte einen ausgesprochen guten Orientierungssinn, wiederum andere hatten tolle Ideen bei unsrer Aufgabenlösung.

Nach drei Tagen kehrte nicht wieder dasselbe Team zur Arbeit zurück, das ursprünglich aufgebrochen war. Die Erinnerung an die gelöste Aufgabe, das gemeinsame Lachen, aber v. a. das vertiefte Kennenlernen war das Wichtigste. Wir hatten verstanden, dass jeder etwas anders „tickt", dass unterschiedliche Arbeits- und Denkweisen, die im Arbeitsalltag nerven, durchaus auch ihre guten Seiten haben. Verlässlichkeit, Wertschätzung und Engagement gehören zu einem gelingenden Miteinander untrennbar zusammen.

Lösungshinweise für die Wissensfragen:

1. Projektziel: Grund, warum dieses Projekt gestartet wird; Personen, die in das Projekt involviert sind; Informationen darüber wie die Personen informiert werden: Die nächsten Schritte? Das nächste Zwischenergebnis (Meilenstein).

2. Forming der Projektgruppe, d. h. Kennenlernen der Teammitglieder ermöglichen, mögliche Aufgabenschwerpunkte klären.

3. *Forming* = Kennenlernen; *Storming* = Konflikte erkennen und lösen; *Norming* = Gruppenregeln aufstellen; *Performing* = Teammitglieder coachen, unterstützen.

4. Inhaltlich-organisatorisch – die notwendige Orientierung geben; Gruppendynamik beachten.

5. Fachliche, zwischenmenschliche und individuelle Passung des Teams; Qualitätskriterien: Gute Teams ergänzen sich inhaltlich, gehen wertschätzend miteinander um, zeigen persönliche Verbindlichkeit etc.

6. Kennenlernen ermöglichen, Teambuilding-Workshop durchführen.

7. Sprachlich „wir" oder „unser Projekt", aktives Mitdenken, Verbesserungsvorschläge durch die Mitarbeiter, proaktives Handeln, das Projekt wird gegenüber „Angriffen" verteidigt.

8. Informelle Seite = gruppendynamische Seite, z. B. wer ist der „Leitwolf" und formell: Wer hat welche offizielle Rolle (Titel)?

9. Wie wird miteinander umgegangen z. B. Spielregeln in der Besprechung; wer ist die Schnittstelle nach außen (z. B. zum Auftraggeber), wie wird mit bestimmten Informationen nach innen umgegangen (z. B. wichtige Informationen für alle). Regeln können erst nach einer gewissen Zeit des Kennenlernens verbindlich vereinbart werden.

10. Steigerung der Leistungsfähigkeit einer Gruppe durch: Spielregeln für die Zusammenarbeit im Team erarbeiten; Sicherstellen, dass alle den Projektauftrag und die Projektziele verstanden haben und Zuständigkeiten klar geregelt sind; dafür sorgen, dass alle den gleichen Informationsstand haben; offenen Kommunikation gewährleisten; dem Team regelmäßig Feedback zu dessen Leistung und Entwicklung geben.

11. Group Think = Gruppe denkt nur in eine Richtung; gruppendynamisch hat sich eine unausgesprochene Norm herausgebildet.

3.1.8 Problemlösung

Einführung:

Ein Projekt ist nichts anderes als ein großes Problem, das in kleinere Probleme zergliedert wird. Deswegen ist es wichtig, sich in den Methoden der systematischen Problemlösung auszukennen.

In einem Projekt gibt es eine Vielzahl unterschiedlicher Probleme. Diese können sich manchmal sehr vordergründig auf Leistungs-, Kosten- und Terminaspekte beziehen; manchmal liegen aber andere, zwischenmenschliche Probleme dahinter. Entsprechend ist es wichtig, verschiedene Methoden der Problemlösung (Kreativitätsmethoden und soziale Verhandlungslösungen) zu kennen. Probleme müssen entdeckt werden, mögliche Alternativen und Lösungen gefunden bzw. ausgewählt, verfolgt und auf ihre Wirksamkeit hin überprüft werden.

Im Problemlösungsprozess wiederum kann es zu Hindernissen kommen. Der Projektleiter hat dann die Aufgabe durch Gespräche, Verhandlungen aber auch Entscheidungsdelegation eine Lösung der Problemlage herbeizuführen. In Extremfällen ist Krisenmanagement angesagt!

Anstehende Probleme zu lösen, ist aber nicht nur Aufgabe des Projektleiters. Zieht der Projektleiter sein Team hinzu, führt eine gemeinsame Problemlösung zu einem besseren Teamzusammenhalt!

Wissensfragen:

1. Welche Problemarten können allgemein vorkommen?
2. Wie sehen die Schritte einer systematischen Problemlösung aus?
3. Was kann Projektmitarbeiter bei der Problemlösung behindern?
4. Welche Problemlösungstechniken können im Projekt angewandt werden?
5. Wie kann man Probleme darstellen, so dass sie jedes Teammitglied besser verstehen kann?
6. Was ist eine Nutzwertanalyse? Wie führt man eine Nutzwertanalyse durch?

Praxisbeispiel:

In unserem Teilprojekt gibt es eine sehr gute Problemlösungskultur. Probleme bzw. bereits Ansätze zu diesen wurden frühzeitig kommuniziert und häufig bereits mit einem Lösungsvorschlag vorgetragen. Es erfolgt eine sachliche und methodische Analyse und Lösung. Im Projektverlauf sind verschiedene Arten von Problemen gelöst worden (Auszug):

20. **Methodenproblem**

Bei Mitarbeiten im fachlichen Team ist das methodische Know-how zum Schreiben einer Spezifikation nicht oder nicht ausreichen vorhanden. Nach Rücksprache mit der fachlichen Programmleitung wurde für die Zeit von vier Wochen ein externer Mitarbeiter für das Projekt eingekauft, welcher die fachlichen Mitarbeiter bei der Erstellung der Spezifikationen methodisch anlernt und coacht.

21. **Handlungsproblem**

Ein Projektteammitglied liefert sein Arbeitspaket trotz klarer Auftragsabsprache zu spät und qualitativ unzureichend ab. Andere Projektmitarbeiter können deswegen nicht konsequent weiterarbeiten. Das Teammitglied hat keine überzeugenden Argumente. Nach diversen Gesprächen hat der Mitarbeiter das Projekt verlassen, da er sich nicht in der Lage sah, den Anforderungen an die Projektmitarbeit zu entsprechen. Das Arbeitspaket wurde von einem anderen Projektmitarbeiter fertiggestellt. Dies verringerte die Zeit für die Phase „Realisierung".

22. **Entscheidungsproblem**

Ein Mitarbeiter des Projektes wird von seinem Linienvorgesetzten parallel für ein anderes Projekt gemeldet. Dieses andere Projekt ist inhaltlich relevanter für seine Verantwortung/Arbeit in der Linienorganisation. Direkte Gespräche mit dem Linienvorgesetzten führen zu keinem Ergebnis. Nach Eskalation auf die Programmleitungsebene kommt es zu der Lösung heraus, dass der Mitarbeiter zu 20 % in dem einen Projekt und zu 40 % seiner Arbeitszeit in dem anderen Projekt arbeiten soll. Als verantwortlicher Projektleiter habe ich diesen Lösung abgelehnt und auf den Mitarbeiter vollständig verzichtet. Eine regelmäßige Projektmitarbeit von dauerhaft unter 40 % (= zwei Personentage) pro Woche erfordert mehr Management- und Einarbeitungsaufwand, als dass die Mitarbeit für das Projekt einen positiven Mehrwert bringt.

Lösungshinweise für die Wissensfragen:

1. Ein Problem ist die Abweichung eines Ist vom Soll und es fehlt das Wissen, wie diese Abweichung beseitigt werden kann. Es gibt Zielprobleme, Sachprobleme, Methodenprobleme, Personalprobleme, ...
2. Problemidentifikation, Problemanalyse und Klärung, Lösungsfindung und Umsetzung.
3. Fehlende Problemerkennung, fehlendes Problemverständnis, fehlende Probleminterpretation, unterschiedliche Gewichtung der Problemrelevanz.
4. Problemlösungstechniken sind zum einen rationale Methoden wie die Problemzerlegung zur besseren Lösungsfindung oder zum anderen auch Kreativitätstechniken wie Brainstorming, 6-3-5, morphologischer Kasten, ...
5. Visualisieren, in Analogien bringen, ein „Modell" entwickeln.
6. Rationale Methode, um verschiedene Lösungswege an Hand verschiedener Kriterien zu beurteilen, die unterschiedliche Gewichtungsfaktoren haben, um sie zu bewerten.

3.1.9 Projektstrukturen

Einführung:

Projektstrukturen dienen in erster Linie der Schaffung einer Ordnung im Projekt. Das Projekt wird nach angepassten Kriterien in überschaubare Elemente zerlegt. Sämtliche Elemente (z. B. Vorgänge, Arbeitspakete) und ihre Beziehungen untereinander ergeben die Projektstruktur.

Die hierarchische Darstellung aller Elemente des Projekts auf die Ebene der Arbeitspakete liefert den Projektstrukturplan. Die untergeordneten Elemente beschreiben das übergeordnete Element vollständig.

Der Projektstrukturplan (PSP) ist hierarchisch aufgebaut. Das hierarchisch höchste Strukturelement ist das Wurzelelement (z. B. Projekt, Programm). Darunter befinden sich Teilprojekte, Teilaufgaben und Arbeitspakete in den verschiedenen hierarchischen Ebenen.

In jedem Projektstrukturplan ist es neben den Projektaufgaben wichtig, die Projektmanagementaufgaben zu berücksichtigen und einzugliedern. Zur eindeutigen Kennzeichnung und Identifizierung der Strukturelemente ist eine Codierung (z. B. numerisch, alphanumerisch) vom Wurzelelement bis zum letzten Arbeitspaket zwingend erforderlich.

Aufgrund der Verschiedenartigkeit von Projekten, insbesondere hinsichtlich Projektart, Komplexität, Umfang und Dauer, werden verschiedene Gliederungsprinzipien für Projektstrukturpläne angewendet. Im Wesentlichen sind dies die objektorientierte, die funktionsorientierte, die phasenorientierte und die organisationsorientierte Gliederung.

Regeln zur Darstellung und Erstellung des PSPs:

- kommuniziert
- vollständig
- übersichtlich
- angemessen (Tiefe)

Das kleinste, nicht mehr teilbare Strukturelement im PSP ist das Arbeitspaket. Es definiert einen geschlossenen, gegenüber anderen Arbeitspaketen abgegrenzten Leistungsumfang und kann über die Codierung identifiziert werden. Für ein Arbeitspaket sind der Verantwortliche sowie die Schnittstellen zu anderen Arbeitspaketen festzulegen.

Gliederungsformen des PSPs:

- nach Verrichtungssorten
- funktionsorientiert
- phasenorientiert
- objektorientiert
- gemischtorientiert

Wissensfragen:

1. Erläutern Sie den Zweck und Inhalt eines Projektstrukturplans. Wann und wozu wird ein PSP in einem Projekt erstellt? Welche Vorteile können durch Standardstrukturpläne in einem Projekt erreicht werden?
2. Welche unterschiedlichen Strukturierungsarten für einen PSP gibt es?
3. Was muss vorhanden sein, um einen PSP erstellen zu können? Welche Regeln für die PSP-Erstellung haben sich bewährt?
4. Welche Elemente bilden einen Projektstrukturplan? Wie steht die Teilaufgabe in Beziehung zum Arbeitspaket?
5. Arbeitspaketbeschreibung (AP): Warum? Wozu verwendbar? Was ist darin enthalten (Mindestinhalte)?
6. Welches AP darf in keinem PSP fehlen? Begründen Sie. Welche Vorgänge und Aufgaben gehören in dieses AP?
7. Welche Gliederungsempfehlung gibt es für einen PSP in einer frühen vs. einer späteren Phase des Projekts?

Anwendungsaufgaben:

1. Sie sollen einen Garten mit einer Terrasse, einem Teich, Blumenbeeten und Nutzgarten anlegen. Erstellen Sie einen PSP mit alphanumerischer Codierung (einzelne Bestandteile sind vorgegeben und Sie sollen diese in den PSP einbauen und weitere sinnvolle Bestandteile hinzufügen).
2. Es ist ein Wohnungs-Umzug zu planen und ein funktionsorientierter PSP aufzustellen. Räume: Wohnzimmer mit Couch; Schlafzimmer mit Spiegelschrank und elektrisch verstellbarem Bett; Küche mit Herd, Kühlschrank, Spülmaschine; Arbeitszimmer mit PC und Internetzugang. Die Lampen werden erst nach dem Umzug neu angeschlossen. Helfer müssen gefunden werden, welche technisch versiert sind und

Praxisbeispiel:

Unser Arbeitsauftrag war ein großes und komplexes Projekt mit zahlreichen Teilergebnissen, verschiedenen Lieferterminen und einem großen Projektteam. Der Gesamt-PSP war phasenorientiert aufgebaut und sorgte damit für Klarheit und Transparenz über Teilaufgaben und Arbeitspakete im Blick auf die nächsten Meilensteine.

Der PSP wurde innerhalb der Projektleitung bis zur Ebene der Arbeitspaketebene erarbeitet. Die Ausdetaillierung und Dokumentierung der Arbeitspakete erbrachte der jeweilige Arbeitspaketverantwortliche. Der Gesamtüberblick über den PSP (welcher aufgrund der Erstellung nur innerhalb der Projektleitung bekannt war) wurde dem Projektteam in Informationsveranstaltungen vorgestellt. Bei Erreichen der nächsten Phase wurde dies erneut, entsprechend detaillierter mit Bezug auf die bevorstehende Projektphase gemacht.

Allerdings ist kritisch anzumerken, dass die Arbeitspakete des PSP teilweise nicht detailliert genug beschrieben bzw. voneinander abgegrenzt wurden. Dies führte zu einem erhöhten Kommunikationsaufwand in Bezug auf das zu erwartende Ergebnis. Darüber hinaus zeigte sich bei der Bearbeitung der Arbeitspakete, dass insbesondere Mitarbeiter des fachlichen Teams häufig nicht den vom technischen Team erwarteten Detaillierungsgrad herstellen konnten.

Lösungshinweise für die Wissensfragen:

1. PSP wird zu Beginn der Projektplanung erstellt. Gliedert das Projekt in Teilaufgaben und Arbeitspakete zum Zweck der besseren Übersichtlichkeit, Überprüfbarkeit und späteren Aufgabenverteilung. Standprojektstrukturpläne basieren auf der Erfahrung früherer Projekte oder normativer Vorgaben und verkürzen die Erstellung eines neuen PSP.
2. Phasengliederung, Funktionsgliederung, Objektgliederung, Gliederung nach Verrichtungssorten
3. vollständige, abgegrenzte Leistungsdefinition. Vorgehensweise: Top-down oder Bottom-Up
4. Gesamtaufgabe, Teilaufgabe, Arbeitspaket. Die Teilaufgabe kann in andere Teilaufgaben bzw. in Arbeitspakete untergliedert werden.
5. Arbeitspaketbeschreibung (AP): Beschreibt im Detail, was zu tun ist. Kann für die projektinterne und externe Delegation der Aufgabenerledigung verwendet werden. Darin enthalten sind: Name des AP, Verantwortlicher, To-Dos, Risiken, Fortschrittsmessung, geplanter Aufwand und Kosten, geplanter Start und Ende, Freigabe.
6. PM, weil es die Managementaufgaben beschreibt, die Teil der Projektaufgabe sind. Typische Vorgänge und Aufgaben sind: Planung, Überwachung, Kommunikation.
7. PSP in einer frühen Phase ist oft an den Phasenplan oder an Lieferobjekte angelehnt, später dann eher funktionsorientiert.

TABELLE 13: TABELLARISCHER PSP

Laufende Nummer	PSP-Code	Name PSP Element
1	0015	Simulation von Bedarfsveränderungen
2	0015-1	Projektmanagement
3	0015-11	Vorbereitung
4	0015-12	Planung
5	0015-13	Controlling
6	0015-2	Konzeptphase
7	0015-21	Konzeptionierung und Abstimmung
8	0015-22	Lastenhefterstellung und Abnahme
9	0015-3	Technische Vorklärung
10	0015-31	Prototypische Implementierungen
11	0015-32	Laufzeittests
12	0015-4	Realisierung
13	0015-41	Erweiterungen Planungssoftware
14	0015-42	Erweiterung BKM-Systeme
15	0015-421	Anpassungen / Erweiterungen HOST
16	0015-422	Anpassungen / Erweiterungen Datenbank
17	0015-423	Anpassungen / Erweiterungen GUI
18	0015-43	Abschlusstests
19	0015-5	Pilotphase
20	0015-51	Schulung der Anwender
21	0015-52	Produktivtests und Ergebnis-Plausibilisierung
22	0015-53	Fehlerbeseitigung
23	0015-6	Konzernrollout
24	0015-61	Erarbeitung Rolloutkonzept
25	0015-62	Anwenderschulung und Berechtigung
26	0015-7	Abschlussarbeiten

MUSTERGRAFIK 8: BEISPIEL FÜR EINEN PROJEKTSTRUKTURPLAN MIT CODIERUNG ALS GRAFIKBAUM

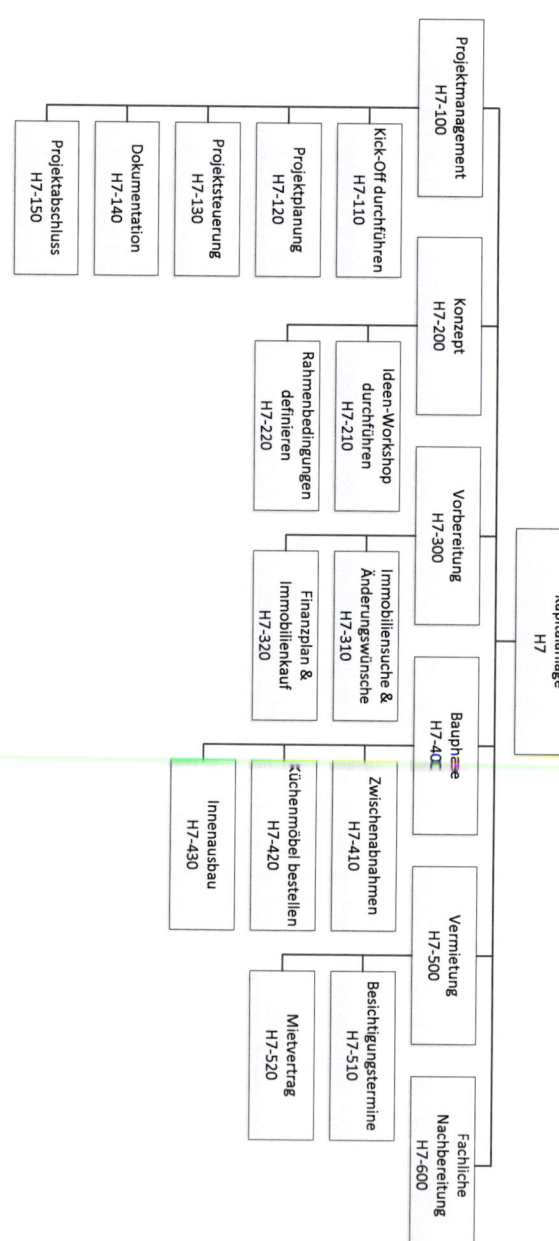

3.1.10 Leistungsumfang und Lieferobjekte

Einführung:

Die Leistungsbeschreibung umfasst die vom Projekt zu erbringenden Lieferobjekte. Die Leistungsbeschreibung dient dazu, genau abzugrenzen, was Gegenstand des Projektes ist und was nicht. Geschieht dies nicht, kann es zu einer schleichenden Leistungserweiterung kommen. Dies wird im Lastenheft aus Sicht des Auftraggebers bzw. dem Pflichtenheft (aus Sicht des Auftragnehmers) geleistet. Es enthält die ausführliche Beschreibung der Leistungen, die erforderlich oder gefordert sind, um die Projektziele zu erreichen.

Die Leistungsbeschreibung mit ihren Lieferobjekten kann im Verlauf des Projektes immer genauer definiert und beschrieben werden.

Lieferobjekte sind materielle und immaterielle Ergebnisse des Projektes, die der Kunde in Auftrag gibt. Dieses bezieht sich nicht nur auf die am Projektende erzielte Leistung, sondern auch auf im Projektverlauf bzw. für den späteren Betrieb zu erbringende Leistungen, z.B. Prototypen, Beschreibungen, organisatorische Veränderungen. Dabei muss darauf geachtet werden, dass die jeweiligen Objekte in der Summe technisch und funktional immer zusammenpassen. Dies ist Aufgabe des Konfigurationsmanagements.

Wissensfragen:

1. Was beinhaltet ein Lastenheft? Was ist der Inhalt des Pflichtenhefts?
2. Welche Inhalte sollten in einem Projektsteckbrief beschrieben sein?
3. Was versteht man unter einer schleichenden Leistungserweiterung (scope creep)?

Praxisbeispiel:

Obwohl ich bereits zu Beginn des Projekts die Gesamtaufgabe in diverse Lieferobjekte zerlegt hatte, gestaltete sich die Übergabe einzelner Softwaremodule in die Linie als ausgesprochen schwierig. Leider hatte ich es versäumt, für diesen Aspekt Verantwortlichkeiten bei den technischen Empfängern zu definieren und diese im

93

weiteren Projektverlauf zu klären. Aus meiner Sicht war die Umsetzung ja zwingend erforderlich, zumal die in unserem Hause geltenden Richtlinien dies auch vorsahen. In der Annahme, dass dies allen „Umsetzern" bekannt war, hatte ich diese Anforderung nicht weiter ausgeführt. Genau hier lag aber der „Fehler": Zwar war die Verantwortlichkeit des Übergebers definiert – nicht aber die des Empfängers! Daher gelang es mir trotz erfolgreicher Einführung zum Jahresbeginn erst kurz vor Projektende im April, nach diversen Abstimmrunden, diese in die Linie zu übergeben.

Auf Grund dieser Erfahrungen ist mir klar geworden, dass eine umfassende Beschreibung der „Deliverables" auf der Basis der Projektanforderungen und Zielsetzungen zwingend erforderlich ist. Andernfalls werden ggf. erforderliche Ergebnisse gar nicht, verspätet oder aber falsch abgeliefert.

Lösungshinweise für die Wissensfragen:

1. Lastenheft = was und wozu soll etwas erstellt werden? Pflichtenheft = wie und womit wird dieses erreicht.
2. Name des Projektes, Auftraggeber, Projektleiter/Verantwortlicher, Business Case, Ziel, Rahmenbedingungen, Risiken, Zeitraum mit wichtigen Meilensteinen, Budget, Freigabe.
3. Eine unklare Leistungsbeschreibung führt im Laufe des Projektes dazu, dass immer weitere Lieferobjekte als Bestandteil des Projektes angesehen werden, die anscheinend schon von Anfang an implizit vorhanden waren.

3.1.11 Projektphasen, Ablauf und Termine

Einführung:

Eine Projektphase ist in der DIN 69901 definiert als „der Abschnitt eines Projektablaufs, der sachlich gegenüber anderen Abschnitten abgegrenzt ist". Sie beinhaltet Teile des Leistungsumfangs, Lieferobjekte sowie wichtige Entscheidungen, die als Vorlage für die nächste Phase dienen. Projektphasen sind zeitlich begrenzt und haben eine Zielsetzung. Mit Hilfe von Projektphasen kann ein Projekt strukturiert und überschaubar gemacht werden. Die Phasenplanung bildet die Grundlage der Projektstrukturierung.

Innerhalb des Phasenmodells werden Entscheidungs- bzw. Beurteilungszeitpunkte bzw. Ereignisse von besonderer Bedeutung als Meilensteine definiert. Ein Meilenstein ist in der DIN 69900 definiert als „Schlüsselereignis bzw. Ereignis von besonderer Bedeutung". Er definiert einen Zeitpunkt, zu dem ein bestimmter Leistungsumfang umgesetzt sein soll. Er stellt einen Phasenübergang dar, an dem die Erfüllung vordefinierter Kriterien hinsichtlich des weiteren Projektverlaufs bewertet wird. Im Sinne des Qualitätsmanagements übernehmen solche Meilensteine eine „Gate-Funktion" (Quality Gate). Meilensteine innerhalb einer Phase werden als Zwischenziele bzw. Intervallgrenzen benutzt. Mit Meilensteinen verbindet sich häufig eine bestimmte Berichtspflicht. Sie schaffen damit die Grundlage für die Entscheidung, ob ein Projekt fortgeführt oder abgebrochen wird.

Während die Einteilung in Phasen eine erste grobe zeitliche Strukturierung des Gesamtprojektes ermöglicht, braucht die Arbeitsebene i. d. R. einen Detailablauf- und Terminplan.

Der erste Schritt zur Erarbeitung des Detail-Ablaufplans ist die Festlegung des Inhalts der Vorgänge und damit die Bestimmung des Detaillierungsgrads. Abhängig von der Komplexität der Arbeitspakete im PSP, können diese im Ablaufplan weiter zu Teilnetzen detailliert werden, direkt als Vorgang übernommen werden oder mehrere Arbeitspakete zu einem Vorgang verdichtet werden. Durch sachlogische Verknüpfung dieser Vorgänge entsteht der Ablaufplan. Durch die Darstellung des Vorgängers und des Nachfolgers lassen sich Abhängigkeiten und Schnittstellen erkennen.

Zur Überführung in den Terminplan werden die realistischen Durchführungsdauern der Vorgänge ermittelt (geschätzt) und die Terminberechnung durchgeführt. Anschließend können der kritische Weg und die Puffer bestimmt werden.

Die Netzplantechnik ist für die grafische Darstellung der Ablauf- und Terminplanung das bewährteste Instrument.

Für die grafische Darstellung der Ablauf- und Terminplanung ist die Darstellung mittels vernetzten Balkenplans (Gantt-Diagramm) oder Netzplan gebräuchlich. Der vernetzte Balkenplan stellt die Ablaufstruktur der Vorgänge über einer Zeitlinie als horizontale Balken oder Linien dar. Die Abhängigkeiten zwischen den Vorgängen werden als Verknüpfungen dargestellt. Der berechnete Netzplan stellt die einzelnen Elemente gemäß ihrer Anordnungsbeziehungen in ihrer zeitlichen Abfolge dar.

Wissensfragen:

1. Was versteht man unter einer Projektphase? Welche Merkmale muss eine Projektphase erfüllen? Wozu dient der Phasenplan?
2. Was ist ein Meilenstein? Was ist seine Funktion?
3. Was sagt die Meilensteintrend-Analyse aus? Was benötigt man zur Erstellung? Wie wird sie erstellt?
4. Welche Vorgehensmodelle sind allgemein bekannt? Welche gemeinsamen Elemente besitzen die bekannten Vorgehensmodelle? Welche Vor- und Nachteile haben die bekannten Vorgehensmodelle?
5. Wie wird Qualitätsmanagement in den Vorgehensmodellen berücksichtigt?
6. In welcher Reihenfolge sollte die Ablauf- und Terminplanung vorgenommen werden?
7. Was versteht man unter einem Netzplan? Entwicklung eines Netzplans: Vorgehensweise und notwendiger Input. Wie detailliert sollte der erstellte Netzplan sein?
8. Was ist eine Start-Start-Beziehung? Was ist eine Sprungfolge?
9. Was sind die Ergebnisse einer Vorwärts- und Rückwärtsrechnung im Netzplan?
10. Was besagt der GP, was der FP?
11. Ein Mitarbeiter will Urlaub. Wann würden Sie ihm lieber Urlaub geben: Wenn er in seinem Arbeitspaket einen GP oder einen FP hat?
12. Woran erkennt man den kritischen Pfad? Was ist seine Bedeutung? Was ist die Folge von Verzögerungen auf dem kritischen Pfad?

Anwendungsaufgaben:

1. Erstellen Sie einen Phasenplan. Definieren Sie die Meilensteine und die Ziele: Es soll eine Betriebsfeier organisiert werden, die in vier Wochen stattfinden soll. Es sollen 15 Mitarbeiter daran teilnehmen. Der Termin muss am Wochenende sein.
2. Planung einer Griechenland-Kulturreise (Rundreise) von Jan und Anna. Beide haben 5.000 Euro selber gespart, 2.000 Euro stammen von Omi. Der Vater zahlt die Miete für das Wohnmobil in Deutschland. Die Reise soll die Semesterferien (15.07. - 30.09.) komplett ausfüllen. Die Reiseroute führt über Italien; von dort aus mit der Fähre nach Griechenland und zurück. In Griechenland sollen wichtige Kulturstätten und Denkmäler besichtigt werden. Die gemachten Fotos sollen als Dokumentation für eine Diplomarbeit genutzt werden.

Aufgaben zu den beiden Anwendungsaufgaben:

- Identifizieren Sie die Ziele (mindestens vier).
- Identifizieren Sie die Phasen.
- Erstellen Sie End-Meilensteine für jede Phase.
- Erstellen Sie die jeweiligen Meilensteinbeschreibungen.
- Welche Projektform (Organisations-Projekt) liegt vor?

3. Eva und Bernd planen eine einjährige Tour mit dem Jeep durch Afrika. Sie haben bereits den Urlaub bei ihren Arbeitgebern eingereicht und bestätigt bekommen. Am 01.01.2017 soll es losgehen. Es sind noch einige Vorbereitungen zu treffen. Sie müssen den Jeep kaufen, die Route festlegen etc. Am 01.01.2018 müssen sie beide wieder an ihrem Arbeitsplatz sein. Davor gibt es aber auch noch Einiges zu tun, denn die Sachen müssen ausgepackt, der Jeep wieder verkauft werden etc.

Aufgaben zu den dieser Anwendungsaufgabe:

- Entwerfen Sie einen Phasenplan!
- Wie ist die Fortschrittskontrolle mit Meilensteinen möglich? Führen Sie eine Meilensteintrendanalyse durch!
- Das Ende eines Projekts fällt auf den 51. Tag. Es sollte aber bereits nach 42 Tagen beendet sein. Welche konkreten Maßnahmen sind möglich, um die Projektdauer zu verkürzen? Beschreiben Sie die Maßnahmen.

Praxisbeispiel:

In Form eines Phasenplanes konnten alle Arbeitspakete zeitlich strukturiert, in der Abfolge verifiziert und der Ablauf dokumentiert werden. Mir ist bei der Erstellung des Phasenplanes die Schnittstellenproblematik (Vertrag, Dispositive Systeme, IT) und der zu den entsprechenden Zeitpunkten zu erfolgende Abstimmungsaufwand bzw. die Mitarbeit dieser Abteilungen deutlich geworden!

Die frühzeitige Planung der Projektphasen und der darin enthaltenen Arbeitspakete machte eine Ressourcenabstimmung und -anforderung mit den Fachabteilungen möglich, so dass Ressourcenengpässe bei den Fachabteilungen schon frühzeitig erkannt und Lösungen gefunden werden konnten. Eine Diskussion über benötigte Ressourcen kam aufgrund der mehrere Monate im Voraus erfolgten Anforderung nicht auf.

Die Phasen waren gut gewählt und zeitlich ausreichend geplant. Ein Change Request und die damit verbundenen Anforderungen konnten ohne großen organisatorischen Aufwand umgesetzt werden, indem der Phasenplan um eine Phase ergänzt wurden. Die in diese Phasen eingebundenen Projektmitarbeiter sowie auch die dazugehörigen Fachabteilungen waren sich der zusätzlichen Aufgaben bewusst.

Es ist im Laufe des Projektes immer deutlicher geworden, dass ohne einen gut strukturierten Phasenplan, der auch „Stabilisierungszeiten" für Notfälle enthält, ein Projekt mit diesem Leistungsumfang nicht durchzuführen ist!

Lösungshinweise für die Wissensfragen:

1. Projektphase = Zeitraum, in dem zusammengehörende Tätigkeiten durchgeführt werden. Eine Projektphase ist zeitlich begrenzt (Meilenstein) und inhaltlich definiert. Der Phasenplan dient der groben zeitlichen Untergliederung des Projektes.

2. Meilenstein = Zeitpunkt auf einem Zeitstrahl mit der Zeitdauer 0; er markiert einen wichtigen Entscheidungspunkt.

3. Eine Meilensteintrend-Analyse ist die Darstellung der Meilensteine eines Projektes (geplante Termine) und deren prognostizierte weitere zeitliche Platzierung (Trend im weiteren Projektverlauf zu bestimmten Berichtszeitpunkten. Benötigt werden die geplanten Meilensteintermine, die Berichtszeitpunkte und die jeweilige Prognose der Meilensteintermine zum Berichtszeitpunkt.

4. Es gibt Wasserfallmodelle, V-Modelle, iterative und agile Modelle. Alle Modelle unterscheiden zwischen Phasen und Meilensteinen. Während das Wasserfall und das V-Modell eine vollständige Planung vom Anfang bis zum Ende des Projektes umfassen, blicken inkrementelle und agile Modelle im Detail erst auf die kommende Phase und lassen weitere Aspekte in der Zukunft nur in einer groben Planung. Vorteil der agilen und inkrementellen Modelle ist die höhere Flexibilität, um auf neue Erkenntnisse besser reagieren zu können. Ihr Nachteil ist die Gefahr, dass das Projekt sich immer weiter ausweitet.

5. Als Meilenstein (siehe Qualität).

6. Definition der Vorgänge im Arbeitspaket, Definition der Vorgangsdauer, Definition der Anordnungsbeziehung, Berechnen des Netzplanes, Optimieren der Vorgangsdauer/Folge, Definition des endgültigen Ablaufes, Überführen des Ablaufplanes in einen Projektkalender.

7. Ein Netzplan ist die Verknüpfung einzelner Vorgänge in einer inhaltlich-logischen Weise unter Berücksichtigung der zeitlichen Dauer der einzelnen Vorgänge. Voraussetzung: Inhaltliche Abhängigkeiten und zeitliche Dauer der einzelnen Vorgänge sind geklärt. Ein Netzplan sollte für die Bearbeiter eine ausreichende Detaillierung haben.

8. Start-Start = Der Anfang des Vorgängers bestimmt den Anfang des Nachfolgers. Sprungfolge = Der Anfang des Vorgängers bestimmt das Ende des Nachfolgers.

9. Puffer (freier Puffer und Gesamtpuffer) sowie kritischer Pfad.

10. GP = Puffer, den sich mehrere Vorgänge teilen; FP = Zeit, um der sich ein individueller Vorgang auf seinen Nachfolger verschieben kann, ohne ihn aus seiner zeitlichen Lage zu verschieben.

11. Freier Puffer

12. Kritischer Pfad = GP = FP = 0 eine Verzögerung auf dem kritischen Pfad führt zu einer Verschiebung des Projektendtermins.

MUSTERGRAFIK 9: BEISPIEL FÜR EINEN PHASENPLAN IN TABELLENFORM

Nr.	Name der Phase	Dauer der Phase	Kurze Inhaltsbeschreibung der Phase
1	Konzeptphase	1 Monat	Erarbeiten und Abstimmen des Umsetzungskonzeptes im Hinblick auf: ○ Systemablauf ○ GUI • Lastenheft erstellen • Ende: Meilenstein M20
2	Technische Vorklärung	2 Monate	• Prototypische Implementierung der Berechnungsprozeduren • Aussagen zur möglichen Laufzeiten • Messung: Auswirkung auf die Antwortzeiten des Grundsystems • Abstimmung der Umsetzung mit den Konzernfachbereichen • Ende: Meilenstein M30
3	Realisierung	6 Monate	• Programmierung der Funktion Basis: ○ Abgenommenes Lastenheft ○ Erfahrungen und Prototypische Implementierung aus der technischen Vorklärung • Ende: Meilenstein M40

Nr.	Name der Phase	Dauer der Phase	Kurze Inhaltsbeschreibung der Phase
4	Pilotphase	1 Monat	• Einsatz bei der Marke • Leistungs-Plausibilisierung (Ergebnisqualität, Berechnungsgeschwindigkeit, unveränderter Betrieb während Simulationslauf) im Produktiv-Betrieb • Verbesserung der Systemdokumentation / Anleitung • Ende: Meilenstein M50
5	Konzern-Rollout	1,5 Monate	• Rollout auf weitere Marken • Ende: Nach Rollout über die anderen interessierten Marken
6	Projektabschluss	0,5 Monate	• Bewertungsgespräche mit den Stakeholdern durchführen • Projektdokumentation inkl. Lessons Learned • Entlastung durch den Steuerkreis • Projektabschlussmeeting • Auflösung der Projektorganisation • Ende: Meilenstein M60

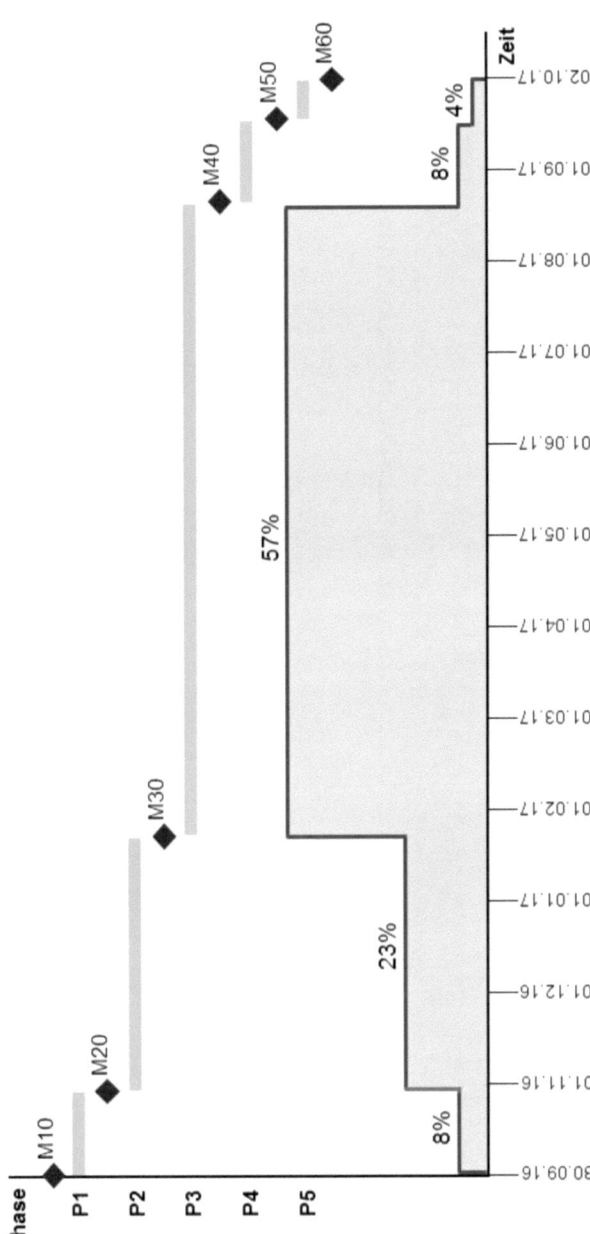

MUSTERGRAFIK 10: BEISPIEL FÜR EINEN PHASENPLAN MIT PHASENBEZOGENER AUFWANDSSCHÄTZUNG

Mustergrafik 11: Beispiel für einen berechneten Netzplan

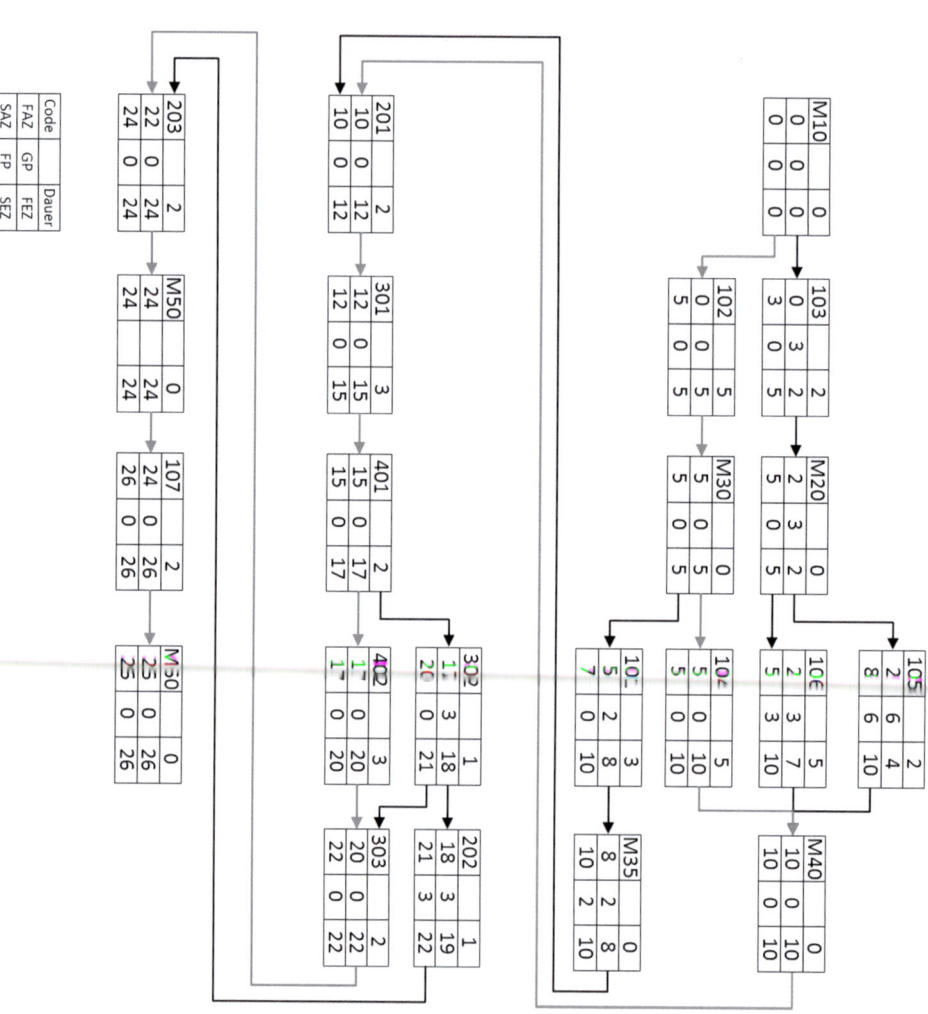

Mustergrafik 12: Beispiel für einen vernetzten Phasenplan

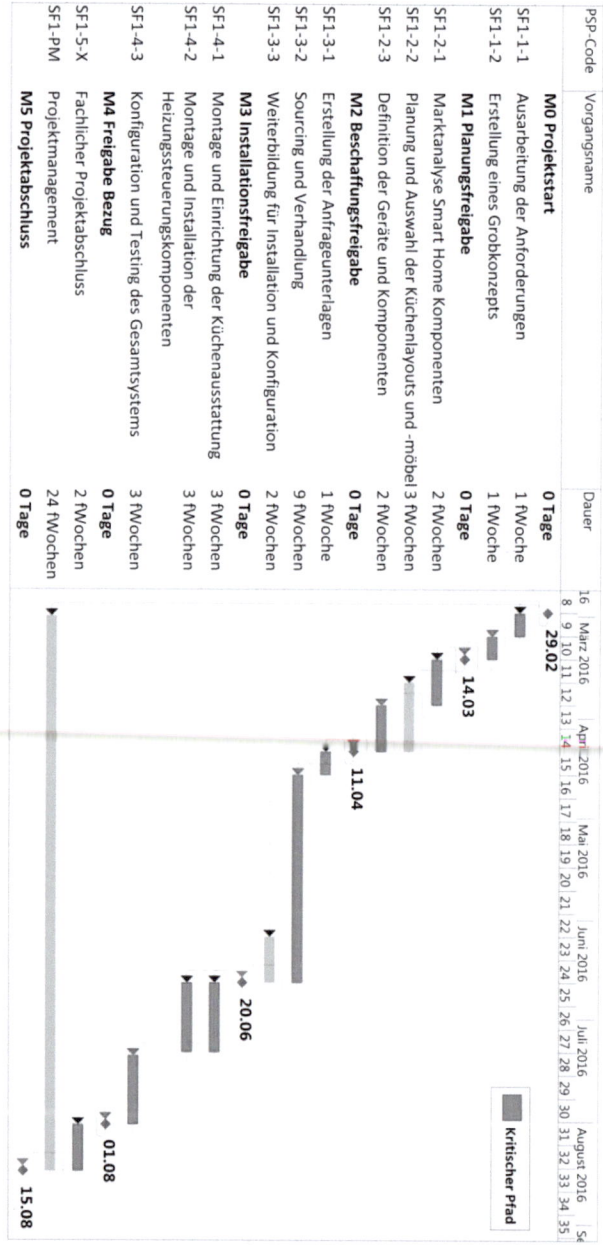

99

3.1.12 Ressourcen

Einführung:

Die Einsatzmittelplanung (auch Ressourcenplanung) basiert auf der Ablauf- und Terminplanung. Unter Einsatzmittel werden Personal, Material, Infrastruktur, Maschinen und Dienstleistungen verstanden, die zur Projektdurchführung benötigt werden.

Als Ressource wird jedes für das Projekt notwendige Einsatzmittel bezeichnet. Dies schließt Sach- und Finanzmittel ebenso ein wie personelle Ressourcen und Informationen, Dokumente und Wissen. Dabei können Ressourcen in beständige, also für zukünftige Nutzung weiterhin zur Verfügung stehende und verbrauchbare, nach der Nutzung nicht mehr für weitere Vorhaben zur Verfügung stehende, unterschieden werden.

Durch die Einsatzmittelplanung soll gewährleistet werden, dass die Ressourcen zum geforderten Zeitpunkt im festgelegten Umfang verfügbar sind. Da Ressourcen nicht uneingeschränkt und dauerhaft zur Verfügung stehen, muss vor allem die Nutzung von Engpassressourcen sorgfältig geplant werden. Dabei soll eine optimale Auslastung der Ressourcen im Projekt, möglichst aber auch in den Routineaufgaben, gewährleistet werden. Überlastung der Mitarbeiter und Engpässe anderer Einsatzmittel (EM) können bei der Einsatzmittelplanung erkannt werden und die Nachbesserung der Ablauf- und Terminplanung notwendig machen.

Die Einsatzmittelplanung kann nach folgenden Kriterien erfolgen:

- Planung nach der Qualifikation
- nach der Einsatzmittelart
- nach der quantitativen Verfügbarkeit
- Kostenganglinie

Je nach Priorität wird zwischen einer termingetreuen EM-Planung und einer ressourcengetreuen EM-Planung unterschieden. Der Einsatzmittelplan stellt in tabellarischer Form den „Dienstplan" für die Ressourcen dar.

Wissensfragen:

1. Welche Schätzverfahren zur Ermittlung des Aufwandes kennen Sie?
2. Wie kommt man zum Einsatzmittelbedarf (siehe AP-Beschreibung; Inhalte davon) und wie kommt man zu der zeitlichen Verteilung der Einsatzmittel (Balkenplan plus Regenmodell → aufzeichnen)?
3. Von wem und wie werden die Einsatzmittel für das Projekt eingeplant?
4. Welche Fehler treten bei der Einsatzmittelplanung am häufigsten auf?
5. Was ist das Ergebnis einer Schätzklausur und wer nimmt daran teil?

! Mein Tipp: In der Regel muss der Kandidat eine Ressourcenplanung für ein Projekt (als Einsatzmittelganglinie) zeichnen. Dazu erhält er für ca. 10 AP die Angaben zu deren zeitlicher Lage (früheste/späteste Lage), sowie welche Ressourcenart mit entsprechendem benötigtem Aufwand einzuplanen ist. Beachten muss man dabei, dass es unterschiedliche Ressourcenarten gibt und dass sich die zu entwickelnde Ressourcenganglinie nur auf eine Ressourcenart bezieht!

Praxisbeispiel 1 eines Projektleiters:

Die Ressourcenbeschaffung nahm zu verschiedenen Zeitpunkten immer wieder eine zentrale Rolle in unserem Projekt ein. Ein Punkt bei der Ressourcenbeschaffung war die Auswahl der benötigten Projektmitarbeiter sowie deren zeitliche Einsatzplanung, d. h. wann werden die Mitarbeiter für wie lange benötigt. Die Anforderung von Mitarbeiterkapazitäten und deren zeitliche Einsatzplanung verliefen sehr gut, da ich als Projektleiter die Anforderungen frühzeitig, mit entsprechender Priorität der Aufgabe kommunizierte und auch einen zeitlichen Rahmen für den Einsatz benennen konnte.

Der Punkt Ressourcenbeschaffung bezog sich in meinem Projekt aber nicht nur auf die Beschaffung von Mitarbeiterkapazitäten, sondern auch auf die Bereitstellung und Erteilung von Zugriffsberechtigungen auf der genutzten Testumgebung. Der gesamte Migrationstest erfolgte in einer Testumgebung, die die Produktivumgebung simulierte. Diese Testumgebung besteht dauerhaft und wird zum Testen von technischen Weiterentwicklungen von Programmen genutzt. Es war eine Herausforderung, die benötigten Systemberechtigungen auf der Testumgebung zu erhalten und diese auch zu behalten, da nicht geklärt war, wer Freigaben für diese Umgebung und darauf genutzte Programme erteilen und wieder entziehen konnte. Zu verschiedenen Zeitpunkten mussten Berechtigungen mehrmals erteilt werden, was zu Verzögerungen führte, die aber glücklicherweise kompensiert werden konnten. Für die weitere Nutzung dieser Testumgebung und für zukünftige Projekte empfiehlt sich der Aufbau eines Berechtigungskonzeptes.

Grundsätzlich ist mir hierdurch bewusst geworden, dass frühzeitig Informationen über Zuständigkeiten und zeitliche und qualitative Datenversorgung von Programmen bzw. Datenbanken eingeholt werden müssen, um einen eigenen Handlungsspielraum, vor allem bei Projekten mit Datenbankabhängigkeiten, zu haben.

Praxisbeispiel 2 eines Projektleiters:

Es galt, ein neues System auf Grundlage einer für das Unternehmen neuen Technologie einzuführen. Dabei war ich in meinem Teilprojekt auf den Einsatz von externen Mitarbeitern des Dienstleisters angewiesen. Die Rahmenbedingungen für den Einsatz von externen Know-how-Trägern waren zu Beginn mit einem externen Dienstleister festgehalten worden. In der Realisierungsphase habe ich mein besonderes Augenmerk auf die erbrachten Leistungen der externen Mitarbeiter gelegt, um somit einen möglichst optimalen Ressourceneinsatz gewährleisten zu können. In diesem Zuge habe ich jedoch schnell erkannt, dass ein externer Mitarbeiter in einem wichtigen Schnittstellenbereich vollkommen überfordert war. Ohne die Auswertung der gebuchten Aufwände im Verhältnis mit dem inhaltlichen Fortschritt hätte ich diesen Zustand erst zu spät erkannt.

In Abstimmung mit dem externen Teilprojektleiter haben wir den Kollegen gemäß der Erfahrungen und des vorhandenen Know-hows eingeteilt und somit einen Ressourcenplan erstellt. Dies schien zu Anfang gut zu funktionieren. Hierbei habe ich mich jedoch zu sehr auf die Aussagen des externen Teilprojektleiters über das vorhandene Know-how der externen Kollegen verlassen. So musste ich neben einer Umverteilung der Verantwortlichkeiten auch dafür sorgen, dass ein Ersatz für einen nicht ausreichend kompetenten externen Mitarbeiter gesucht wurde. Hierbei war es insbesondere schwierig entsprechendes Gehör zu finden, da die Gesamtprojektleitung aus zwei externen Kollegen bestand, wobei jedoch einer der externen Mitarbeiter sogar durch einen Burnout ausgefallen ist. Hier habe ich mich zu lange hinhalten lassen, so dass der externe Mitarbeiter die interne Rolle wahrnehmen sollte. Hier hat Erst dann hat auch die Projektleitung das Problem erkannt und sich um entsprechenden Ersatz bemüht. Hier konnte ich dann durch die Vorstellungsgespräche einen guten externen Mitarbeiter an Bord holen.

Lösungshilfen für die Wissensfragen:

1. Analogieverfahren, Delphi-Methode, Schätzklausur.

2. Vom PSP zum AP/AP-Beschreibung; auf dieser Basis der zeitlichen Verteilung der APs erfolgt die Aufwandsschätzung (quantitativ: Wie viele PTs und qualitativ: Wer macht es); und dann auch die Aufwandsverteilung je Einsatzmittelart. „Sichtbar" wird diese Verteilung je Einsatzmittelart über die Ein-

satzmittelganglinie. Parallel muss geschaut werden, dass genügend Einsatzmittel vorhanden sind (keine Unterdeckung).

3. Von der Linie werden die Einsatzmittel bereitgestellt; wann sie zum Einsatz kommen, entscheidet der PL.
4. Quantitativ: versteckte Aufwandszuschläge, die der PL nicht kennt; fehlende Berücksichtigung der Einarbeitungszeit, fehlende Berücksichtigung von Urlaub und anderen Verpflichtungen etc.
5. Das Ergebnis einer Schätzklausur ist eine gemeinsame Schätzung des Aufwandes durch die Teammitglieder bzw. kompetente Personen.

MUSTERGRAFIK 13: DER EINSATZMITTELPLAN IN TABELLARISCHER FORM DARGESTELLT

PSP-Code	AP-Name	Aufwand (PT)	Ressourcen-Name	Juni	Juli	August	September
PA010909 16-11	Projektplanung	2 Tage	Ernst	2			
PA010909 16-12	Projektsteuerung	7 Tage	Ernst	1	2	2	2
PA010909 16-13	Kommunikation	9 Tage	Ernst	2	3	3	1
PA010909 16-14	Dokumentation	1 Tag	Ernst	0,25	0,25		0,5
PA010909 16-15	Abschluss	1 Tag	Ernst				1
PA010909 16-21	Workshop-Phase	2 Tage	Ernst	2			
PA010909 16-22	Konzepterstellung	1 Tag	Ernst	1			
PA010909 16-31	Detailplan	4 Tage	Kreisern		4		
PA010909 16-32	Planung An- und Abreise	1 Tag	Beck			1	
PA010909 16-33	Planung Übernachtung	1 Tag	Kreisern			1	
PA010909 16-34	Planung Getränkeversorgung	1 Tag	Nagel			1	
PA010909 16-35	Planung Verpflegung	1 Tag	Piszczek			1	
PA010909 16-41	Equipment Area 47	1 Tag	Kreisern			1	
PA010909 16-42	Wetterbericht	1 Tag	Ernst			1	
PA010909 16-43	Überprüfung Fahrzeuge	1 Tag	Beck			1	
PA010909 16-44	Beschaffung Lebensmittel	1 Tag	Piszczek			1	
PA010909 16-45	Beschaffung Getränke	1 Tag	Nagel			1	
PA010909 16-46	Organisation Fahrgemeinschaften	1 Tag	Beck			1	
PA010909 16-51	Erläuterung der HO	1 Tag	Ernst				1
PA010909 16-52	Durchführung der Events	2 Tage	Kreisern				2
PA010909 16-61	Müll- und Leergutentsorgung	1 Tag	Ernst				1

| PA010909 16-62 | Reinigung und Übergabe Tipis | 1 Tag | Ernst | | 1 |
| PA010909 16-63 | Abreise vom Event-tort | 1 Tag | Beck | | 1 |

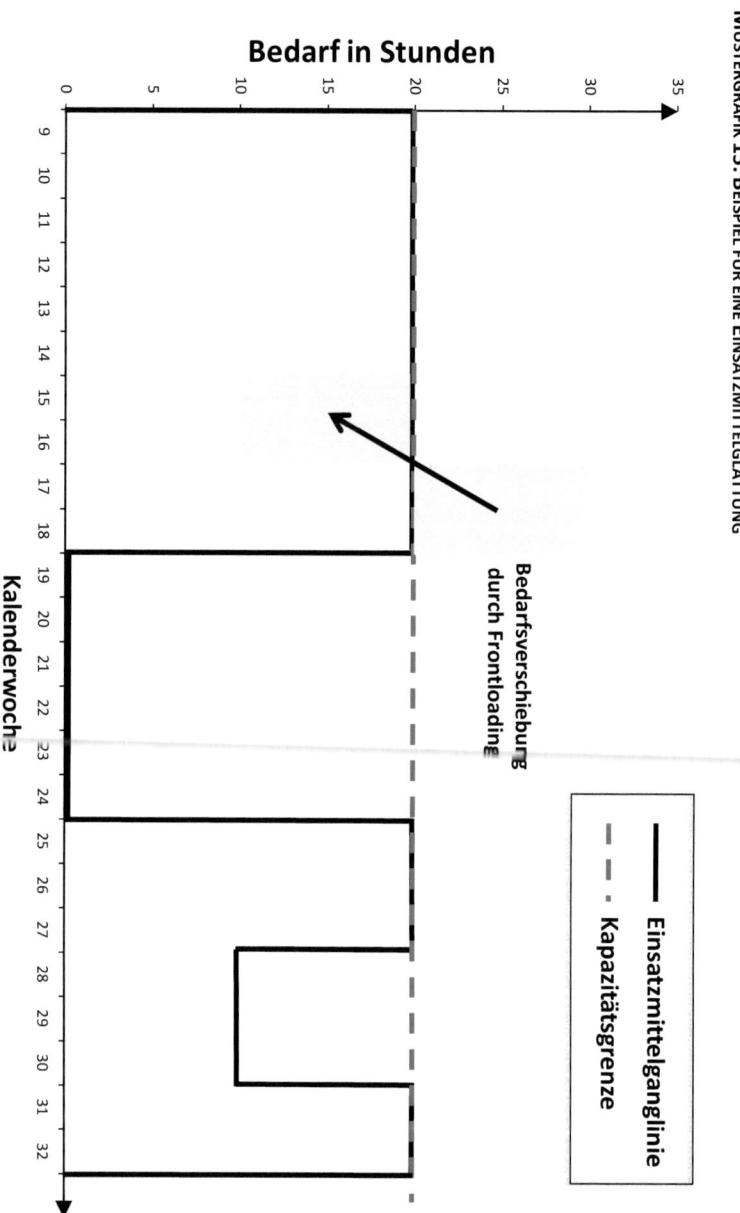

MUSTERGRAFIK 14: BEISPIEL FÜR EINE EINSATZMITTELGANGLINIE (MIT EINER UNTERDECKUNG BEI EINER RESSOURCE)

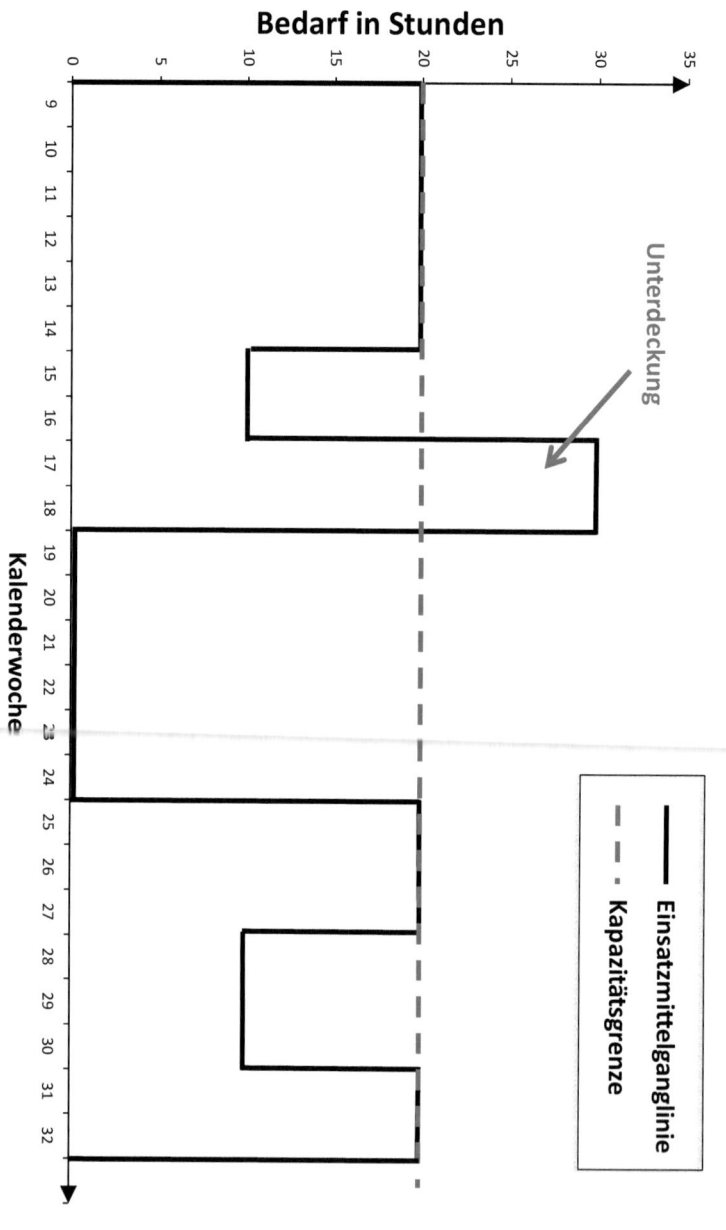

MUSTERGRAFIK 15: BEISPIEL FÜR EINE EINSATZMITTELGLÄTTUNG

3.1.13 Kosten und Finanzmittel

Einführung:

Die Projektkosten sind die Kosten für alle Maßnahmen, die zur Planung, Durchführung, Überwachung, Steuerung und zum Abschluss eines Projektes dienen.

Über die Einsatzmittelpläne und die verfügbaren Verrechnungssätze für Personal sowie die bekannten Kostensätze für die übrigen Einsatzmittel kann für die jeweiligen Vorgänge eine Kostenberechnung durchgeführt werden. Zu beachten ist auf jeden Fall, dass weitere nicht direkt zuordenbare Gemeinkosten (z. B. Risikozuschläge) bestehen. Der sich ergebende Kostenplan gibt einen Überblick über die Gesamtkosten und die zeitliche Entwickelung der Kosten und bildet die Grundlage für die Überwachung der Projektkosten. Die Projektkostenrechnung stellt zugleich eine wesentliche Schnittstelle zum betrieblichen Rechnungswesen dar.

Aus den Kosten pro Vorgang kann die Kostenganglinie als Kostenanfall pro Zeiteinheit (hier Kalenderwoche) über alle Vorgänge abgeleitet werden. Durch Aufsummieren aller Kosten bis zum betrachteten Zeitpunkt erhält man die Kostensummenlinie. Sie bildet eine Grundlage für den Plan/Ist-Vergleich der Projektkosten im Rahmen der Projektsteuerung.

Das Projektbudget bzw. Änderungen am Budget benötigen eine Freigabe durch den Lenkungsausschuss. Während des Projektverlaufes ist es die Aufgabe des Kostencontrollings Plan/Ist-Abgleiche über die Kostensituation durchzuführen, damit ggf. steuernde Maßnahmen ergriffen werden können.

Wissensfragen:

1. Was für Kostenarten gibt es in einem Projekt?
2. Wie kann eine Kostenschätzung vorgenommen werden?
3. Welche Rolle spielt der PSP bei der Kostenschätzung?
4. Kostenganglinie: Was stellt sie dar? Kostensummenlinie: Wie wird sie erstellt? Wofür kann sie verwendet werden?
5. Was ist der Fortschrittsgrad? Was ist der Fortschrittswert?
6. Welche Techniken bzw. Messmethoden zur Ermittlung des Ist-Stands im Projekt (Fortschrittsmessung) kennen Sie?
7. Welche Probleme können bei der Fortschrittsmessung auftreten?
8. Warum lässt sich der Projektfortschritt bei F&E-Projekten nur schwer ermitteln?
9. Was ist mit der Toleranzen/Management-Reserve gemeint?
10. Was versteht man unter dem 90 %-Syndrom?
11. Der Fertigstellungswert ist höher als die aktuellen Ist-Kosten: Was bedeutet das? Fertigstellungswert ist niedriger als die aktuellen Ist-Kosten: Was bedeutet das?
12. Welche Aufgaben hat ein Projektoffice bzgl. der Projektkosten?
13. Erläutern Sie die Methode der Ergebnisrechnung (Deckungsbeitragsrechnung). Wie errechnet sich der Break-Even-Point?
14. Wie lautet die kleinste Kostenstelle/-träger, auf die in einem Projekt kurzfristig gebucht werden kann?
15. Wie kann ein plötzlicher Liquiditätsengpass im Projekt kurzfristig vermieden werden?
16. Welche Frühwarnindikatoren für den Projektfortschritt können verwendet werden?
17. Kostentrendanalyse - Wie wird sie erstellt?

18. Werden durch eine Projektbeschleunigung (z. B. durch Einstellung zusätzlicher Mitarbeiter) immer die Projektgesamtkosten erhöht? Begründen Sie.

Anwendungsaufgaben:

Gegeben:

- geplante Gesamtkosten: 540.000 Euro
- Ist-Kosten zum Stichtag: 320.000 Euro
- Plankosten zum Stichtag: 351.000 Euro
- Fertigstellungswert zum Stichtag: 334.800 Euro

Gesucht:

- Berechnen Sie den Ist-F-Grad zum Stichtag und zeigen Sie den Rechenweg auf.
- Bestimmen Sie den Plan-F-Grad (Soll) zum Stichtag.
- Führen Sie eine lineare und eine additive Hochrechnung durch.
- Geben Sie eine Beurteilung zur Hochrechnungen ab.

Gegeben:

- Ist-F-Grad: 62 %
- geplante Gesamtkosten: 500.000 Euro
- Ist-Kosten zum Stichtag: 420.000 Euro
- Plan-Kosten zum Stichtag: 405.000 Euro

Gesucht:

- Führen Sie eine lineare Hochrechnung der erwarteten Gesamtkosten durch.
- Wie groß ist die Kostenabweichung?
- Bestimmen Sie den Plan-F-Grad.
- Bestimmen Sie den Fertigstellungswert zum Stichtag.

Lösungshinweise für die Wissensfragen:

1. Personalkosten, Sachkosten, Investitionskosten, Finanzierungskosten.
2. Kostenschätzung zu Beginn via Analogiemethode, Kostenschätzklausur, Expertenschätzung.
3. PSP differenziert die einzelnen Arbeitspakete, auf deren Basis eine Kostenschätzung auf Arbeitspaketebene vorgenommen werden kann, z. T. können auch schon Bieterangebote eingeholt werden.
4. Kostenganglinie: Kosten je Zeiteinheit; Kostensummenlinie: Kosten bis zu einem bestimmten Zeitpunkt; wird erstellt durch das Aufsummieren der früheren Kosten bis zu dem gewählten Zeitpunkt. Es können verschiedene Summenkurven dargestellt und in Beziehung gesetzt werden. Plan-Kosten, Ist-Kosten; Fertigstellungswert; dient der Messung für den Projektfortschritt.

5. Fortschrittsgrad = Anteil der fertiggestellten Arbeit (in % ausgedrückt) vom Planaufwand/Kosten. Fortschrittswert = Anteil der fertiggestellten Arbeit (in Währungseinheit ausgedrückt) von den Plankosten.

6. Statusschrittmethode, 50-50-Methode, 0-100 Methode, 80-20 Methode, Zeitproportionalität, Mengenproportionalität, Sekundärproportionalität, Schätzen.

7. Fehlende bzw. subjektiv unterschiedliche Messkriterien verschiedener Personen, „Lügen".

8. Bei F&E-Projekten ist die Zieldefinition schwierig und daher auch die Abschätzung, wie weit man von der Zielerreichung entfernt ist.

9. Zu den ermittelten Plankosten muss ein Risikoaufschlag des Projektmanagements hinzugenommen werden; außerdem sollte auch der Auftraggeber eine Reserve haben.

10. Überschätzung des Fertigstellungsgrades bzw. fehlerhafte Einschätzung dessen, was noch erledigt werden muss.

11. Ist der Fertigstellungswert höher als die aktuellen Ist-Kosten, wurde im Projekt effizient gearbeitet. Ist der Fertigstellungswert niedriger als die aktuellen Ist-Kosten, wurde mehr Geld ausgegeben, als man gearbeitet hat (Ineffizienz).

12. Ein Projektoffice stellt z. B. Ist-Kosten-Daten zu bestimmten Zeitpunkten zur Verfügung; bereitet Auswertungen vor, stellt Daten zur Interpretation zur Verfügung.

13. Als Deckungsbeitrag bezeichnet man die Differenz zwischen Erlösen (Einnahmen) und variablen Kosten; der Deckungsbeitrag gibt somit an, wie viel ein Produkt zur Deckung der Fixkosten beiträgt. Der Break-Even-Point gibt an, wie viele Produkte ein Unternehmen verkaufen muss, um alle Kosten zu decken, ohne dass jedoch dabei schon ein Gewinn erzielt worden wäre.

14. Die kleinste Kostenstelle/-träger, auf die in einem Projekt gebucht werden kann, lautet: Arbeitspaket.

15. Plötzlicher Liquiditätsengpass kann vermieden werden durch: Verschieben kostenintensiver Arbeitspakete, erneute Make-or-buy-Entscheidung, dem Streichen einzelner Arbeitspakete (= Maßnahmen auf der Kostenseite); alternativ: Liquiditätsreserven auflösen, Überbrückungskredit (=Finanzseite).

16. Leistungsfortschritt hinkt hinter dem Plan her, wiederholte Änderungen des Leistungsumfangs, wiederholte Terminverschiebungen, häufiger Wechsel im Projektteam bzw. von Lieferanten.

17. Kostentrendanalyse – zwei Möglichkeiten: lineare und additive Berechnung.

18. Kurzfristig kann es zu einer Kostenerhöhung kommen, langfristig kann es zu einer Kostensenkung führen, wenn durch das Vorziehen von Arbeitspaketen später (höhere) Kosten vermieden werden.

Lösungshinweise für die Anwendungsaufgaben:

Gesucht:

- EV/geplante Gesamtkosten = 62 %
- Plankosten zum Stichtag/geplante Gesamtkosten = 65 %
- additiv = 525.200 Euro
- linear = 516.129 Euro
- Das Projekt wird am Ende voraussichtlich günstiger

Gesucht:

- 310.000 Euro
- 81 %
- Kostenabweichung = -110.000 Euro
- lineare Hochrechnung = 677.419 Euro

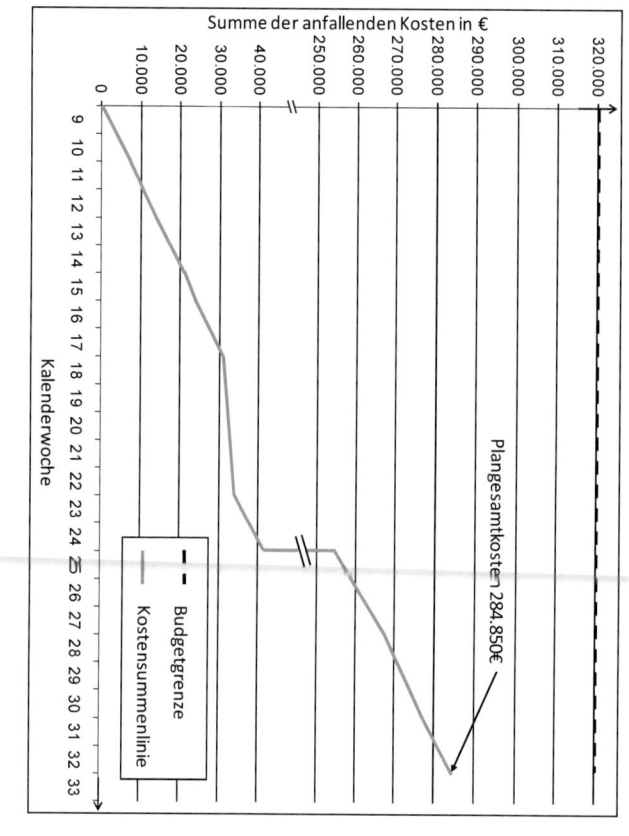

MUSTERGRAFIK 16: BEISPIEL FÜR EINE KOSTENSUMMENLINIE

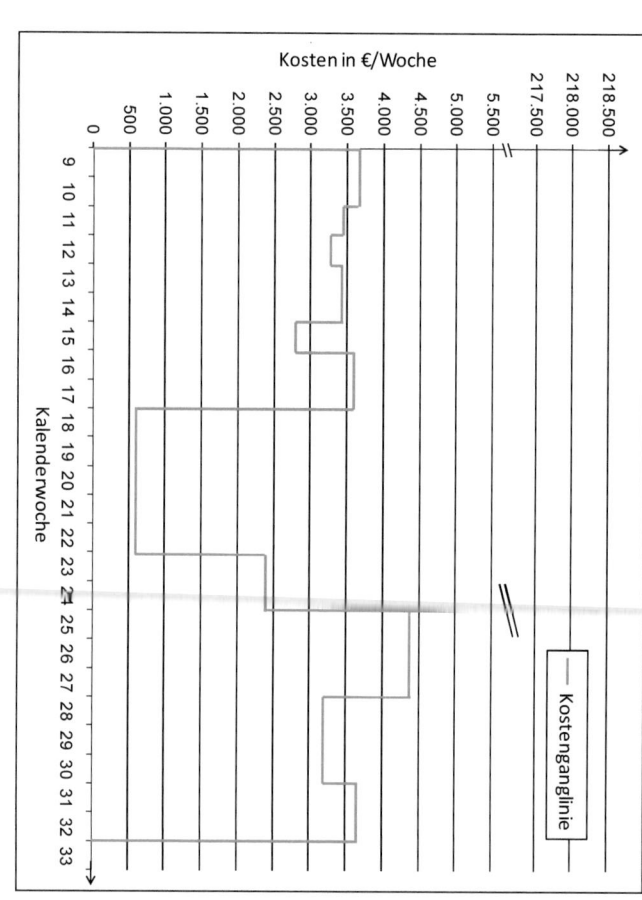

MUSTERGRAFIK 17: BEISPIEL FÜR EINE KOSTENGANGLINIE

3.1.14 Beschaffung und Verträge

Einführung:

Ein Vertrag ist eine übereinstimmende Willenserklärung und regelt Leistung und Gegenleistung (i. d. R. Bezahlung) zwischen den Parteien. Dabei sind unterschiedliche Vertragsformen zu unterscheiden. Handelt es sich um einen Werkvertrag, schuldet der Lieferant oder Verkäufer den Erfolg seines Produktes oder seiner Leistung; handelt es sich um einen Dienstvertrag, muss der Verkäufer lediglich die Zeit seinem Käufer in angemessener Form zur Verfügung stellen.

Ein Projektleiter sollte über die wesentlichen Aspekte des Vertrags- und Beschaffungswesen Bescheid wissen, da in Projekten häufig Waren und Dienstleistungen eingekauft werden. Der Projektleiter sollte daher die verschiedenen Stadien von Angebotserstellung, -prüfung, -verhandlung und -bindung kennen. Da das Projekt selbst Liefergegenstand sein kann, muss auch das Projekt vertraglich abgesichert werden (Projektvertrag). So kann sich der Projektleiter mal in der Rolle des Käufers/Kunden als auch in der Rolle des Verkäufers befinden.

Das Vertragsmanagement im Projekt beginnt mit der Vertragsdefinition und der Planung der damit verbundenen Vertragsaspekte. I. d. R. münden diese Aktivitäten in einen schriftlichen Vertrag – es kann aber auch ein mündlicher Vertrag geschlossen werden. Im weiteren Verlauf spielt die Vertragsüberwachung und die Forderung, bzw. Abwehr von Nachforderungen eine wichtige Rolle. Denn ein Projekt unterliegt immer einer Dynamik z. B. durch Marktentwicklung und Erkenntniszuwachs bei den Beteiligten.

Auch der Vertragsbeendigung kommt eine große Bedeutung zu. Die Abnahmephase stellt dabei einen entscheidenden Gesichtspunkt im gesamten Vertragsmanagement dar. So ist zu prüfen, ob alle bestellten Waren und Dienstleistungen ordnungsgemäß erbracht wurden, ob Mängel oder Leistungsstörungen bestehen. Gerade hier ist es wichtig, dass der Projektleiter über die wichtigsten Rechte und Pflichten Bescheid weiß.

Entscheidend für ein gutes Vertragswesen im Projekt ist daher, dass Eindeutigkeit und Konsens darüber bestehen, wie die Rechte und Pflichten der Vertragsparteien geregelt sind.

- Ein Projektvertrag wird zwischen dem Auftraggeber und dem Auftragnehmer (Projektdienstleister) geschlossen und bildet die rechtliche Grundlage der Zusammenarbeit. Der Projektgegenstand wird damit zu Beginn des Projektes vertraglich abgesichert. Dazu muss ein Projektvertrag verhandelt werden, i. d. R. sind dabei verschiedene Fachabteilungen (Einkauf, Rechtsabteilung etc.) hinzuzuziehen.
- Der Projektleiter beauftragt Fremdfirmen mit der Durchführung einzelner Teilleistungen, bzw. (Teil-)Produkte werden vom Projektmanagement von Lieferanten eingekauft. Das Management von Fremdfirmen ist in den letzten Jahren in seiner Bedeutung stark gewachsen!
- Im Laufe des Projektes ergibt sich häufig die Notwendigkeit, den Projektgegenstand anzupassen. Solche Änderungen müssen auf ihre vertraglichen Auswirkungen hin untersucht werden. Um die Rechte und Pflichten der beteiligten Vertragsparteien bei Änderungen erfassen zu können, braucht es ein entsprechendes Dokumentationswesen.
- Die Vertragsbeendigung stellt eine weitere sensible Phase dar.

Informieren Sie sich über: die Art von Verträgen, Bedeutung von AGBs, Rechte und Pflichten der Vertragsparteien, Grundsätze für das Zustandekommen und Beenden von Verträgen (Abnahme), Besonderheiten von Auslandsverträgen etc. sowie über Kenntnisse zu Fragen der Haftung (Haftungsausschluss/-begrenzung).

Wissensfragen:

1. Welche Vertragstypen sind in Projekten bekannt?
2. Unterscheiden Sie Werkvertrag und Dienstvertrag. Können beide Arten als „schlüsselfertig" bezeichnet werden?

3. Wie kommt ein Vertrag wirksam zustande?
4. Wann ist ein Vertrag unwirksam?
5. Welche Bestandteile hat die Projektabnahme und welche Folgen hat sie?
6. Welche Folgen haben Mängel nach der Abnahme?
7. Erläutern Sie die Begriffe Abnahme und Leistungsstörung.
8. Welche Rechte hat der Auftraggeber bei einer Leistungsstörung in Projektverträgen?
9. Wann beginnt die Gewährleistungsfrist?
10. Was sind die Aufgaben und Arbeitsschritte des Vertragsmanagements und welche Instrumente gehören primär dazu?
11. Was ist das Nachforderungsmanagement (Claim-Management) und wann setzt es ein? Was ist empfehlenswert, um ein starkes Nachforderungsmanagement betreiben zu können?

Lösungshinweise für Wissensfragen:

1. Kaufvertrag, Dienstvertrag, Werkvertrag.
2. Werkvertrag = Lieferant schuldet den Erfolg („schlüsselfertig"); Dienstvertrag = Lieferant schuldet die Leistung.
3. Mündlich oder schriftlich durch eine übereinstimmende Willenserklärung.
4. Ein Vertrag ist unwirksam, wenn er sittenwidrig ist, gegen ein gesetzliches Verbot verstößt, mit nicht bzw. mit beschränkt Geschäftsfähigen geschlossen wurde, Formmängel beinhaltet oder irrtumsbehaftet ist.
5. Bestandteile: Prüfung auf Vollständigkeit der Bestandteile. Darüber hinaus kann eine Funktionsprüfung erfolgen. Alle Schritte werden in einem schriftlichen Abnahmeprotokoll festgehalten, welches anschließend von Auftraggeber und Auftragnehmer gemeinsam unterzeichnet wird. Bedeutung: Gefahrenübergang, Beginn der Mängelhaftungsfristen, Zahlungsfälligkeit, Übergang der Beweislast auf den Auftraggeber.
6. Werden Mängel nach der Abnahme festgestellt, greift die Gewährleistung, die allerdings zeitlich befristet ist.
7. Abnahme = Hinnahme des AN und Bestätigung durch AG. Leistungsstörung ist eine Pflichtverletzung einer der Vertragsparteien.
8. Vertragsstrafe, Zurückbehaltungsrecht, Nacherfüllung, Selbstvornahme, Minderung und Rücktritt, Schadensersatz, Kündigung aus wichtigem Grund.
9. Die Gewährleistungsfrist beginnt nach erfolgter Abnahme.
10. Arbeitsschritte sind: Vertragsanalyse, Tätigkeitsverfolgung während der Abarbeitung, Nachforderungsmanagement. Instrumente sind: Projektvertrag, Berichte und Protokolle, Änderungsprotokolle.
11. Nachforderungsmanagement: Aus Planabweichungen ergeben sich zusätzliche (finanzielle) Forderungen des AN, bzw. die Abwehr solcher Ansprüche durch den AG. Claim-Management beginnt praktisch ab Vertragsabschluss und gewinnt im Laufe des Projektes zunehmend an Bedeutung. Klare Projektanforderungen, gute Dokumentation sind wichtige Instrumente.

3.1.15 Änderungen

Einführung:

Der Änderungsprozess ist die strukturierte Beschreibung der Arbeits- und Entscheidungsschritte, wie in einem Projekt eine Anpassung des Projektgegenstandes an neue Anforderungen erfolgt. Änderung bedeutet, dass eine bisher gültige Beschreibung des Liefergegenstandes (Konfiguration) im weiteren Verlauf des Projektes anders gehandhabt bzw. zusammengesetzt werden soll. Die Notwendigkeit zur Änderung kann verschiedene Ursachen haben. Entscheidend ist, dass im Projekt ein adäquater Ablauf hinterlegt ist, wie mit Änderungen umzugehen ist.

Der Änderungsprozess beginnt mit der Erkenntnis, dass eine Anpassung bei den bisherigen Anforderungen notwendig ist. Die Änderung muss genau beschrieben sein und auch die Auswirkungen, die die Änderung in Blick auf andere Komponenten oder auf die Zeit bzw. Kosten hat, müssen geklärt sein. Danach wird dieser Änderungsantrag dem entsprechenden Entscheider bzw. Entscheider-Gremium zur Beschlussfassung vorgelegt. Wird die Änderung bewilligt, dann wird aus dem Änderungsantrag ein Änderungsauftrag. Wird die Änderung abgelehnt, dann ist die antragstellende Instanz mit einer entsprechenden Begründung davon zu unterrichten.

Genehmigte Änderungsanträge müssen allen Stakeholdern zur Kenntnis gebracht werden und die entsprechenden Dokumente, die von der Änderung betroffen sind, müssen angepasst werden (Versionsbildung der Dokumente).

Wissensfragen:

1. Welche Schritte im Änderungsmanagement gibt es? Welches sind die wichtigsten Stationen in einem (idealtypischen) Änderungsablauf?
2. Beschreiben Sie die Bestandteile eines Änderungsantragsformulars.
3. Welche Möglichkeiten gibt es, die Variantenvielfalt und unterschiedliche Änderungswünsche „in den Griff" zu bekommen?
4. Was versteht man unter „Konfiguration" eines Produktes?
5. Welche Dokumente sind Bestandteil des Konfigurationsmanagement?
6. Welche Hauptaufgaben hat eine Dokumentenstelle im Projekt im Blick auf das Änderungsmanagement?

Lösungshinweise für die Wissensfragen:

1. Änderungsidentifizierung, Änderungsbeschreibung, Änderungsprüfung, Änderungsentscheidung, Änderungsfreigabe.
2. Kopfzeile: Änderungsnummer, Datum, Ersteller, Empfänger, Änderungsbeschreibung, Begründung, Auswirkung.
3. Systematisches Konfigurationsmanagement.
4. Die „Konfiguration" beschreibt die physischen und funktionalen Eigenschaften eines Produktes.
5. Die Konfigurationsbeschreibung erfolgt in technischen Unterlagen (Pflichtenheft etc.), die Überwachung durch die Dokumente des Änderungsmanagements, die Nachverfolgbarkeit durch das Dokumentationswesen (Berichte etc.).
6. Die Dokumentenstelle verwaltet den jeweiligen Status der verschiedenen Änderungen: Welche Änderungsanträge sind eingegangen? Wer hat sie z. Zt. zur Prüfung? Welche Anträge sind freigegeben bzw. müssen zu einem bestimmten Zeitpunkt umgesetzt werden?

3.1.16 Überwachung und Steuerung, Berichtswesen

Einführung:

Die Einhaltung des zu Beginn durch den Projektleiter aufgestellten Projektplans muss aktiv gesteuert und überwacht werden. Für die erfolgreiche Durchführung eines großen Programms ist die integrierte Projektsteuerung von großer Bedeutung. Dabei ist ein vernetztes und einheitliches Berichtswesen zwischen den Teilprogrammen sowie der Programmleitung herzustellen und entsprechend zu kommunizieren. Zu einem Stichtag lassen sich entsprechende Kennwerte berechnen. Sie zeigen die Wirtschaftlichkeit und Effizienz an.

Wissensfragen:

1. Was sind die Aufgaben des Berichtswesens in Projekten?
2. Welche Inhalte und welche Form sollte ein Projektstatusbericht haben?
3. Erläutern Sie die Beziehungen zwischen Unterlagen-Bedarfsmatrix und Projektsteuerung.
4. Wer ist für das Informationswesen in Projekten zuständig?
5. Mit welchen Fragen kann in einer Projektstatussitzung die Basis für weitere Projektsteuerungen ermittelt werden?

Praxisbeispiel:

Innerhalb unseres (IT)-Projektes fand ein wöchentlicher Jour fixe (JF) zwischen der Projektleitung und den Arbeitspaketverantwortlichen statt. Dieses war inhaltlich durch eine Agenda mit fixen Zeitfenstern strukturiert. In diesem Termin berichten die Arbeitspaketverantwortlichen an die Projektleitung den Status, den Fortschritt, mögliche Verzögerungen, Risiken, Entscheidungsbedarf und Probleme. Jedes Arbeitspaket erstellte hierfür einen Statusbericht. Der Fortschritt der Arbeitspakete wurde nach der „Statusschritt-Technik" gemessen. Arbeitspakete hatten in unserem Projekt einen Aufwand von ca. 50-100 PT, eine Dauer von 4-10 Wochen und 3-8 definierte Ergebnisse (verteilt über die Laufzeit). Die Steuerung der Arbeitspakte erfolgte u.a. auf Basis der Earned-Value-Analyse.

Die Erfahrungssicherung erfolgte zum einen laufend im Projekt (indem z.B. im Projekt etablierte Prozesse optimiert wurden) oder durch Rückmeldung an das zentrale Projektmanagement-Office zur Weiterentwicklung des PMs im Unternehmen. Zum anderen erfolgte sie über Lessons-Learned-Workshops nach wichtigen Projektmeilensteinen (z.B. nach Release-Abschluss). Das gesamte Team war dadurch selbstkritisch und offen, auch auf der persönlichen Ebene, Verbesserungen anzunehmen und umzusetzen.

An jedem Dienstag fand ein JF mit der Programmleitung statt. Dort präsentierten die Projektleiter an die Programmebene. Jedes Release oblag einer Release-Steuerung. Für das Release 3 z.B. gibt es einen separaten JF, welcher alle Arbeitspakete umfasste, die zu R3 ein System einführen.

Die fachliche Steuerung des Projektes erfolgte über einen operativen Lenkungsausschuss (OLA). Dieser ist mit Bereichsleitern der Fachbereiche sowie einem Vertreter der Programmleitung besetzt. In diesem Gremium sind auch Vertreter aller betroffenen Risikoträger vertreten.

Das Programm wurde über den Steuerungskreis Projektportfolio (SKOP) gesteuert.

Lösungshinweise für die Wissensfragen:

1. Aufgabe des Berichtswesens in Projekten ist es, den jeweiligen Empfänger entsprechend dessen Bedarf zu informieren. Das Berichtswesen sollte daher strukturiert nach dem Informationsbedarf des Empfängers aufgebaut sein.

2. Formal: Kopfzeile mit Name des Erstellers, Datum, Projektbezeichnung; Inhaltlich: Stand der Leistungserarbeitung (offene/erledigte APs), Kosten/Aufwand, Terminsituation, wesentliche Probleme/Störungen; Form: als Ampelbericht bzw. als Cockpit-Bericht.

3. Eine Unterlagenbedarfsmatrix definiert die Unterlagen, die verschiedene Empfänger benötigen. Dazu zählen auch Unterlagen, die zur Projektsteuerung benötigt werden.

4. Für den formalen Aufbau des Infosystems ist das PM zuständig, z.T. ist dies auch schon durch das Unternehmen vorgegeben. Empfänger müssen ihren Informationsbedarf definieren; Info-Lieferanten müssen über den Bedarf und Formate Bescheid wissen.

5. Was war bis heute geplant? Was haben wir bis heute erreicht? Welche Auswirkungen wird der heutige Stand auf das Projektende haben? Wie ist dies zu bewerten?

MUSTERGRAFIK 18: BEISPIEL FÜR EINE KOMMUNIKATIONSMATRIX

Empfänger: / Sender	Lenkungs-ausschuss	Projektleiter	Mitarbeiter Projektteam	Lieferanten	Leiterin Hausverwaltung	Mieterbeirat	Weitere Mitarbeiter
Lenkungs-ausschuss		Wöchentlich mündlich im Rahmen der LA-Sitzung					
Projektleiter	Wöchentlich mündlich im Rahmen der LA-Sitzung; Wöchentliche Zusendung einer Fotodokumentation ab Installationsbeginn		Wöchentlich mündlicher Status zu Terminen, Kosten, Änderungen und Entscheidungen in Teamsitzung; Direkte mündliche Abstimmung jederzeit nach Bedarf	Vor-Ort Treffen und telefonische Rücksprache bei Bedarf; Beauftragungen erfolgen schriftlich per E-Mail	Schriftlicher Status via Unternehmensnewsletter	Schriftlich Status via Unternehmensnewsletter	Schriftlich Status via Unternehmensnewsletter; Mündliche Konsultation bei Bedarf
Mitarbeiter Projektteam		Wöchentlich mündlicher Status in Teamsitzung; Direkte mündliche Abstimmung jederzeit nach Bedarf		Direkte mündliche und telefonische Abstimmung jederzeit nach Bedarf	-	-	-
Lieferanten		Vor-Ort Treffen und telefonische Rücksprache bei Bedarf; Bestellbestätigungen und Terminzusagen erfolgen schriftlich per E-Mail	Direkte mündliche und telefonische Abstimmung jederzeit nach Bedarf	-	-	-	-
Leiterin Hausverwaltung	-	Mündlich bei Bedarf	-	-		-	-
Mieterbeirat	-	Mündlich bei Bedarf	-	-	-		-
Weitere Mitarbeiter	-	Mündlich bei Bedarf	-	-	-	-	

3.1.17 Information und Dokumentation

Einführung:

Dokumentation ist die systematische Zusammenstellung von Projektinformationen vom Entstehungsprozess bis zum Projektergebnis. Sie ist eine wichtige Voraussetzung für qualitativ hochwertige Projektarbeit. Die Dokumente müssen dabei den jeweils aktuellen Projektstand wiedergeben. Projektmitarbeiter müssen relevante Dokumente jederzeit einsehen und die Projektschritte nachvollziehen können.

Weitere Anforderungen sind:

- Die Genehmigung von Dokumenten vor der Herausgabe ist erforderlich.
- Änderungssammellisten verhindern das Verwenden obsoleter Dokumente.
- Aufbewahrungsfristen (individuell festlegen, teilweise Gesetzesvorlagen) sind einzuhalten.

Wissensfragen:

1. Erläutern Sie: Projektakte, Projekthandbuch, Projektmanagement-Handbuch: Unterschiede und Einsatzgebiete.
2. Nennen Sie typische PM-Dokumente.
3. Wer sind die Empfänger bzw. Adressaten der Projektdokumentation?
4. Welche Hauptaufgaben hat eine Dokumentenstelle im Projekt?
5. Worin besteht der Unterschied zwischen zählender und sprechender Kennzeichnung von Unterlagen?
6. Nennen Sie zwei Anforderungen an die Dokumentenbezeichnung.
7. Welche Dokumente werden von wem zu Projektbeginn erstellt? Welche Planungsdokumente werden in der Projektstartphase erstellt und wie? Wer erstellt sie?
8. Erläutern Sie den Zweck einer Unterlagen-Bedarfsmatrix. Nennen Sie Beispiele für die Anwendung.
9. Nennen Sie Anforderungen an die Projektdokumentation (Projekthandbuch: Schreibrechte).
10. Wie sollte die Qualität von Ist-Daten sein? Welche Anforderungen sollen IST-Daten erfüllen?

Praxisbeispiel 1 eines Projektleiters:

Unsere Abteilung verantwortet sowohl den Betrieb der laufenden Prozesse und EDV-Systeme, als auch die Weiterentwicklung von bestehenden Systemen und die Durchführung und Leitung von Projekten für neuartige Fragestellungen und umfassenden Änderungsvorhaben. Beim Re-Design von komplexen Prozessen und der Konzeption von unterstützenden EDV-Systemkomponenten hatte es sich als sinnvoll erwiesen, die Erarbeitung der Projektergebnisse in mehrere Phasen zu untergliedern. Jede dieser Phasen wird wiederum durch eine entsprechende Dokumentation begleitet.

Zu Beginn des Projektes wird ein ausführlicher Projektauftrag erstellt, der detailliert über die Anforderungen, Ausgrenzungen, Prämissen und Informationen zu den Umfeld-Bedingungen für die jeweilige Projektphase informiert. Dieser erste Projektauftrag bildet die Eingangsgröße für die Vorstudie. Die Ergebnisse der Vorstudie werden standardisiert dokumentiert, so dass diese wiederum die Voraussetzung zur Erstellung des Projektauftrags für das Grobkonzept werden.

Mit dem über den Gesamtprojektverlauf gewonnenen Wissen und dem Vertiefen der einzelnen Fragestellungen, wird zum einen der Detaillierung bei komplexen Vorhaben Rechnung getragen, zum anderen besteht die

Möglichkeit Veränderungen zu berücksichtigen, die sich erst in den viel späteren Phasen ergeben und die man zu Beginn des Projektes noch nicht hatte vorhersehen können.

Praxisbeispiel 2 eines Projektleiters:

Wir hatten ein Projekt gestartet, das zum Ziel hatte, die Projektdokumentation zu standardisieren und somit stabile Rahmenbedingungen und Anforderungen für zukünftige Projekte zu schaffen. Dazu wurden die gesammelten Erfahrungen in den Projekten der letzten Jahre herangezogen und ausgewertet. Auf Basis dieses Standards soll dann die Dokumentation unserer Vertriebsprojekte erfolgen. Dazu zählen die Dokumentation von Projektergebnissen, Zwischenständen, Arbeitsergebnissen u.v.m. Somit werden die jeweiligen Informationen strukturiert und nachvollziehbar dokumentiert und abgelegt.

Lösungshinweise für die Wissensfragen:

1. Projektakte = Sammlung sämtlicher projektrelevanter Dokumente eines bestimmten Projektes. Projekthandbuch = Vereinbarungen und Regeln für ein bestimmtes Projekt. Projektmanagement-Handbuch = generelle Regeln und Prozessbeschreibungen im Unternehmen, wie Projekte gemacht werden sollen.
2. Projekthandbuch, PM-Handbuch, Projektauftrag, Projektstatusbericht.
3. Können projektteamintern sein: Pläne, Berichte, bzw. projektteamextern: Statusbericht an den LA, Abschlussbericht.
4. Erstellen bzw. zur Verfügung stellen von Templates oder Vorlagen; Regeln für systematische Ablagestruktur schaffen und auf deren Einhaltung achten; Verfügbarkeiten von Daten.
5. zählende Kennzeichnung = fortlaufende Nummerierung (z.B. 1,2,3,4, ...); sprechende Kennzeichnung von Unterlagen = aus der Bezeichnung der Unterlage erschließt sich, um was für einen Inhalt es sich in dem Dokument handelt.
6. Die Dokumentenbezeichnung muss dem Nutzer zeigen, was das Dokument beinhaltet, wo er das Dokument finden kann (Archivierungsort), Aktualität (Version, Bearbeitungsstand, Änderungsstand) eventuell Verfasser oder Ersteller etc.
7. Zu Projektbeginn: Projektantrag/-auftrag, eventuell weitere technische Dokumente (Lastenheft/Pflichtenheft) oder Wirtschaftlichkeitsbetrachtungen (Business Case). Planungsdokumente werden vom Projektleiter in Absprache mit den Fachverantwortlichen erstellt.
8. Eine Unterlagen-Bedarfsmatrix definiert, welche Unterlagen/-arten in welcher Phase von wem benötigt werden. Beispiel Bauprojekt: Vertrag mit Bauunternehmen, Bauantrag, Ausschreibungsunterlagen.
9. Definition der Schreib- und Leserechte.
10. Ist-Daten sollen richtig/wahr sein, aktuell, aussagekräftig, relevant und verfügbar sein.

3.1.18 Kommunikation

Einführung:

Unter Kommunikation wird in der NCB der „wirksame Austausch von Informationen zwischen den Projektbeteiligten" verstanden, also die Interaktion zwischen Menschen. Kommunikation wird in allen Teilen und während aller Phasen eines Projekts benötigt und ist die Grundlage für alle in der ICB genannten Kompetenzen. Dadurch hat die Kommunikation einen sehr großen Einfluss auf den Projekterfolg.

In der Kommunikation zwischen Personen existieren immer zwei Ebenen, die Sach- und die Beziehungsebene. Das Zusammenspiel der beiden Ebenen bestimmt, wie das Gesagte vom Gegenüber verstanden wird. Auf der

Wissensfragen:

1. Was versteht man unter einer Kommunikationsmatrix und wofür wird sie gebraucht?
2. Welche Regeln für Kommunikation sollten eingesetzt werden?
3. Welche Kommunikationsmedien können für ein Projekt eingesetzt werden? Was sind die Schwerpunkte und Regeln der Medienarbeit für Projekte?
4. Was muss man bei der Kommunikation der Risiken bedenken?
5. Was versteht man unter dem zwingenden Gebrauchswert von Information?
6. Wodurch erreicht gesprochene Information eine höhere Verständlichkeit?
7. Wie müssen Informationen in einer Präsentation angeordnet sein, damit sie eine möglichst hohe Behaltens-Quote erreicht?
8. Stellen Sie den Ablauf einer Projektsitzung dar und definieren Sie mindestens acht Aufgaben des Sitzungsleiters.

Praxisbeispiel 1 eines Projektleiters:

Da der Fachbereich im Allgemeinen eine andere Sprache spricht als die umsetzende IT-Abteilung, war es in diesem Projekt enorm wichtig, Sender und Empfänger aufeinander abzustimmen. Es wurde viel Wert darauf gelegt, dass Fachkonzepte verständlich beschrieben waren, damit die IT-Abteilung sie sauber umsetzen konnte. Zusätzlich wurde eine komplette Kommunikationsmatrix aufgebaut, um alle interessierten Parteien fachgerecht mit Informationen zu versorgen.

Praxisbeispiel 2 einer Projektleiterin:

Da das Projektteam und die Mitglieder des Lenkungsausschusses auf mehrere Standorte verteilt waren, war das Thema Kommunikation während des gesamten Projektes eine der wichtigsten Aufgaben für mich. Aber nicht nur die unterschiedlichen Standorte, sondern auch die unterschiedlichen Ansprüche der Beteiligten an die Kommunikation (Form, ob mündlich/schriftlich, wie regelmäßig/unregelmäßig, welche Inhalte) war eine große Herausforderung.

Mir war von Anfang an bewusst, dass die Kommunikation mit der Handwerkern für mich als Frau schwierig werden würde. Am Anfang der Bauarbeiten wurde ich von den Handwerkern nicht als fachliche Autorität akzeptiert. Obwohl ich immer sehr sachlich kommunizierte, konnte ich meine Bedenken und Anmerkungen und

Sachebene werden die tatsächlich gesprochenen Worte übermittelt, während über die Beziehungsebene übermittelt wird, wie das Gesagte zu verstehen ist. Dies soll an der Aussage „Ihre Statusberichte kommen ja immer sehr pünktlich, Herr Müller." verdeutlicht werden:

Sachebene: Aus Sicht der Sachebene wird mit der Aussage nur verdeutlicht, dass die Statusberichte von Herrn Müller immer pünktlich eingereicht werden.

Beziehungsebene: Wird die Aussage mit einem anerkennenden Blick und freundlicher Stimme getätigt, wird sie von Herrn Müller positiv aufgenommen. Durch z.B. einen ironischen Tonfall oder einen abwertenden Blick kann Herrn Müller aber auch gesagt werden, dass seine Berichte grundsätzlich zu spät eingereicht werden.

Kommunikation kann in verschiedenen Formen und über unterschiedliche Medien stattfinden. Bereits in der Initialisierungsphase des Projekts müssen sämtliche Beteiligten des Projekts, sowie alle anderen interessierten Parteien, über die Form und das Medium informiert sein. Dabei sind Telefongespräche, Workshops, Konferenzen und Besprechungen verschiedene Formen der Kommunikation. Wichtig ist hier ungemein, dass immer gewährleistet ist, dass die Botschaft des Senders klar und unverfälscht beim Empfänger ankommt und von diesem verstanden werden kann.

Ideen nicht bei den Handwerkern platzieren. Erst als ich mehr auf der Beziehungsebene mit ihnen kommunizierte, wurden die Abstimmungen einfacher. Ich habe mir Zeit für persönliche Gespräche genommen, um die einzelnen Projektmitarbeiter besser kennenzulernen. Dadurch konnte ich ein Vertrauensverhältnis schaffen, wodurch die Kommunikation mit den einzelnen Teammitgliedern leichter wurde.

Lösungshinweise für die Wissensfragen:

1. Wird auch als Sender/Empfänger-Matrix bezeichnet: Wer informiert wen zu welchen Themen in welcher Form etc.; dient dem zielgerichteten Informationsaustausch.
2. Wer hat welchen Informationsbedarf? Wer (Adressat) informiert wen (Empfänger); in welcher Form (schriftlich/mündlich) wird informiert? Bring- oder Holschuld von Information muss geklärt sein.
3. Medien, die allgemein informieren (Webseite, Pinnwände, Flyer, Plakate, Broschüren, Newsletter); Medien, die persönlich informieren, z.T. mit Interaktion (E-Mail, Blog, direkte Ansprache). Wichtig: Adressatengerechte Information, muss am besten mehrere Sinne ansprechen (Bild, Ton), leichte bzw. schnelle Verfügbarkeit bei Informationsbedarf.
4. Wer muss über welches Risiko Bescheid wissen (z.B. wegen rechtlicher Aspekte). Form und Turnus in dem der Empfänger informiert wird. Folgen, die sich aus der Risikokommunikation für das Projekt ergeben.
5. Information muss für den Empfänger einen Nutzen haben, statt Informationsbedürfnis den Informationsbedarf berücksichtigen.
6. Gesprochene Information erhält durch Wiederholung, rhetorische Stilelemente (Analogien, Bildsprache) und visuelle Unterstützung eine höhere Verständlichkeit.
7. Teilnehmer begrüßen, Ziel benennen, Agenda abstimmen, Rollen (z.B. Protokoll) klären, Punkte der Agenda aufrufen, Beiträge moderieren, Ergebnisse zusammenfassen, To-do-Liste am Ende definieren, Teilnehmer verabschieden.

3.1.19 Start

Einführung:

Der Projektstart ist eine wichtige Basis für das Projekt und erweist sich häufig als erfolgskritisch.

Die Projektstartphase ist häufig durch eine gewisse Unsicherheit geprägt: Einerseits fehlen Informationen über bestimmte Anforderungen, andererseits herrscht ein bestimmter Optimismus und eine gewisse Aufbruchsstimmung bei bestimmten Interested Parties. Eine Möglichkeit mit dieser Situation gut umzugehen ist die Durchführung eines Startworkshops. Dieser Workshop sollte sich auf die Ausarbeitung des Auftrags und auf die Vorbereitung des späteren Managementplans konzentrieren. Neben inhaltlichen Klärungen sollten auch Teamrollen definiert werden sowie weitere grobe Planungsschritte gemacht werden. Je nach Größe des Projektes/Programms kann es auch mehrere Startworkshops geben, z.B. beim Beginn einer neuen Phase oder um unterschiedliche Bereiche eines Projektes/Programms besser beleuchten zu können.

Wissensfragen:

1. Wann beginnt ein Projekt?
2. Welche Aufgaben fallen in der Startphase eines Projekts an?
3. Was sind die Aufgaben des Teams in der Startphase?
4. Wann ist ein Projektstart-Workshop anzusetzen? Welche Tagesordnung hat sich bewährt?

3.1.20 Abschluss

Einführung:

Der Projektabschluss ist das Spiegelbild zum Projektstart: Was dort begonnen wurde, muss hier nun zum Ende gebracht werden. Der Projektabschluss sollte genauso wie der Projektstart „sichtbar" gemacht werden. Eine Abschlusspräsentation, die schriftliche Abnahme, eine Abschlussveranstaltung mit dem Auftraggeber sowie mit den Mitarbeitern gehören auf jeden Fall dazu.

Im Rahmen des Projektabschlusses hat der Projektmanager für die ordnungsgemäße Beendigung des Projekts zu sorgen. Die Abnahme der (noch ausstehenden) Lieferobjekte durch den Auftraggeber bzw. die entsprechenden Gremien ist sicherzustellen. Dokumentationen über den Abschluss des Projekts (z. B. Abschlussbericht, Dokumentation des Verantwortungsübergangs an die Stammorganisation etc.) sind zu erstellen. Des Weiteren stellt die Sicherung der Erfahrungen der Projektmitarbeiter in Form eines Lessons Learned einen nicht zu unterschätzenden Wert dar.

Wissensfragen:

1. Wann gilt ein Projekt als abgeschlossen?
2. Welche Aufgaben sind am Ende eines Projektes durchzuführen?
3. Welche Themen sollten in einer Projektabschlusssitzung besprochen werden?
4. Welchen Inhalt sollte ein Projektabschlussbericht haben?
5. Welche Bedeutung hat die Startphase und welche Fehlerquellen birgt sie?
6. Welche Aufgaben hat die Unternehmensleitung bzw. der Lenkungsausschuss in der Startphase?
7. Wie sieht die Vorgehensweise bei der Nutzwertanalyse zur Projektauswahl aus?
8. Ein Unternehmen ruft Sie an und fragt, ob sie als PL einen Umzug organisieren können. Wie gehen Sie vor?

Lösungshinweise für die Wissensfragen:

1. Ein Projekt beginnt mit der Freigabe durch den Lenkungsausschuss.
2. Schriftliche Projektfreigabe erhalten, Kickoff-Präsentation durchführen, Startworkshop durchführen.
3. Aufgaben des Teams: Zielklärung einfordern, Leistungsumfang abgrenzen, Stakeholder und Risiken identifizieren, (persönliche) Verfügbarkeit für die erste Phase überprüfen.
4. Wenn das Projekt offiziell freigegeben ist, ist ein Projektstart-Workshop anzusetzen. Agenda: Hintergrund/Anlass des Projektes, Ziele, Umfeld- und Stakeholder-Risiken, Zeitrahmen, Aufwand und Kosten, Projektorganisation, erster PSP-Entwurf, Detailplanung der ersten Phase.
5. Die Startphase ist wichtig für ein Projekt, da ein unausgereifter Start später zu massiven Problemen führt. Unklare Zielstellung; bestimmte Personen fühlen sich nicht richtig eingebunden; wichtige Risiken werden übersehen etc.
6. Projektfreigabe
7. Verschiedene Projekt(-ideen) werden mit Hilfe von verschiedenen Kriterien mit Punktwerten gewichtet. Die verschiedenen Kriterien selbst können nochmals unterschiedliche Gewichtungsfaktoren haben.
8. Abklärung des Auftrages hinsichtlich der genauen Kundenerwartungen (Ziele). Was genau muss umgezogen werden? Wie genau muss der Umzug erfolgen? Was muss nicht umziehen?

5. Welche Empfehlungen für das Projektlernen sollten implementiert werden?
6. Welche Methoden zur Projektanalyse unterstützen das Projektlernen?
7. Projektabschluss: Wann würden Sie eine Kundenbefragung durchführen? Welchen Zweck verfolgen Sie damit?

Lösungshinweise für die Wissensfragen:

1. Abnahme ist erfolgt, Projektleiter entlastet, Abschlussbericht erstellt, Projektorganisation aufgelöst, Kostenstelle geschlossen.
2. Abschlussbericht/Präsentation für den Auftraggeber erstellen, Abschlussbewertung des Teams, Rückgabe von Personal- und Sachmitteln, Abschlussworkshop, Schließen der Kostenstelle, Übergabe des Projektergebnisses in die Linie.
3. Wichtige Momente im Projekt? Was hat man gelernt? Was würde man das nächste Mal wieder so machen bzw. anders machen?
4. Projektabschlussbericht ist systematisch aufgebaut: Ausgangssituation, Zielstellung und wichtige Änderungen, zeitlicher Verlauf, Kostenentwicklung, Risiken, offene (Rest-)Arbeiten, abschließende Empfehlungen.
5. Abschlussworkshop mit Lessons Learned durchführen, Erfahrungsdatenbank, Erfahrungen lebend halten durch regelmäßigen Erfahrungsaustausch.
6. Suche nach Best Practices.
7. Man sollte drei Fragen stellen: Zukunftsbezug: Würden Sie mich wieder mit einem derartigen Projekt beauftragen? Vergangenheit: Haben Sie sich zu jeder Zeit umfänglich informiert und ausreichend eingebunden gefühlt? Gegenwart: Sind Sie mit dem Ergebnis des Projekts vollständig und in seinen Details zufrieden? Die Befragung nach der Abnahme durchführen.

3.2 Verhaltenskompetenzen

Die Reihenfolge bei den Verhaltenskompetenzen in der Liste in der ICB ist so gegliedert, dass die Konzentration auf das Individuum immer mehr abnimmt und die Anzahl der involvierten Personen immer mehr zunimmt, d.h. zu Beginn der Liste der Verhaltenskompetenzen stehen die Elemente, die sich ausschließlich auf den Projektmanager selbst beziehen (z.B. Führung, Motivation, Selbstmanagement). Später folgen die Elemente, die sich auf direkte oder indirekte Kontaktpersonen rund um das Projekt herum beziehen. Am Ende stehen die Elemente, die ihren Ursprung in der Wirtschaft, der Gesellschaft, der Kultur und der Geschichte haben (z.B. Ethik).

Neben einer Definition der Begriffe und was darunter zu verstehen ist, enthält die Beschreibung der Elemente in der ICB auch die dazugehörigen Prozessschritte sowie eine Skalierung der Kompetenzausprägung für die verschiedenen Zertifizierungslevels. Außerdem wird immer eine Gegenüberstellung einer adäquaten versus eine unangemessene Verhaltensbeschreibung geliefert. Hier ist allerdings öfters Kritik angebracht: Die Beschreibungen dessen, wie das Element als angemessenes Verhalten sichtbar (für einen Assessor) wird, ist manchmal schwer nachvollziehbar. Denn nur zu oft werden abstrakte Beschreibungen durch andere abstrakte Beschreibungen erklärt – aber nicht in Form von sichtbarem Verhalten.

3.2.1 Führung

Einführung:

Unter Führung versteht man die Anleitung und Motivation anderer bei der Erfüllung ihrer Funktionen oder Aufgaben im Dienst der Projektziele. Führung kann mal mehr auf aufgabenorientierte Aspekte fokussieren oder mal mehr auf zwischenmenschliche Aspekte. Auf jeden Fall handelt es sich um eine für Projektmanager ausschlaggebende Kompetenz.

Führung ist während der gesamten Projektdauer erforderlich. Sie ist besonders dort wichtig, wo ein Projekt auf Probleme stößt, eine Änderung erforderlich wird oder Ungewissheit über die weitere Vorgehensweise besteht. Führung ist erforderlich, um alle Projektmanagementkompetenzen auf eine für das Team annehmbare Art und Weise auszuüben.

Abgesehen von der Führung der Mitarbeiter des Projektteams muss der Projektmanager v.a. auch bei der Vertretung des Projekts gegenüber der Geschäftsleitung und anderen betroffenen interessierten Parteien als Führungspersönlichkeit auftreten.

Der Projektmanager muss die verschiedenen Führungsstile kennen und darüber entscheiden, welcher Stil in welcher Situation für ein bestimmtes Projekt, bei der Leitung des Teams und im Umgang mit der Geschäftsleitung und den betroffenen interessierten Parteien angemessen ist. Der angenommene Führungsstil schließt bestimmte Verhaltensmuster, Kommunikationsmethoden, Verhalten gegenüber Konflikten und Kritik, Methoden der Verhaltenskontrolle von Teammitgliedern, Entscheidungsprozesse und den Umfang und die Art von Delegation mit ein.

Woran lässt sich das adäquate Führungsverhalten eines Projektleiters erkennen?

- Der Projektleiter delegiert Aufgaben, Befugnisse & Zuständigkeiten,
- übernimmt selbst die Gesamtverantwortung,
- bringt seine Vision klar zum Ausdruck, für die er einsteht und die er zum Leben erweckt,
- macht andere stolz darauf, mit ihm zu arbeiten,
- verteidigt Teammitglieder,
- kontrolliert in bewusster und konstruktiver Art und Weise, ergreift verständliche Korrekturmaßnahmen,
- stellt Zeit für Kommunikation zur Verfügung,
- beteiligt die Mitglieder an der Entscheidungsfindung oder hat anderenfalls gute Gründe dafür, die Entscheidung allein zu treffen,
- passt seinen Führungsstil dem Reifegrad der jeweiligen Team- und Arbeitssituation an, geht mit gutem Beispiel voran,
- wird vom Team und anderen als Führungspersönlichkeit anerkannt,
- handelt und redet auf ruhige Art, formuliert seine Antworten gut und mit Autorität.

Wissensfragen:

1. Welche Führungseigenschaften sollte ein Projektleiter aufweisen?
2. Welche Führungskonzepte werden angewendet?
3. Was ist der Unterschied zwischen Führung und Management?
4. Welche Führungsstile kennen Sie?
5. Was versteht man unter dem situativen Führungsstil?

6. Beschreiben Sie einige Kennzeichen des partizipativen Führungsstils.
7. Wann „passt" der autoritäre Führungsstil?
8. Was ist der „beste" Führungsstil?
9. Mit welchen Führungsproblemen müssen sich Projektleiter auseinandersetzen?

Praxisbeispiel eines Projektleiters:

Während der Initialisierungsphase meines Projektes waren im Steuerkreis zwei maßgebliche Führungskräfte involviert. Diese kannten sich schon lange und hatten auch bereits zuvor jahrelang zusammengearbeitet. In dieser Zeit hatte sich bei diesen beiden ein implizites Verständnis über die Rolle eines Projektleiters und der Funktion eines Steuerkreises gebildet.

In meinem Projekt ergab sich allerdings die Situation, dass ich die Zuständigkeiten der Führungskräfte anders sah – zugleich konnte aber dieses unterschiedliche Verständnis nicht richtig „greifen", weil es sich immer nur implizit an bestimmten Stellen zeigte. So meinten die beiden Führungskräfte, dass ganz bestimmte Entscheidungen selbstverständlich von Ihnen zu treffen seien und nicht von mir als Projektleiter. Über mehrere Wochen konnte dieses unterschiedliche Verständnis nicht geklärt werden. Dies führte dazu, dass sowohl fachliche Entscheidungen zu den Projektinhalten, als auch Diskussionen über die Ressourcen bzw. Experten aus den jeweiligen Fachbereichen in die Länge gezogen wurden.

Nach mehreren Besprechungsschleifen konnte ich schließlich erreichen, dass die Führungsfunktion der beiden Rollen von meiner Führungsfunktion abgegrenzt wurde. Bei der Klärung und Festlegung von Rollen ist es wichtig, dass für alle wesentlichen Aufgaben Verantwortlichkeiten und Befugnisse spezifiziert werden und dass im Anschluss auch ein Abgleich stattfindet, um Redundanzen und ungeklärte offene Punkte einem Verantwortlichen zuzuordnen. Nur durch eine klare Festlegung der Rollen kann ein nachvollziehbares Miteinander und eine Führung eines Projektes oder Systems sichergestellt werden.

Für zukünftige Projekte wurde daher mit den in den Projekt-Steuerkreisen involvierten Abteilungsleitern und den Bereichsleitern vereinbart, dass die Rolle der Projektleitung – den anderen projektverantwortlichen Abteilungsleitern (im Steuerkreis und auch denen in der Linie) als „parallele Führungskraft im Projekt" – zum Projektanfang festgelegt und kommuniziert wird.

Lösungshinweise für Wissensfragen:

1. Führungseigenschaften: Gewissenhaftigkeit, Durchsetzungskraft, Einfühlungsvermögen, Stressresistenz Ergebnisorientierung.
2. Management by Exception, Management by Delegation, Management by Objectives.
3. Führung = Lenkung von Mitarbeiterverhalten auf ein Ziel; Management = Gesamtheit aller Ansätze, Methoden und Prinzipien zur Planung und Steuerung von (menschlichen) Systemen.
4. Autoritärer, partizipativer, kollegialer, demokratischer, situativer Führungsstil, Führung durch die Gruppe selbst (= laissez faire).
5. Führungsstil des Vorgesetzten, bei dem der Reifegrad des Mitarbeiters (psychologische Reife: Selbstsicherheit und fachliche Kompetenz) bei der Entscheidung wie der Vorgesetzte führt, berücksichtigt wird. Siehe Modell von Hersey/Blanchard: telling -> selling -> participating -> delegating.
6. Die Entscheidung erfolgt durch die Führungskraft, nachdem sich diese intensiv mit den Mitarbeitern besprochen und abgestimmt hat.
7. Zu Beginn der Zusammenarbeit (Einarbeitung), in Notsituationen.
8. Situativer Führungsstil.

9. Probleme der Priorisierung der Ziele, Abgrenzung der Ziele, Abstimmungsprobleme zwischen verschiedenen Stakeholdern, zwischenmenschliche Konflikte.

3.2.2 Engagement und Motivation

Einführung:

Engagement ist der persönliche Einsatz, den der Projektleiter und die am Projekt mitarbeitenden und an ihm beteiligten Personen aufbringen. Die Motivation des Projektteams hängt vom Zusammengehörigkeitsgefühl der Einzelnen und von ihrer Fähigkeit ab, sowohl Höhe- als auch Tiefpunkte des Projektes zu bewältigen. Die Motivation eines Einzelnen erfordert vom Projektleiter, dass er sich mit der Fähigkeit und Erfahrung, der persönlichen Einstellung und Umstände und der wesentlichen Beweggründe der Person vertraut macht.

Inhaltlich hängt diese Motivation eng mit Themen wie „Verantwortlichkeit", „Delegieren und Befähigen", „Begeisterungsfähigkeit hervorrufen", „Motivationsmodelle", „Teambuilding", „positive Einstellung" und dem „Formulieren und Visualisieren von Zielsetzungen" zusammen.

Will der Projektleiter jemanden motivieren, muss er die verschiedenen beteiligten Personen und deren Anforderungen wahrnehmen und sich klarmachen, welche Erwartungen er erfüllen kann und welche nicht. Er muss sich bewusst werden, für welche Bereiche eines Projektes ein Mitarbeiter besonders motiviert ist, entsprechend der Anerkennung individuelle, aber auch kollektive Anreize (z.B. Förderung einer Arbeitskultur, Stolz auf die Teamleistung etc.) bieten. Schließlich muss er sich im Klaren sein, dass sich die Interessenslage der Beteiligten ändern können oder auch die beteiligten Personen. Und last but not least: Die gemachten Erfahrungen sollten als Lessons Learned für zukünftige Projekte dokumentiert werden.

Auch andere ICB-Elemente haben wichtige Beziehungen zu diesem Thema. Hier eine Auswahl: interessierte Parteien/Stakeholder, Projektorganisation, Teamarbeit, Selbststeuerung und Durchsetzungsvermögen, Kommunikation und Wertschätzung.

Woran lässt sich das Engagement und Motivation eines Projektleiters erkennen?

- Der Projektleiter zeigt aktiv, dass er unterschiedliche interessierte Parteien einbringen will,
- begrüßt Eigeninitiative und das Engagement anderer,
- begrüßt Kritik als eine Form von Engagement,
- arbeitet gut gelaunt, ist positiv und enthusiastisch,
- macht den Projektplan zur Teamsache,
- sucht beim Auftauchen von Problemen nach Lösungsvorschlägen,
- weiß, wo und wie er andere einbeziehen und motivieren kann,
- zeigt Willensstärke zum Wohle des Projekts,
- fördert die Teamarbeit und die Zusammenarbeit verschiedener Fachrichtungen,
- überträgt anderen Verantwortung und delegiert Befugnisse,
- nimmt Schuld auf sich und lässt andere am Verdienst teilhaben.

121

Wissensfragen:

1. Erklären Sie die Motivationspyramide nach Maslow in seinen Grundzügen und stellen Sie den Bezug zur Projektpraxis dar. Welche Maßnahmen zur Motivation anhand der Maslowschen Pyramide kann ein PL vornehmen? Nennen Sie Maßnahmen, um Mitarbeiter nicht zu demotivieren, in Anlehnung an die Maslowsche Bedürfnispyramide.

2. Was versteht man unter Hygienefaktor und Motivator in der Motivationslehre? Wie verhalten sich die beiden Aspekte zueinander?

3. Was versteht man unter extrinsischer und intrinsischer Motivation? Geben Sie je ein Beispiel. Wie verhalten sich die beiden Motivationsbereiche zueinander?

4. Nennen Sie vier Möglichkeiten, Mitarbeiter zu motivieren!

5. Welche Möglichkeiten der Motivation am Arbeitsplatz kennen Sie?

Praxisbeispiel eines Projektleiters:

Besonders wichtig für die Projektarbeit empfinde ich das Engagement und die Motivation des Projektteams. Ich hatte schon in früheren Projekten erkannt, dass es notwendig ist, die Personen für die Zusammenarbeit auf ein gemeinsames Ziel hin zu motivieren. Dieses kollektive Ziel versuchte ich dadurch zu erreichen, dass ich den hohen Nutzen vor der Gruppe hervorhob und hoffte, dadurch eine gemeinsame „Vision" zu erzeugen.

In meinem neuen Projekt bin ich einen etwas anderen Weg gegangen: Ich habe systematisch die Möglichkeit zur Motivation jedes einzelnen Teammitglieds untersucht, indem ich zunächst die Interessen und Bedürfnisse der einzelnen Teammitglieder erfragt habe. Hierfür konnte ich teilweise bereits auf die Stakeholder-Analyse zurückgreifen. Auf dieser Grundlage habe ich dann überlegt, wo ich noch Informationen benötige und habe informelle Gespräche mit einigen Kernteammitarbeitern geführt. Diesem Ich-Bedürfnis bin ich dadurch begegnet, dass ich ihren Leistungen besondere Wertschätzung entgegengebracht habe, ihnen regelmäßig Feedback gegeben und die Ergebnisse mit ihnen besprochen habe. Dies war aufgrund der guten Projektbeiträge und Erfolge der beiden Mitarbeiter auch zu jedem Zeitpunkt gerechtfertigt. In einem anderen persönlichen Gespräch ging es darum, bei einem Kernteammitarbeiter aus dem Fachbereich Demotivation zu verhindern. Hier war offensichtlich, dass der Termindruck im Projekt bei dem Mitarbeiter Stress erzeugt hat. Deswegen habe ich darauf geachtet, die Balance zwischen Stress- und Ruhezeiten auszugleichen, indem ich einige Aufgaben auf eine andere Mitarbeiterin aus dem Kernteam verlagert habe. In den Gesprächen kam auch heraus, dass auch der Teamcharakter für die Mitarbeiter wichtig war. Bedeutend innerhalb des gesamten Kernteams war auch das Bedürfnis nach Zugehörigkeit. Dem versuchte ich Rechnung zu tragen, indem ich regelmäßige Kernteamsitzungen durchführte, ein kleines „Bergfest" zu einem Meilenstein durchführte und auch darauf achtete, dass der Spaß und Humor bei Besprechungen nicht zu kurz kam.

Fazit: Statt eine kollektive Vision als Motivation allen Mitarbeitern vorzusetzen, war diese persönlichere Herangehensweise zwar (arbeits-)intensiver, gleichzeitig aber hatte ich den Eindruck, dass sie für das Thema Motivation wesentlich passender war.

Lösungshinweise für die Wissensfragen:

1. Die Motivationspyramide nach Maslow geht von verschiedenen Stufen der Motivation aus. Motivation entsteht durch einen erlebten Mangel auf einer der Stufen, dessen Streben nach Beseitigung des Mangels die Motivation ist. Wenn der Mangel beseitigt ist, werden weitere Motivationsbereiche als Defizit erkannt und führen zur Motivation.

1. Motiv: physiologische Bedürfnisse (Mangel an Essen, Trinken, Schlafen) im Projekt erfolgt die Mangelbeseitigung durch z.B. angemessene Bezahlung, Reduzieren von Stress.

122

3.2.3 Selbststeuerung

Einführung:

Selbststeuerung oder Selbstmanagement bezeichnet die Art und Weise, wie ein Projektleiter mit sich selbst bzw. seiner täglichen Arbeit umgeht – auch im Blick auf den Umgang mit Stress-Situationen. Ein Projektleiter sollte ein persönliches Zeitmanagement haben und entsprechende Arbeitstechniken kennen und anwenden können. Er sollte in Stress-Situationen über eine entsprechende Selbstbeherrschung verfügen und in der Lage sein, bei Stressbelastung im Team angemessen eingreifen zu können. Der Nutzen liegt in einer verbesserten Life-Work Balance, d.h. einem ausgeglichenen Verhältnis zwischen Arbeit, Familie und Freizeit.

Wie zeigt sich Selbststeuerung? Jemand mit guter Selbststeuerung kann seine Emotionen steuern und hat eine entsprechend hohe Frustrationsschwelle – auch und gerade bei negativer Kritik. Er kann sich in schwierige Diskussionen einmischen, bleibt dabei dennoch ruhig und fördert so eine konstruktive Argumentationskultur. Eine reflektierte Selbststeuerung zeigt sich auch darin, dass er über diese Situationen sprechen kann.

Wissensfragen:

1. Wozu kann eine persönliche Stärken-/Schwächenanalyse eingesetzt werden?
2. Welche Ressourcen des Projektleiters sollten bei der Selbstorganisation berücksichtigt werden?
3. Was beschreibt die 60-20-20 Regel?

Praxisbeispiel:

Eine für mich sehr frustrierende Situation erlebte ich in meinem laufenden Projekt vor einigen Wochen. Um es genau zu sagen: Der Frust in mir zog sich über eine längere Zeit schon hin. Was war los? Ich hatte eine neue Mitarbeiterin in das Projekt bekommen, die aus meiner Sicht sehr engagiert ans Werk ging. Jedoch stellte ich nach einiger Zeit fest, dass sie völlig unstrukturiert arbeitete, viele gleichzeitig anfing, diese aber nicht zu Ende brachte, immer wieder neue Ideen vorbrachte, die zwar interessant, aber nicht zielführend waren. Diese Arbeitsweise entspricht so gar nicht meinem Stil!

Ein solches Verhalten kannte ich bereits von einem früheren Projekt. Dort war es eine Mitarbeiterin, die zunächst ebenfalls sehr engagiert war, zugleich auch sehr kommunikativ. Sie hatte im Blick auf die Teamatmosphä-

2. Motiv: Mangel an Sicherheit. Im Projekt: Verlässlichkeit von Zusagen, Aufträge/Weiterbeschäftigung im nächsten Projekt.
3. Motiv: Soziale Bedürfnisse → Kollegialität im Projektteam.
4. Motiv: Ego = Loben, persönliche Wertschätzung.
5. Motiv: Selbstverwirklichung = herausfordernde Aufgabenstellungen geben.

2. Hygienefaktoren sind notwendige Faktoren der Motivation, die jedoch maximal eine Unzufriedenheit beseitigen. Motivatoren sind eine 2. Kategorie von Motivationsfaktoren, die zu echter Motivation führen. Erst muss die Unzufriedenheit beseitigt sein, bevor die Motivation gelingt.
3. Extrinsische Motivation = von außen kommend: Loben, bestrafen, verführen ...; intrinsisch = von der Person her kommend. Extrinsische Motivationsversuche können die intrinsische Motivation zerstören.
4. siehe Maslow, Frage 1.
5. Job rotation, job enrichment, job enlargement.

123

re ein wichtiger Faktor – leider jedoch nicht im Blick auf die Leistung. Zuerst bemerkte ich dies nicht, dann beobachtete ich es einige Zeit und schließlich suchte ich das klärende Gespräch mit ihr. Das Gespräch interpretierte sie jedoch als einen persönlichen Angriff. Sie nannte meine vorgebrachte Kritik einen autoritären Führungsstil, der sie jetzt völlig in ihrer Leistung blockieren würde. Irgendwann brannten mir meine Nerven durch und ich schrie sie an, endlich ihren Job zu machen. Ca. 14 Tage nach dem Gespräch meldete sich die Mitarbeiterin krank und wurde nie mehr im Projekt wieder gesehen.

Nun stand ich also wieder vor einem Kritikgespräch und wollte nicht wieder die Fassung verlieren. Ich wollte es anders machen, um nicht wieder in eine solch unschöne Situation zu geraten. Daher terminierte ich ein Gespräch und nahm jetzt noch zusätzlich eine weitere Mitarbeiterin aus meinem Team mit. Sie war sehr loyal und konnte zugleich auch gut mit den Kolleginnen umgehen. In diesem Kritikgespräch fungierte sie quasi als eine Art Übersetzerin, die das, was ich sagte, nochmals auf eine Art umformulierte, die für diese Mitarbeiterin „verständlicher" war. Meine kritische Stimme wurde so in der Form abgemildert, was dazu führte, dass diese Mitarbeiterin die Kritik annehmen konnte. Am Ende bedankte sie sich sogar dafür, dass meine Kollegin und ich ihr mit dem Gespräch eine Leitlinie gegeben hätten, sich besser auf die Arbeit zu konzentrieren.

Ich habe daraus gelernt, dass es gut ist, seine eigenen Schwächen zu kennen und für die eigene Selbststeuerung durchaus hilfreich sein kann, einen kollegialen Coach an seiner Seite zu wissen.

Lösungshinweise für die Wissensfragen:

1. Persönliche Entwicklungsfelder definieren (Persönlichkeitsentwicklung), Aufgaben, bei denen man eine persönliche Schwäche hat, abgeben/delegieren bzw. sich mit jemanden zusammentun, der die eigenen Schwächen ausgleicht. Stärken bewusst einsetzen.

2. Zeitmanagementtechniken und Arbeitstechniken einsetzen, für Ausgleich sorgen (Life-Work-Balancing), Gefühle wahrnehmen.

3. 60 % der Arbeitszeit verplanen, 20 % für Kollegenrückfragen reservieren und 20 % Puffer einplanen.

3.2.4 Durchsetzungsvermögen

Einführung:

Unter sozialer Kompetenz versteht man die Fähigkeit, sich im rechten Maße durchsetzen zu können. Neben Einfühlungsvermögen sollte der Projektleiter seine Standpunkte mit Überzeugung und Autorität vorbringen können. Die Grundlagen für dieses Vermögen sind vielfältig und von Faktoren, wie dem Auftreten, den kommunikativen Fähigkeiten, dem Verhandlungsgeschick, der persönlichen Ausstrahlung und dem Vertrauen in die eigene Person geprägt. Diese Eigenschaften müssen mit der richtigen Dosierung und abhängig von der jeweiligen Situation eingesetzt werden. Ziel sollte es auch sein, mit Überzeugungskraft zu einem Konsens über gemeinsame Ziele zu gelangen.

Diese Fähigkeit sollte der Projektleiter allen projektbeteiligten Personen gegenüber zeigen können. Die Überzeugungskraft, die der Projektleiter zur Durchsetzung braucht, beruht v.a. auf seiner Kommunikations- und Argumentationsfähigkeit und wird von ihm während der gesamten Projektdauer verlangt.

Durchsetzungsvermögen ist also nicht die Fähigkeit immer und überall seine Position „durchdrücken" zu können. Vielmehr zeigt sich Durchsetzungsvermögen in der Fähigkeit anderen aufmerksam zuzuhören und auch deren Meinung zu respektieren und darauf seine Kommunikation ausrichten zu können.

Praxisbeispiel:

Das Thema „Durchsetzungsvermögen" war besonders bedeutungsvoll für mich hinsichtlich einer Stakeholdergruppe (Nutzer). Diese hatte die Befürchtung, dass für Sie aufgrund des Projektproduktes in Zukunft Mehrarbeit entstehen würde. In einer intensiven Aussprache konnte ich durch meine persönliche Autorität die Einsicht in den Nutzen des Produktes bei diesen Stakeholdern fördern. Es war mir möglich, sie durch Überzeugungsvermögen mit logischer Argumentation, rhetorischen Fähigkeiten und persönlicher Ausstrahlung dazu zu bringen, das Produkt positiv anzunehmen.

Verstanden habe ich dadurch, wie wichtig es ist, im Vorfeld die „schwierigen" Themen zu identifizieren und Argumentationen vorzubereiten. Weiterhin empfand ich es auch als sehr bedeutend, mich in die Stakeholdergruppe sowie deren wahrscheinliche Argumente hineinzuversetzen, um Gegenargumente vorzubereiten. Hilfreich für mein Durchsetzungsvermögen waren auch die positiven Beziehungen, die ich zu zwei bis drei Personen der kritischen Stakeholder hatte. Aufgrund meiner langen Betriebszugehörigkeit konnte ich verschiedene Netzwerke pflegen, die ich in diesem Fall für die Durchsetzung nutzen konnte.

3.2.5 Entspannung und Stressbewältigung

Einführung:

Stressbewältigung definiert die ICB als die Fähigkeit in schwierigen Situationen Spannungen abbauen zu können. Dies gilt nicht nur im Blick auf die Zusammenarbeit im Team bzw. anderer Interested Parties, sondern auch auf seine eigene Person.

Das Herunterschrauben einer angespannten Situation hilft, eine gute Zusammenarbeit zwischen den beteiligten Personen sicherzustellen. Man kann damit rechnen, dass es in jedem Projekt zu solchen Stress-Situationen kommt. Auf Grund dieses Wissens ist es sinnvoll vorbeugende Maßnahmen zu ergreifen, um diesen Situationen zuvorzukommen. Teambildung und Gemeinschaftsaktivitäten für das gesamte Team können ebenfalls zur Stressbewältigung beitragen.

Der Projektmanager sollte dafür sorgen, dass sowohl er selbst, als auch die anderen Teammitglieder ein ausgewogenes Verhältnis zwischen Arbeit, Familie und Freizeit einhalten.

Wissensfragen:

1. Welche Entspannungstechniken kann man als Projektleiter einsetzen?

Lösungshinweis für die Wissensfragen:

1. Tief durchatmen (3 Mal), Tagträumen, Pause machen.

3.2.6 Offenheit

Einführung:

Offenheit definiert die ICB als die „Fähigkeit, anderen das Gefühl zu geben, dass ihre Ideen willkommen und ihre Sorgen, Bedenken, Vorschläge und anderen Beiträge dem Projekt hilfreich sind". Ein Projektleiter muss in vielfältiger Form seine Offenheit demonstrieren: gegenüber der Erfahrung und dem Wissen der Projektmitarbeiter, aber auch gegenüber verschiedenen Themen, die vielleicht auf den ersten Blick nicht gleich sein Projekt betreffen, wie z.B. der potentiellen Diskriminierung von Personen. Dabei ist wiederum zu beachten, dass Offenheit nicht unbegrenzte Offenheit meint: Es gibt auch die Notwendigkeit zur richtigen Verschwiegenheit.

Wie kann ein Projektleiter seine Offenheit zeigen? Zeigen kann der Projektleiter seine Offenheit in verschiedenen Formen: durch eine Politik der offenen Tür, dem Management-by-walking-around, durch seine situationsangemessene Sprache etc. Inhaltlich zeigt sich seine Offenheit v.a. durch seine positive Toleranz gegenüber anderen Einstellungen, Meinungen und Interessen, die sich auch in unterschiedlichen Kulturformen zeigen.

Wissensfragen:

1. Wie kann der Projektleiter eine Atmosphäre der Offenheit schaffen?
2. Was verhindert Offenheit im Projektteam?
3. Wofür ist Offenheit wichtig im Projekt?

Praxisbeispiel:

Aus zwischenmenschlicher Sicht war es für mich erforderlich, mit unterschiedlichen Fachdisziplinen und entsprechend unterschiedlich denkenden und handelnden Menschen umzugehen. In diesem Zusammenhang war es wichtig, nicht nur gegenüber der technischen Herangehensweise aufgeschlossen zu sein, sondern auch wirtschaftliche und rechtliche Aspekte gleichwertig einzuschließen. Wesentlich war aus meiner Sicht auch die Erkenntnis, dass identische Fachdisziplinen vom sachlichen Kern gleichartig funktionieren, aber auf Grund gesellschaftlicher Einflüsse auf sozialer Ebene Unterschiede aufweisen. Beispielsweise war die Hierarchie zwischen Vorgesetzen und Mitarbeitern in SOE-Ländern auf Grund des hohen Ansehens von Fachexperten in den SOE-Ländern im Schnitt stärker ausgeprägt, als bei den Mitarbeitern aus Deutschland. Folglich musste ich meine Offenheit gegenüber der Meinung untergeordneter Mitarbeiter wesentlich stärker zum Ausdruck bringen und ihnen entsprechend intensiv signalisieren, dass ich auch ihre Beiträge für wichtig erachte.

Auf Grund der internationalen Ausrichtung des Projekts waren kulturelle und gesellschaftliche Aspekte von großer Bedeutung. Neben einer generellen Aufgeschlossenheit gegenüber einer andersartigen multikulturellen Lebensweise, die Ähnlichkeiten zu westeuropäischen Gesellschaften aufweist, aber auch stark durch osmanische Einflüsse geprägt ist, war vor allem Offenheit gegenüber einer Denkweise erforderlich, die sich vornehmlich aus politischen Entwicklungen der letzten zwei Jahrzehnte ergeben hatte. Nachdem ich die Teilprojektleiter aus Deutschland entsprechend unterwiesen hatte, habe ich als Projektleiter daran gearbeitet, eine gewisse gesellschaftliche Verschlossenheit im Rahmen des Projekts aufzubrechen. Wie schon im Zusammenhang mit dem Thema Führung angesprochen, war es ein Ziel dieses Projekts, den Mitarbeitern in SOE den Anschluss an aktuelle wissenschaftliche Themen zu ermöglichen und ihnen damit das Gefühl zu geben auf bedeutender internationaler Ebene dabei zu sein. Mit dieser Strategie ist es gelungen, bei einem Großteil der Projektbeteiligten und externen Stakeholder mehr Offenheit und größeres Vertrauen zu erreichen, was wiederum eine nachhaltige Grundlage für weiterführende Projekte geschaffen hat.

Lösungshinweise für die Wissensfragen:

1. Neue Ideen begrüßen, andere Werte/Normen akzeptieren, Bereitschaft zeigen für alternative Lösungswege (z.B. Durchführen von Brainstormings), Herzlichkeit, Geselligkeit, Freundlichkeit gegenüber anderen zeigen.
2. Einseitige Betonung von Regeln und Traditionen (bisherige Lösungswege, Übergewichten von Absicherung (Sicherheitsbedürfnis)), sich persönlich barsch und unterkühlt zeigen.
3. Offenheit braucht man im Projekt für neue Lösungswege bei Problemen, zur Konfliktlösung und zum Aufbau eines Teamgefühls.

3.2.7 Kreativität

Einführung:

Kreativität im Projektmanagement ist zum einen als individuelle Fähigkeit (Kreativität des Projektleiters, Kreativität des Projektmitarbeiters) und zum anderen als Fähigkeit des Projektteams bzw. der Organisation zu betrachten.

Der Projektleiter hat die Aufgabe seine eigene Kreativität einzusetzen, die Kreativität und das Interesse anderer anzuregen, sie zum Einsatz ihrer Fähigkeiten zu motivieren und kreative Handlungen im Team erfolgsorientiert zu steuern. Zudem muss er fachlich in der Lage sein, Kreativitätstechniken problem- und organisationsangepasst (teamabhängig) zu erkennen und einzusetzen. Insbesondere die Fähigkeit kreative und ergebnisorientierte Ideen zu erkennen und aufzunehmen (dokumentieren), diese zu bewerten und für das Projekt umzusetzen, ist wesentlich für zielorientiertes kreatives Arbeiten.

Um Kreativität wirksam anregen und einsetzen zu können, müssen drei Voraussetzungen erfüllt sein. Die Bereitschaft (wollen), die Fähigkeit (können) und die Möglichkeit (dürfen, kreativ zu handeln. Aufgrund selbstgesetzter oder von außen aufgesetzter Kreativitätsblockaden kann aber die Entfaltung von kreativem Handeln gehemmt werden. Unter diese von außen gesetzten Kreativitätsblockaden fallen z.B. einzuhaltende Formalismen, Zeitdruck oder beispielsweise mangelnde Anerkennung oder Ignoranz (Killerphrasen). Dem Projektleiter obliegt es hier durch angepasste kommunikative (unterlassen kreativitätshemmender) Äußerungen, terminliche bzw. organisatorische Maßnahmen Kreativitätsblockaden zu beseitgen oder zu verhindern.

Der Ideenfindungsprozess kann in vier Phasen gegliedert werden: In der Vorbereitungsphase (Präparation) muss das Problem und die damit verbundene Lösungsaufgabe klar definiert, formuliert und abgegrenzt werden. Einerseits muss sie eng genug gefasst sein, um das Problem deutlich darzustellen und das Abschweifen zu vermeiden, andererseits darf durch eine zu enge Fokussierung die Kreativität nicht gehemmt werden. In der Phase der Inkubation werden die in der Vorbereitungsphase ausgearbeiteten Informationen verteilt. Die Mitarbeiter sollen unabhängig und frei von Druck daraus erste Lösungsideen entwickeln. Aus den verschiedenen Teillösungen und Ideen wird in der Illuminationsphase unter Nutzung der Kreativitätstechniken eine Problemlösung entwickelt. In der Ausarbeitungsphase werden die Ergebnisse hinsichtlich der Anwendbarkeit bewertet und in weiteren Arbeitsschritten für die Umsetzung definiert.

Für den Projektleiter sind die Kreativitätstechniken Werkzeuge, um kreatives Handeln zu fördern. Mit den Kreativitätstechniken sollen bestehende, eingefahrene Denkweisen verlassen werden und die Entwicklung neuer Ideen ermöglicht werden. Aus den Kenntnissen über die Arbeitsweise des Gehirns lassen sich die Kreativitätstechniken in intuitive (Assoziations-, Analogietechniken), systematische (Konfrontations-, analytische Techniken) und Mapping-Techniken (Kombination) einteilen. Bei der Anwendung der Kreativitätstechniken ist es wichtig Regeln klar zu kommunizieren und auf deren Einhaltung zu achten.

Wissensfragen:

1. Welche Kreativitätstechniken kann man in Projekten einsetzen?
2. Beschreiben Sie den Kreativitätskreislauf im (Projekt-)Management.
3. Nennen Sie die Grundregeln des Brainstormings.
4. Was sind Eigenschaften kreativer Teammitglieder?

Praxisbeispiel 1 eines Projektleiters:

In der Projektinitialisierungsphase wurde ein Workshop für Ideenfindung organisiert. Teilnehmer des Workshops waren der Projektauftraggeber, der Projektleiter, die Abteilungsleiter der Abteilungen Operations, Engineering, Quality Assurance und das Projektteam. Ziel des zweistündigen Workshops war es, drei bis fünf neue

Ideen zu finden, die der Lieferant für die Verbesserung der Anlage einsetzen könnte. Nachdem die Aufgabenstellung grob geklärt war, wurde mit dem Brainstorming zum Thema angefangen. Als die erste Stunde vorbei war, konnte man feststellen, dass der Großteil der Diskussion zwischen dem Abteilungsleiter und dem Projektauftraggeber geführt wurde. Die Teilnahme des Projektteams war sehr begrenzt und die Haltung der Fachexperten war sehr vorsichtig und zurückhaltend. Nach einer Stunde haben einige Teilnehmer die Besprechung verlassen, weil sie an anderen Besprechungen teilnehmen mussten. Nach 5 Minuten Pause wurde der Workshop weitergeführt.

Die Fachexperten nahmen mehr an der Diskussion teil. Aber die Motivation der Teilnehmer ist während der zweiten Hälfte des Workshops schnell gesunken. Obwohl mehr Ideen entwickelt wurden, haben die Fachexperten damit angefangen, die Ideen im Detail zu diskutieren und die Ideen nach Machbarkeit zu überprüfen. Am Ende des Workshops wurde die Zielsetzung der Besprechung, drei bis fünf Ideen zu generieren, nicht erreicht. Nach dem Workshop wurde ein Besprechungsprotokoll von dem Projektleiter erstellt und per E-Mail verteilt. Die Einladung für die Fortsetzung des Workshops und die Bewertung für die Ideen wurde von vielen Teilnehmern abgesagt. Die während des Workshops entwickelten Ideen wurden mit dem Projektteam analysiert, zusammengefasst und dem Lieferanten zugeschickt. Nach einer Woche hat der Lieferant die Stellungnahme erstellt, dass die Ideen wegen technischer Schwierigkeiten nicht eingesetzt werden können und neue Ideen kreiert werden müssen.

Aus meiner heutigen Sicht muss ich sagen, dass in der damaligen Situation die Voraussetzungen für echte kreative Arbeit eher schlecht waren. Obwohl die zu bearbeitende Aufgabe in der Einladung klar definiert war, war die Vorbereitung der Teilnehmer wegen hoher Arbeitsbelastung nicht ausreichend. Durch die Verspätungen der Teilnehmer und der fortgeschrittenen Zeit, entstand für die Besprechung ein zusätzlicher Zeitdruck, der zur Hemmung der Kreativität führte. Da das Brainstorming innerhalb einer großen Gruppe von Führungskräften und Mitarbeitern durchgeführt wurde, verhielten sich viele Mitarbeiter zurückhaltend. Die Umsetzbarkeit der Ideen war ebenfalls sehr begrenzt, weil innerhalb der Diskussionsgruppe keine Experten (des Lieferanten) waren.

Was habe ich daraus gelernt?

1. Die Vorbereitung ist entscheidend für den Erfolg eines Brainstorming-Workshops. Der Projektleiter muss genug methodische Erfahrung besitzen, um den Workshop-Ablauf zu gestalten. Falls innerhalb des Unternehmens niemand über genügend Erfahrung verfügt, sollte auf die Hilfe eines externen Moderators zurückgegriffen werden.

2. Die Teilnehmer müssen vor dem Workshop das Ziel des Workshops kennen, um sich vorab genügend Gedanken über das Thema machen zu können.

3. Die optimale Zeit für einen Brainstorming-Workshop ist zwischen 40 - 50 Minuten.

4. Die Anwesenheit und die Pünktlichkeit aller ist Grundvoraussetzung.

5. Alle Betroffenen und Beteiligten, auch die externen Stakeholder wie Kunden und Lieferanten, müssen in den Workshop involviert werden.

6. Innerhalb des Workshops dürfen firmeninterne Hierarchien keine Rolle spielen. Falls es nicht vermieden werden kann, müssen getrennte Besprechungen für die Führungskräfte und Mitarbeiter organisiert werden.

7. Alle Mitarbeiter sollten vorab über Kreativitätswerkzeuge und Ideenfindungsmethoden trainiert werden.

Praxisbeispiel 2 eines Projektleiters:

In unserer Projektgruppe aus fünf Personen hatten wir uns die Aufgabe gestellt, Wunschvorstellungen („Visionen") und grundsätzliche Fragen abzuklären. Eingangs habe ich als Moderator die Grundregeln des Brainstormings erläutert. Der Gruppenprozess verlief allerdings enttäuschend: Verbale Äußerungen einiger Teammitglieder beeinflussten die Ideenfindung anderer und provozierten entgegen der Regeln eben doch wertende Reaktionen. Andere Personen blockierten mit ihren langen Ausführungen andere Teilnehmer; hier wirkten sich innerbetriebliche Positionierungen und Hierarchien aus. Ich zog daraus die Konsequenzen: In einer weiteren Sitzung kombinierten wir Brainstorming-, Brainwriting- und Metaplan-Methoden; die Anonymisierung im Schreibverfahren führte – trotz einiger Doppelungen – zu positiven Ergebnissen, die an der Pinnwand festgehaltenen Ideen konnten in konkrete Arbeitsvorhaben übergeführt werden. Ich habe daraus gelernt: Das Variieren und Kombinieren kreativer Methoden kann weiterführend und praxisdienlich sein.

Praxisbeispiel 3 eines Projektleiters:

1. Im Rahmen des Projekts habe ich als Projektleiter die Kopfstandmethode als Kreativitätstechnik angewandt. Zu Beginn des Startworkshops wollte ich einen angenehmen Einstieg finden und zugleich die Erwartungshaltung der Teilnehmer abfragen. Die Kopfstandmethode erschien mir hierfür sehr geeignet, da es eine ungewohnte Vorgehensweise ist, einen gewünschten Sachverhalt / eine übliche Fragestellung zu negieren und somit Aufmerksamkeit bei der Projektgruppe zu wecken.

2. Unter der Überschrift „Was muss alles passieren, damit dieser Workshop nicht erfolgreich wird", habe ich auf Zuruf der Teilnehmer ein Flipchart mit entsprechenden Stichworten gefüllt. Durch die negativ formulierte Fragestellung wurde die Kreativität der Projektteammitglieder gefördert und es gab eine weitaus offenere Diskussion zum Thema, was alles zum Scheitern des Projekts führen könnte.

3. Die Kopfstandmethode hat sich meines Erachtens hierzu sehr gut geeignet, um in einem lockeren, teilweise auch humorvollen Rahmen eine ernste Fragestellung zu bearbeiten. Durch die Negierung der Frage wurden alle Projektteilnehmer verstärkt in die Diskussion und Ideenfindung mit eingebunden, da jeder einen Grund kennt, warum etwas nicht gelingen sollte.

Im Nachgang dieser Eröffnungssequenz fiel mir im Sinne von „Lessons Learned" auf, dass ich durch die Moderation und das gleichzeitige Notieren der Aspekte auf das Flipchart stark abgelenkt war. Des Weiteren waren die Projektteammitglieder nicht körperlich aktiv am Geschehen beteiligt. Um den Effekt zur Aktivierung der Gruppen- bzw. der Gruppendynamik und die Generierung eines „Wir-Gefühls" zu verstärken, werde ich in zukünftigen Kopfstand-Sequenzen die Teilnehmer selbst ihre Aspekte auf eine Metaplanwand pinnen lassen. Zudem kann ich mich dann als Moderator voll und ganz auf die Ideenfindung innerhalb der Gruppe konzentrieren.

Lösungshinweise für die Wissensfragen:

1. Brainstorming, Brainwriting (6-3-5), Kopfstandmethode, Reizwortanalyse, Disney-Methode, Morphologischer Kasten.
2. Es gibt 4 Schritte: Präparation, Inkubation, Illumination und Verifikation.
3. Zeitliche Begrenzung; alle Äußerungen sind in Ordnung; keine Kritik oder Diskussion; anknüpfen an Ideen anderer ist erlaubt; visualisiere, um später die Nacharbeit machen zu können.
4. Eigenschaften kreativer Teammitglieder: z.B. Neugierde und Offenheit, Risikobereitschaft, zu Perspektivenwechsel in der Lage sein, unbeeindruckt von der Kritik anderer.

3.2.8 Ergebnisorientierung

Einführung:

Vom Aspekt „Ergebnisorientierung" sind nahezu alle Bereiche des Projektmanagements betroffen. Der Schlüsselsatz für dieses Element könnte daher lauten: Im Projektmanagement geht es nicht darum, dass alle hart arbeiten, sondern dass die erzielten Ergebnisse für das Produkt, die Kunden, die Mitarbeiter und alle anderen Stakeholder optimal passen. Folgende Leitsätze beschreiben am besten die Idee der Ergebnisorientierung:

1. Achte darauf, dass das Projektteam immer die Ziele im Focus hat und sich nicht mit Nebensächlichkeiten beschäftigt.
2. Stelle sicher, dass alle Stakeholder immer mit dem Projektverlauf und dem Projektergebnis zufrieden sind.
3. Nutze alle Chancen, die sich im Projektverlauf auftun, um zusätzlichen Erfolg zu generieren.
4. Stelle sicher, dass alle vereinbarten Änderungen umgesetzt werden.
5. Beachte alle Anforderungen der Umwelt z.B. ethische, religiöse, soziale etc.
6. Verliere nie die Motivation der Mitarbeiter aus den Augen.

Für den ergebnisorientierten Ablauf eines Projekts sind sowohl der Projektleiter als auch die Projektmitarbeiter verantwortlich. Entscheidend ist, dass es nicht auf den Weg, sondern auf die Erreichung des Ziels ankommt. Diese Ausrichtung verlangt, dass die Mitarbeiter durch Ideen und Innovationen die Zielerreichung aktiv mitgestalten. Somit ist eine ergebnisorientierte Vorgehensweise auch gut für die Motivation der Mitarbeiter.

Um durch die Berücksichtigung von neuen Ideen die ursprüngliche Planung nicht aus dem Auge zu verlieren, müssen Kontrollfunktionen eingebaut werden, um Abweichungen zur ursprünglichen Planung festzustellen und nach Abschluss des Projekts bewerten zu können. Die Ergebnisorientierung zieht sich somit quasi als Querschnittsfunktion durch alle Phasen eines Projekts.

Wissensfragen:

1. Was versteht man unter Ergebnisorientierung?
2. Was trägt zur Ergebnisorientierung im Projekt bei?
3. Was verhindert Ergebnisorientierung im Projekt?

Praxisbeispiel 1 eines Projektleiters:

In meinem Projekt wurde mir klar, dass es im Hinblick auf die Ergebnisorientierung nicht nur um die harten Faktoren Kosten, Zeit und Leistung ging, sondern auch um die weichen wie z.B. um die Stakeholder-Zufriedenheit. So konnte durch den Einsatz unseres Produktes bei den Nutzern eine wesentliche Zeitersparnis von 50 % erreicht werden, was zu einer erheblichen Zufriedenheit der Projektbeteiligten und -betroffenen führte.

Ich habe die Erfahrung gemacht, dass eine adäquate Projektplanung mit einer dynamischen Anpassung bedeutend für die Ergebnisorientierung ist. So habe ich die Feinplanung für die Stufe zwei erst nach Abschluss der Stufe eins durchgeführt, die dadurch natürlich realistischer wurde. Auch konnten dadurch Chancen erkannt werden, um zusätzliche Erfolge zu generieren.

Zu der optimalen Projektabwicklung hat sicherlich auch beigetragen, dass ich in meiner Rolle als Projektleiter nicht zu stark in operative Aufgaben hineingezogen wurde und somit einen guten Überblick auf das „Ganze" hatte. Hilfreich war auch, dass ich das Kernteam an der Planung beteiligt habe. Hierdurch entstand eine hohe Identifikation des Einzelnen mit dem Projektergebnis und mein Steuerungs- und Kontrollaufwand konnte reduziert werden.

Auf Grund der regelmäßigen Überprüfung der Stakeholder während des Projektverlaufs als iterativer Prozess war es möglich, dass eine wichtige Anwendergruppe, die am Anfang des Projekts nicht als Betroffene identifiziert wurde, in einer späteren Phase in das systematische Stakeholder-Management aufgenommen werden konnte.

Praxisbeispiel 2 eines Projektleiters:

Meinem Projekt setzte man einen engen Rahmen, um die definierten Ziele in der vorgegebenen Zeit erreichen zu können. Des Weiteren war es eines der ersten Projekte, die nach einem bestimmten Standard durchgeführt werden sollten, bei denen – für unterschiedliche Anwendungsgebiete – im Projekt Referenzmodelle (Best Practice) vorgegeben waren. Ergebnisorientierung bedeutete hier also: nicht nur das Terminziel zu erreichen, sondern auch die „Best Practices" nachweislich umzusetzen!

	Kriterium	Anmerkung
01	Aktive Einbindung der Key-User vom Altsystem.	Die Key-User definierten die Anforderungen für ein neues System und standen für Tests und Feedback des Prototypen zur Verfügung.
02	Das Software-Beratungshaus musste Branchenerfahrung haben.	Der Firmen Partner hatte den Auftrag, einen Business-Blueprint (erweitertes Fachkonzept) und einen Prototypen zu entwickeln.
03	Unterstützung von kreativen und innovativen Ansätzen für ein neues System.	Es wurden z.B. innovative Ansätze bei der Oberflächengestaltung und der Benutzerfreundlichkeit verfolgt.
04	Bestehende Analyseergebnisse und Konzepte aus Vorprojekten müssen zur Systementscheidung berücksichtigt werden.	Die vorhandenen Dokumente boten eine gute Ausgangsbasis für das Projekt. Spezielle Anforderungen wurden auch im beschriebenen Projekt übernommen.
05	Es musste eine enge Abstimmung mit den Stakeholdern erfolgen. Hierbei fand regelmäßig ein Abgleich der Stakeholder-Interessen mit den Projektzwischenergebnissen statt.	Dies wurde aktiv von der Projektleitung betrieben und hatte großen Anteil am Projekterfolg.
06	Die Projektleitung setzte sich aus einer Doppelspitze zwischen IT und Fachbereich zusammen.	Niemand fühlte sich übergangen und alle Interessen wurden gleichwertig berücksichtigt. Die Projektleiter kamen sehr gut miteinander aus, welches auch seinen Beitrag zum Projekterfolg hatte.
07	Alle Systemanwender wurden regelmäßig über einen Projektnewsletter eingebunden. Dieser beinhaltete Informationen zu Projektvorhaben und Fortschritt.	Alle Anwender waren informiert und konnten den Projektverlauf regelmäßig verfolgen. Der Newsletter wurde per E-Mail verteilt.
08	Anforderungen wurden mit allen Key-Usern gemeinsam priorisiert und abgenommen.	Es konnte eine vergleichbare Gewichtung der Priorisierung und Bewertung erreicht werden. Die Nachvollziehbarkeit für den Fachbereich war gewährleistet.
09	Es gab eine offene Projektablage für alle Projektbeteiligten.	Dies führte zu klaren Kommunikationswegen und keiner Geheimniskrämerei.

10	Zum Projektabschluss erfolgten ein gemeinsames Lessons Learned und eine Abschlussfeier mit Auftraggeber, Auftragnehmer und Fachbereich.	Ein positives Verhältnis zwischen Projektmitgliedern auch für zukünftige Vorhaben war gegeben. Erkenntnisse aus dem Projektverlauf wurden ausgetauscht. Die Veranstaltung legte den Grundstein für ein erfolgreiches Folgeprojekt.

Praxisbeispiel 3 eines Projektleiters:

Im Rahmen von Instandsetzungsarbeiten an den Kraftstofftanks von Flugzeugen ist es mitunter nötig, Abdichtarbeiten im Inneren der Tanks durchzuführen. Die Tanks befinden sich bei dem Transportflugzeug C-160 Transall als sog. Integral-Tanks in den Tragflächen des Flugzeugs. Zum Abdichten von Undichtigkeiten müssen Flugzeugmechaniker im Inneren der entleerten und belüfteten Tanks die alte Dichtmasse entfernen, chemisch reinigen und nach Durchführung der Arbeiten wieder neue Dichtmasse aufbringen.

Die Entfernung der alten Dichtmasse erfolgt gemäß technischer Dokumentation von Hand mittels Holzspachteln (um Beschädigungen durch Metallspachtel zu verhindern). Dies ist aufgrund der eingeschränkten Bewegungsfreiheit im Tank, der Notwendigkeit einer Vollschutzausrüstung inklusive Atemmaske und der Beschaffenheit der Dichtmasse eine oftmals langwierige und sehr anstrengende Arbeit.

Der für die Tankreparaturen am Flugzeug verantwortliche Werkstattleiter wollte diese kräftezehrende und personalintensive Arbeit erleichtern und informierte sich über Alternativen zum manuellen Spachteln. Er fand im Internet ein druckluftbetriebenes Gerät, welches mit unterschiedlichen Spachteln (Metall, Kunststoff, Holz) bestückt werden kann und in der zivilen Luftfahrt für die Arbeiten in Kraftstofftanks zugelassen ist. Eine Zulassung für den Einsatz in Luftfahrzeugen der Bundeswehr lag jedoch nicht vor. Der Werkstattleiter sah aber aufgrund der zivilen Luftfahrt-Zulassung gute Chancen, auch innerhalb der Bundeswehr eine Freigabe zu erwirken. Die nötigen Finanzmittel zur Beschaffung des Druckluftschabers waren wegen der laufenden Bundeswehrreform nicht verfügbar. Der Werkstattleiter reichte daher die Beschaffung des Geräts als Verbesserungsvorschlag im Rahmen von KVP BW (kontinuierliches Verbesserungsprogramm der Bundeswehr) ein. Er rechnete sich gute Chancen aus, für diesen in seinen Augen Arbeitszeit und Personal sparenden Vorschlag sogar eine Geldprämie für den Verbesserungsvorschlag zu erhalten. Aus Angst davor, dass ihm ein Kollege zuvor kommen könnte und den Vorschlag selbst einreichen könnte erstellte er in kürzester Zeit den Verbesserungsvorschlag und reichte ihn bei der zuständigen Stelle ein. Er beteiligte weder seine Fachvorgesetzten (Flugzeug-Nachprüfer und technische Führungskräfte), noch die Zulassungsstelle für Militärflugzeuge.

Im Rahmen der Bearbeitung und Bescheidung des Vorschlags durch die KVP-Stelle wurden jedoch die Fachvorgesetzten und die Zulassungsstelle um Abgabe einer fachlichen Bewertung des Vorschlags gebeten. Da diese in den Vorgang bisher nicht eingebunden waren und aufgrund mangelnder Erfahrung mit druckluftbetriebenen Schabern mögliche Beschädigungen an den Tanks fürchteten, gaben sie ablehnende Stellungnahmen ab. Zudem wäre der finanzielle und zeitliche Aufwand für eine Zulassung bei Militärluftfahrzeugen in der Bundeswehr zu erwirken vergleichsweise hoch.

Der Verbesserungsvorschlag wurde folglich abgelehnt, es erfolgte keine Zulassung des Geräts in der Bundeswehr, der Werkstattleiter erhielt keine Prämie und seine Mechaniker müssen weiterhin mit Hilfe von Holzspachteln die Dichtmasse aus den Kraftstofftanks schaben.

Gewonnene Erkenntnis und Transfer

Der Werkstattleiter hatte ursprünglich ein Ergebnis vor Augen: Seine Mechaniker können zukünftig Tankreparaturen schneller und mit geringer körperlicher Anstrengung durchführen.

Im Rahmen der Suche nach dem Weg zu diesem Ergebnis fand er eine für ihn denkbare Option dieses Ergebnis zu erreichen. Er legte sich auf diese eine Option, dem Einsatz eines druckluftbetriebenen Schabers fest. Eine Prüfung von weiteren möglichen Optionen (wie z.B. Beauftragung von Fremdfirmen zur Durchführung der Tankarbeiten, Warten auf eine Entspannung der Finanzlage etc.) entfiel.

Im Rahmen der Konzepterstellung seines Verbesserungsprojektes verlor er das ursprünglich angepeilte Ergebnis der Arbeitseinsparung noch weiter aus den Augen. Sein Ziel bestand nämlich nunmehr (getrieben durch die Aussicht auf eine Geldprämie) darin, einen erfolgreichen Verbesserungsvorschlag zu generieren. Aus Angst vor einem möglichen „Ideenklau" versuchte er das Projekt komplett allein zu stemmen. Er führte weder eine Umfeld-/Stakeholderanalyse, noch eine Risikoanalyse durch und erstellte nur eine halbherzige Projektplanung. Ihm fehlte in dieser Phase des Projekts der nötige Weitblick (Wer trifft die Entscheidung über den Vorschlag, wer ist fachlich beteiligt, wer könnte ihm behilflich sein?) und auch der Überblick über die notwendigen Schritte (Was ist alles nötig? Versuche/Erprobung des Geräts, Zulassung und Freigabe für die EWV?), um mit dem Gerät wirklich am Flugzeug arbeiten zu können. Er fokussierte sich komplett auf die Objekt-Ebene (möglichst zügige Beschaffung eines druckluftbetriebenen Schabers, erfolgreicher Verbesserungsvorschlag). Er vernachlässigte die Handlungsebene sowohl im Bereich Methoden (keine Risikobetrachtung, keine Kostenkalkulation, usw.) als auch im Bereich Soziales (keine Kommunikation mit den fachlichen Stellen, zweifelhafte Eigenmotivation, etc.). Das Projekt war aufgrund dieser fehlenden Ergebnisorientierung nüchtern betrachtet von vorneherein zum Scheitern verurteilt.

Aufgrund der Ablehnung des KVP-Vorschlags auf Basis der fachlichen ablehnenden Stellungnahmen wurde auch eine reguläre Beschaffung des Geräts nach Entspannung der Finanzlage in der Bundeswehr unmöglich.

Vorschläge für besseres Verhalten

- Den Denkraum erweitern: Der Werkstattleiter sollte sich nicht zu schnell auf eine mögliche Option zu Erreichung des Ergebnisses festlegen. Durch die frühe Festlegung auf eine Option nimmt man sich dadurch selbst ein. Weitaus sinnvoller wäre der Einsatz von Kreativitätstechniken (z.B. Brainstorming, six thinking hats, usw.) unter Beteiligung von weiteren Mitarbeitern und ggf. auch Fachvorgesetzten. Erst nach sorgfältiger Abwägung verschiedener ermittelter Alternativen und unter nachvollziehbaren Gesichtspunkten (z.B. SMART-Kriterien) sollte eine Festlegung auf eine Option erfolgen.
- Orientierung am Ergebnis: Kontinuierliche Überprüfung, ob der eingeschlagene Weg geeignet und erfolgversprechend ist, um das ursprüngliche Ziel zu erreichen.
- Zielgerichtete Anwendung von PM-Methoden: Durchführung von Umfeldanalyse, Stakeholderanalyse, Risikobetrachtung, Kostenermittlung und Budgetplanung etc.
- Ergebnisorientiertes Stakeholder-Management: Durch eine frühzeitige Einbindung wichtiger Stakeholder (Fachvorgesetzte, Zulassungsstelle) wäre die Bewertung des Verbesserungsvorschlages vermeintlich anders als im beschriebenen Beispiel ausgefallen.
- Zeit- und Selbstmanagement: Hätte der Werkstattleiter ein Projektteam aufgestellt und nicht versucht, das komplette Vorhaben allein zu stemmen, hätte er mehr Zeit und Ressourcen für die Ausarbeitung eines tragfähigen Konzepts gehabt. Außerdem sollte immer eine selbstkritische Reflektion erfolgen.
- Nutzung von „Lessons Learned" bzw. PM-Handbüchern: Der Werkstattleiter hätte sich bei der Ausarbeitung seines Vorschlags auf Beispiele von erfolgreichen KVP-Vorschlägen sowie die Richtlinien und Anleitung zur Nutzung des KVP-Wesens abstützen können.

Lösungshinweise für Wissensfragen:

1. Ergebnisorientierung meint die Fähigkeit, die Aufmerksamkeit auf Schlüsselaspekte (Ziele, Erfolgsfaktoren etc.) zu lenken.

2. Im Projekt zeigt sich die Ergebnisorientierung in der Fokussierung auf die richtigen Kundenerwartungen (Stakeholder-Erwartungen), die richtigen Produkte (Ziele, Nichtziele), die richtigen Methoden und Prozesse (Meilensteine, angemessene Planungstiefe), der richtige Mitarbeitereinsatz (passende Mitarbeiterauswahl).

3. Unklare Ziele, schwankende Stakeholder-Erwartungen, fehlende Tools und Methoden.

3.2.9 Effizienz

Einführung:

Effizienz bezeichnet das Verhältnis von Mitteleinsatz zum Ergebnis. Während Effektivität den Grad der Zielorientierung durch richtige Priorisierung bezeichnet (das Richtige tun), bezieht sich Effizienz auf die Art und Weise der Zielerreichung (richtig tun).

Die gewünschte Effizienz im Projekt wird durch die Auswahl der geeigneten Methoden, Verfahren oder Systeme erreicht – es sollte auch über den gesamten Projektverlauf immer wieder nach Verbesserungen beim Mitteleinsatz geschaut werden. Schließlich ist die Reflexion und Auswertung des Mitteleinsatzes ein Teil eines kontinuierlichen Verbesserungsprozesses – auch über das aktuelle Projekt hinweg.

Der effiziente Einsatz von Ressourcen stellt sich aber nicht automatisch ein, sondern muss geplant werden – daran beteiligt ist nicht nur der Projektleiter, sondern alle Teammitglieder. Dazu gehört auch die geleistete Arbeit und den Ressourceneinsatz zu überwachen und mit dem Projektplan zu vergleichen und darüber auch zu berichten.

Eine effiziente Einstellung des Projektleiters laut ICB wird an mehreren Stellen sichtbar: Er kann Aufgaben delegieren und betreibt ein angemessenes Änderungsmanagement durch; er führt ein Management by Exception. Er informiert zum frühesten möglichen Zeitpunkt, wenn ein Plan nicht erfüllt werden kann. Er bietet Alternativen an und macht Vorschläge. Das Management hat das Gefühl, die Kontrolle zu besitzen. Er ergreift Korrekturmaßnahmen, wenn nötig; regt aber auch seine Mitarbeiter zu ständiger Suche nach Verbesserungen an. Er liefert selbst entsprechende Beiträge, stellt sich aber auch der Kritik.

3.2.10 Beratung

Einführung:

Der Begriff der Beratung wird in der ICB eng mit den Begriffen „schlüssig", „logisch" und „strukturiert" verbunden. „Unter Beratung versteht man die Fähigkeit, Gründe und schlüssige Argumente vorzulegen, anderen Ansichten zuzuhören, zu verhandeln und Lösungen zu finden."

Beratung ist damit ein Prozess der Entscheidungsfindung auf der Basis von zwischenmenschlichem Respekt und der Analyse von Fakten, Argumenten oder Szenarien. Beratung will nicht vorschnell eine Meinung durchsetzen, sondern will Meinungsverschiedenheiten benennen und zu einem nachvollziehbaren Ergebnis führen. Voreingenommenheit und Vorurteile passen hierzu nicht. Am Ende soll vielmehr eine Lösung stehen, die reflektiert und fundiert ist und so auch innerhalb der Projektorganisation kommuniziert werden kann.

Wie sehen Verhaltensweisen aus, die man mit Beratung in Verbindung bringt?

Jemand mit guter Beratungskompetenz:

- geht vorbereitet in eine Diskussion und kann diese auch strukturiert leiten,
- berücksichtigt Vorschläge anderer, geht mit anderen fair um,
- gibt konstruktiv Feedback, bittet auch selbst um Feedback,
- reagiert gelassen auf Kritik und Angriffe,
- fällt Entscheidungen auf der Grundlage der Logik und Argumentation, die auch für andere nachvollziehbar sind.

3.2.11 Verhandlungen

Einführung:

Projekttätigkeiten benötigen im Vergleich zu weisungsgebundenen Linien-Tätigkeiten durch ihren Bezug zum Projektumfeld ein größeres Maß an Verhandlungen, da diese Beziehungen nicht immer über festgelegte Verfahren oder Weisungen geregelt sind. Im Projektalltag sind Verhandlungen deshalb sowohl mit internen, als auch mit externen Partnern an der Tagesordnung. Es gilt Verträge auszuhandeln, Budgets und Ressourcen zu verteilen, Termine zu verschieben, Preise zu verhandeln etc. Viele Projektleiter bestätigen, dass ihr Arbeitsalltag über weite Teile hinweg aus Verhandlungen besteht.

Eine wichtige Verhandlung sollte gut vorbereitet sein. Es ist dabei durchaus üblich, dass die Vorbereitung der Verhandlung länger dauert, als die Verhandlung selbst.

Verhandlungen kann man in typische Verhandlungssituationen einteilen, die z.B. je nach Einstellung der beteiligten Personen oder nach Grad der Strukturiertheit unterschieden werden können (z.B. mit Auftraggeber, Auftragnehmer, Projektmitarbeitern über zu erbringende Leistungen etc.) und in verdeckte Verhandlungssituationen, die nicht eindeutig als solche erkannt und dementsprechend auch unvorbereitet geführt werden (z.B. Gespräch im Vorbeigehen, Telefonat).

Für Verhandlungen in einem Projekt wird gerne das Harvard-Prinzip als Modell für ein für sachbezogenes Verhandeln vorgeschlagen:

Harvard-Prinzip 1: Alternativen abwägen

Harvard-Prinzip 2: Zwischen Menschen und Problemen unterscheiden

Harvard-Prinzip 3: Interessen und Bedürfnisse ermitteln

Harvard-Prinzip 4: Optionen zu beiderseitigem Vorteil entwickeln

Harvard-Prinzip 5: Prüfung, ob die Einigung fair ist.

Bei Berücksichtigung des Harvard-Konzepts sind schon wichtige Grundvoraussetzungen für eine erfolgreiche Verhandlungsführung gegeben. Weiterhin können Verhandlungsgespräche in vier Phasen eingeteilt werden:

Orientierungsphase

Hier werden die Grundlagen für das Gespräch gelegt und die notwendigen Voraussetzungen (thematisch, sachlich, inhaltlich, räumlich, zeitlich, beziehungstechnisch) geschaffen.

Klärungsphase

In dieser Phase wird der IST-Stand aufgenommen und zwischen den Verhandlungspartnern kommuniziert. Für die anstehenden Fragen kann eine KUS-Matrix aufgestellt werden (was ist klar, unklar, strittig).

Veränderungsphase

Nach Abschluss der Klärungsphase werden in dieser Phase gemeinsam Lösungen entwickelt, möglichst unter Berücksichtigung des 4. Havard-Prinzips.

Abschlussphase

In dieser Phase werden die Ergebnisse möglichst schriftlich festgehalten und die weitere Vorgehensweise besprochen. Außerdem ist es hier noch sinnvoll auf das Gespräch zurückzublicken, um das Gespräch auch auf der Beziehungsebene abzuschließen. Verhandlungen können dann erfolgreich geführt werden, wenn man ein Interesse am Verhandlungspartner als Mensch hat, seine Bedürfnisse respektiert und sich fair verhält, anstatt Druck auszuüben.

Checkliste zur Vorbereitung von Verhandlungen (angelehnt an das Arbeitsbuch „Coverdale Verhandeln"):

1. Verhandlungsgegenstand: Weshalb ist eine Verhandlung erforderlich? Thema eingrenzen. Was sind die Streitpunkte?

2. Problembeschreibung/Vorgeschichte/Hintergründe: Sammeln von Daten, Infos, Statistiken, wenn nötig Rechtslage und Präzedenzfälle.

3. Informationen über Verhandlungspartner: Namen, Position, Befugnisse, Interessen, Familie, Besonderheiten, Tabuthemen.

4. Eigene Interessen/Ziele: Was sind meine Interessen, Gewichtung vornehmen, Verhandlungsspielräume, Zwänge und Schmerzgrenzen überlegen.

5. Interessen/Ziele der anderen Seite: Was wissen wir über die Interessen und Ziele der anderen Seite, welche Infos müssen noch besorgt werden?

6. Lösungsvarianten/Optionen: Lösungsvarianten durchspielen, Pro/Contra Argumente überlegen, gibt es Paketlösungen oder „Bonbons", die nichts kosten.

7. Eigene Beste Alternative/Beste Alternative des Verhandlungspartners: Was mache ich im Fall der Nicht-Einigung? Wann steige ich aus?

8. Zukunftsperspektiven/Langfristigkeit der Beziehung: Welche Auswirkung auf die Zukunft der Beziehung hat der Abschluss?

9. Organisatorischer Rahmen: Wer lädt ein? Wo soll die Besprechung stattfinden? Wer moderiert? Terminfindung? Teilnehmer? Sitzordnung? Protokollführung etc.

10. Interne Absprache: Ist eine interne Vorbesprechung notwendig? Mit wem? Welche Absprachen müssen getroffen werden?

11. Verhandlungseinstieg: Vertrauensbildende Maßnahmen, Anwärmphase.

Wissensfragen:

1. Welche Schritte gehören zur Vorbereitung einer Verhandlung?
2. Welche Punkte helfen, Pannen bei einer Verhandlung zu vermeiden?

Lösungshinweise für die Wissensfragen

1. A) Was ist das eigene Interesse/Was ist mir wichtig? Welchen Spielraum habe ich oder nehme ich mir?

   B) Wie lauten die Interessen meines Verhandlungspartners?

   C) Welche Optionen gibt es für eine Einigung?

   D) Wie kann ich dem Verhandlungspartner zeigen, dass es mir wichtig ist?

   E) Welche Zeichen erwarte ich von der anderen Seite?

2. Gute inhaltliche Vorbereitung, Minimal-Maximal-Positionen festlegen, Rolleneinteilung, wenn von einer Seite aus mehrere Personen in die Verhandlung gehen.

3.2.12 Konflikte und Krisen

Einführung:

Konflikte können durch Häufung von offenen Fragen oder Häufung nicht gelöster Probleme auf der Sachebene, aber auch auf der Beziehungsebene durch gestörte Kommunikation auftreten. Es wird zwischen folgenden Konflikten unterschieden:

- Innere Konflikte, bei denen eine Person hin- und hergerissen ist zwischen unterschiedlichen Handlungsmöglichkeiten und sich in Konsequenz nicht für eine Richtung entscheiden kann.
- Konflikte zwischen Gruppen oder auch interkulturelle Konflikte, bei denen die Gruppen sich gegenseitig oft auch negative Eigenschaften zuweisen und damit andere verletzen.
- Interpersoneller Konflikt, der zwischen mindestens zwei Personen oder Parteien auftritt, wenn jede Person oder Partei ihre Meinung durchsetzen will. Dabei ist der Konfliktgegenstand unkonkret und basiert auf Vorurteilen und Wertungen von Personen.

Konflikte haben auch eine positive Seite: Sie können manchmal nötig sein, um einen optimalen Zusammenhalt in Teams zu erlangen.

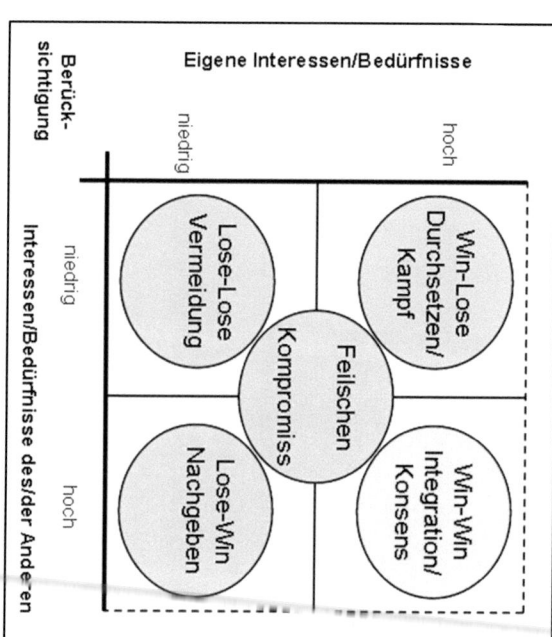

Wissensfragen:

1. Welche Konflikte gibt es in einem Projekt?
2. An welchen Symptomen erkennt der Projektleiter einen Konflikt im Team?
3. Was versteht man unter der Konfliktspirale?
4. Welche Maßnahmen eignen sich, um Konflikten vorzubeugen?
5. Welche Möglichkeiten zum Umgang mit Konflikten im Projektteam bestehen?
6. Was ist der Unterschied zwischen einem Moderator und einem Mediator?
7. Was ist der Unterschied zwischen einem Konflikt und einer Krise?

Praxisbeispiel 1 eines Projektleiters:

In meinem Projekt sollten drei Mitarbeiter unseres Unternehmens und ich den sogenannten „Factory Acceptance Test" (FAT) bei einem Maschinenlieferanten durchführen. Hierfür waren neben mir als Projektleiter noch zwei Validierungstechniker sowie ein Elektriker vorgesehen. Es war geplant die Reise zum Auftragnehmer in die Schweiz am Montag am frühen Nachmittag anzutreten, am Abend dann im Hotel einzuchecken und am Dienstag pünktlich beim Lieferanten einzutreffen. Am Freitag der Vorwoche hatte ich noch einmal alle FAT-Teilnehmer zu einem kurzen Meeting eingeladen und die letzten Details besprochen.

An besagtem Montag, etwa zur Mittagszeit, informierte ich dann alle Teilnehmer telefonisch über den genauen Abfahrtszeitpunkt. Der Elektriker war allerdings telefonisch nicht zu erreichen. Daraufhin rief ich bei seinen Vorgesetzten an. Dieser teilte mir dann mit, dass sich der Kollege am Morgen für die ganze Woche krank gemeldet hatte.

Plötzlich stand ich also vor dem Problem, keinen Elektriker beim FAT dabei zu haben. Ich beriet mich mit dem Vorgesetzten und bat ihn, doch selber mitzufahren oder einen anderen Mitarbeiter für den FAT abzustellen. Er gab mir jedoch zu verstehen, dass dies auf keinen Fall möglich sei und dass weder er noch ein anderer seiner Mitarbeiter für den FAT in Frage kämen. Aus dem Gespräch entwickelte sich eine Diskussion und ich warf ihm vor, dass er mir die Information über das Fernbleiben des Elektrikers vorenthalten hatte und mich schon am Morgen darüber hätte informieren müssen. Somit hätte ich eventuell mehr Zeit zum Reagieren gehabt. Er wiederum argumentierte, dass dies keinen Unterschied gemacht hätte, da ohnehin kein anderer Mitarbeiter in Frage gekommen wäre, da dies das aktuelle Tagesgeschäft nicht zuließe. Wir befanden uns also in einer Sackgasse und ich musste mich mit der Tatsache abfinden, dass kein Elektriker beim FAT dabei sein würde oder den FAT sogar komplett platzen zu lassen.

Lediglich der Umstand, dass einer der beiden Validierungstechniker von Haus aus auch gelernter Elektriker war, gab mir Hoffnung, doch noch einen erfolgreichen FAT durchführen zu können. Bei der verantwortlichen Elektrofachkraft musste aber zuerst der Vorgesetzte sein Einverständnis geben. Dies tat er dann auch ohne zu zögern. Die neue Situation bedeutete für den Validierungstechniker jedoch Mehrarbeit und für alle Teilnehmer einen längeren Aufenthalt beim Lieferanten, als geplant. Dass das Team und im Besonderen der Validierungstechniker über diese Tatsache nicht begeistert waren, ist verständlich.

Mit mehr Weitsicht und bei besserer Kommunikation hätte dieser Konflikt vermieden werden können.

Praxisbeispiel 2 eines Projektleiters:

Bei meinem Projekt handelt es sich um die Beschaffung und Einrichtung einer neuen Maschine für unsere Produktion. Nach der Genehmigung des Projektauftrags wurde der Kontakt mit dem bereits ausgewählten Lieferanten aufgenommen. Der Ansprechpartner beim Lieferanten war sehr motiviert und hilfsbereit. Innerhalb einer Woche wurde mir ein SPOC (single person of contact) zur Verfügung gestellt. Innerhalb kürzester Zeit erarbeitete er das technische Konzept und stellte es uns vor. Auch der von mir gewünschte Benchmarking-Termin bei einem seiner früheren Kunden, die bereits eine ähnliche Lösung implementiert hatten, war schnell organisiert. Der Informationsaustausch zwischen Projektteam, dem SPOC und mir lief reibungslos und alle Anrufe/E-Mails/Fragen wurden innerhalb von maximal einer Woche bearbeitet. Nach der Klärung der letzten technischen Details, wurde die Bestellung an den Lieferanten erteilt und 40 % der Gesamtrechnung wurde bezahlt.

Plötzlich änderte sich die Stimmung dramatisch: Die Anfragen wurden nicht mehr beantwortet und die festgelegten Termine nicht gehalten. Die Erklärung des Lieferanten lautete „geringe Verfügbarkeit der relevanten internen Mitarbeiter wegen voller Auftragsbücher". Die ersten Wochen wurde diese Begründung von mir akzeptiert. Aber nach vier Wochen war die Pufferzeit für das gesamte Projekt aufgebraucht und kein akzeptabler Fortschritt war erreicht worden. Die Einladung von mir als Projektleiter an den SPOC wurde von diesem ebenfalls wegen „vollen Terminkalenders" abgesagt. Das Projektteam entschließt sich schließlich, dieses Thema auf die Ebene der Geschäftsführung zu eskalieren. Es wurde ein Termin beim Lieferanten vereinbart, an dem neben einem Vertreter unserer Geschäftsleitung und mir als Projektleiter auch ein Vertreter der Verkaufsleitung des Lieferanten sowie der SPOC des Lieferanten anwesend waren.

Nach einer zweistündigen Besprechung war die Ursache für das Problem gefunden. Der Hauptgrund war eine fehlende Projekt-Abschlusszahlung. Das Projekt wurde mit diesem Lieferanten vor sechs Monaten durchgeführt, aber 50 % der Rechnung waren noch nicht ausgeglichen worden. Die Finanzabteilung unseres Unternehmens hatte zu diesem Zeitpunkt noch 30 Tage Zahlungsfrist und deswegen war dieser Betrag noch nicht freigegeben worden. Der Lieferant hatte entschieden und auch unsere Einkaufsabteilung darüber informiert, dass ohne Ausgleich der offenen Rechnung kein neues Projekt mit uns durchgeführt wird. Diese Nachricht wurde zwar von unserer Einkaufsabteilung aufgenommen, aber nicht an das Projektteam weitergeleitet.

Nach dieser Information wurde die Rechnung innerhalb von einigen Tagen ausgeglichen und die Bearbeitung des Projekts wurde beschleunigt. Alle wichtigen Termine wurden eingehalten, die Meilensteine und die Projektziele erreicht. Vier Wochen mit Besprechungen, Telefonkonferenzen und E-Mails hatten sich damit buchstäblich in Luft aufgelöst, in denen ich versucht hatte den SPOC zu „überzeugen", die Arbeitspakete schneller zu bearbeiten. Diese Zeit und Nerven hätte man besser für das Projekt verwenden können! Das Nichtklären dieses Konfliktes hätte mit Sicherheit zum Scheitern des Projektes geführt. Erst das aktive Herangehen an den Konflikt, die direkte Ansprache der Probleme und die Einbeziehung des Lieferanten haben dazu geführt, dass der Grund für den entstandenen Konflikt schnell innerhalb einer zweistündigen Besprechung gefunden worden war.

- Bei der Konfliktlösung ist es notwendig, aktiv zu werden, um die Auflösung des Konfliktes zu bewirken. Warten löst keine Probleme.

- Alle Konflikte haben eine Ursache. Die Suche der Ursachen mit einer Ursachen-Analyse ist der erste Schritt für den Konfliktlösungsprozess. Die 5-Warum-Analyse ist eine gute Methode, die in diesem Beispiel erfolgreich verwendet wurde.

- Eine Grundlage für die Lösung eines Konflikts kann immer die Suche nach einer Win-Win-Situation sein. Beide Parteien erhalten dadurch das Gefühl, etwas erreicht zu haben und das Projekt profitiert selbstverständlich davon.

- Sehr oft liegt die Ursache an nicht ausreichender oder fehlerhafter Kommunikation. Um die Konflikte vorab zu vermeiden, muss die Kommunikation zwischen allen Teilnehmern verbessert werden.

Lösungshinweise für die Wissensfragen:

1. Sachkonflikte (z.B. durch Zielkonflikte, Ressourcenkonflikte, Terminkonflikte) und zwischenmenschliche Konflikte (persönliche Konflikte, Intragruppenkonflikte, Intergruppenkonflikte); Konflikte entstehen durch widerstrebende Interessen oder Haltungen von mindestens zwei Parteien.

2. Personen werten sich verbal (fallen sich ins Wort, greifen sich an) oder nonverbal (abfällige Gesten) ab; Personen reden nicht (mehr) miteinander, sondern nur noch übereinander.

3. Eine Konfliktspirale bezeichnet die Tatsache, dass ungelöste Konflikte i.d.R. zu einer weiteren Verschärfung des Konfliktes führen.

4. Gegenseitiges Kennenlernen (Team-Building); Abklären von Erwartungen; Aufstellen von Verhaltens-Regeln; Vorbereiten auf Stressphasen im Projekt; Erklären von persönlichem Verhalten, um Missverständnissen vorzubeugen.

5. Akzeptieren, seine Position durchsetzen, Nachgeben, Kompromiss, Win-Win (Konsens).

6. Moderator = Gesprächslenker
Mediator = macht eigenen (dritten) Lösungsvorschlag, den die Konfliktparteien annehmen können.

139

7. Konflikt = Unterschiedliche Positionen treffen aufeinander, Lösung ist möglich;
   Krise = verschärfter Konflikt, der nur durch externes Eingreifen zur Entscheidung führt.

3.2.13 Verlässlichkeit

Einführung:

Eine Person gilt als verlässlich, wenn sie gemachte Zusagen einhält. Verlässlichkeit im Projekt bedeutet, die vereinbarte Leistung zu dem vereinbarten Zeitpunkt und in der vereinbarten Qualität zu erbringen. Dazu gehört auch zeitgerecht zu berichten, wenn es Abweichungen im Projekt gibt, die über vereinbarte Grenzen hinausgehen. Verlässlichkeit zeigt sich auch in der Art, wie man mit Informationen umgeht, wie z.B. mit vertraulichen Mitteilungen.

Die Folge von Verlässlichkeit ist Vertrauen bei den anderen. Gleichzeitig wirkt verlässliches Handeln auf andere positiv und kann wiederum deren Willen zur Selbststeuerung verstärken. Eventuell können so andere Personen Teilverantwortlichkeitsbereiche übernehmen.

Voraussetzung für Verlässlichkeit ist ein eigenes Verantwortungsgefühl für das Projekt, aber auch Beständigkeit, Zuversicht und den Willen Fehler zu vermeiden. Die ICB schreibt: „Verlässlichkeit ist eine Eigenschaft, die von den betroffenen Interessierten Parteien sehr hoch geschätzt wird".

Wissensfragen:

1. Was ist der Unterschied zwischen Verlässlichkeit und Vertrauen?
2. Wie entsteht Vertrauen?

Lösungshinweise für Wissensfragen:

1. Verlässlichkeit = Person hat Zusage gemacht, die in der Zukunft auch erfüllt wird; Vertrauen = Erfahrung, dass Person in der Vergangenheit eine Zusage gemacht hat und diese auch eingehalten hat.
2. Vertrauen entsteht durch Verlässlichkeit.

3.2.14 Wertschätzung

Einführung:

Bei der Wertschätzung handelt es sich um die Fähigkeit, die „wesentlichen Eigenschaften anderer Menschen zu erkennen und ihren Standpunkt zu verstehen". Im Vordergrund steht also immer die Person des anderen – nicht die Sache. Gelungene Wertschätzung zeigt sich darin, dass sich der andere wertgeschätzt fühlt.

Sie kann erfolgen in dem, was zu jemanden gesagt wird und vor allem in der Art, wie etwas gesagt wird. So kann sich Wertschätzung z. B. in Verhaltensregeln für Meetings (z.B. ausreden lassen, andere Meinungen akzeptieren) oder der Einhaltung von Terminen zum Ausdruck bringen. Lob und Anerkennung ausspricht, zeitnah Informationen weitergibt, oder zum Ausdruck bringt, dass er dem Können der Mitarbeitern vertraut. Im Rahmen der Kommunikation spiegelt sich Wertschätzung vor allem in der Art und Weise der Formulierung sowie Betonung wider. Sie erfolgt als Wertschätzung einzelner Projektmitarbeiter oder des Teams, im Umgang und in der praktizierten Gesprächsführung sowie in der Führung der Mitarbeiter.

3.2.15 Ethik

Einführung:

„Ethik" meint die allgemein akzeptierten Normen, an denen sich das Verhalten von Personen ausrichtet. Der Begriff der „Moral" bezeichnet dagegen bestimmte Normen, die Menschen befolgen bzw. befolgen sollen. Diese Normen können auch als Prinzipien oder Regeln bezeichnet werden. Moralische Normen sind immer relativ. Sie erscheinen demjenigen, der sie befolgt als „gut" oder „richtig".

Entscheidend für die Ethik ist, dass sie versucht systematisch allgemeine Maßstäbe für das normative Verhalten zu setzen (z.B. in gesetzlichen Grundlagen, in Form von Unternehmensregeln, Vorschriften in Arbeitsverträgen etc.), während der faktischen Moral teilweise individuelle oder emotionale Ursprünge zuzuordnen sind und sie kultur- und gesellschaftsabhängig ist.

Angenommen moralische Werte wollen mehr sein als einfache lokale Sitten und Gebräuche, dann ist es notwendig, nach der Begründung der Normen zu suchen. Ethische Werte sind damit begründete moralische Wer-

Praxisbeispiel:

Mir wurde im Projektverlauf immer klarer, wie wichtig ein gesundes Selbstbewusstsein als Voraussetzung ist, um authentisch führen und in komplexeren Situationen selbstständig entscheiden zu können. Große Relevanz für das Thema Wertschätzung spielte für mich in diesem Zusammenhang die Teamführung. Ich habe auf die Fähigkeiten der Mitarbeiter vertraut und die Aufgaben entsprechend ihrer Voraussetzungen delegiert. Dadurch fühlte sich jedes Mitglied nicht nur für die Erfüllung der eigenen Aufgabe verantwortlich, sondern auch für das Teamergebnis als Ganzes. Unter den IT-Entwicklern half z. B ein Entwickler dem anderen bei der Realisierung, als zeitliche Engpässe bestanden. Daraufhin habe ich sowohl das Einzel- als auch das Gruppenergebnis intensiv gelobt. Insgesamt habe ich die Erfahrung gemacht, wie positiv und wertschätzend es ankommt, wenn ich oft Feedback zu den Ergebnissen und auch zu engagierten Verhaltensweisen gegeben habe. Ein weiterer positiver Faktor der Wertschätzung im Projekt war, dass ich sehr genau auf gegenseitigen Respekt und aktives Zuhören geachtet habe.

Die Wertschätzung von Personen war insbesondere bei einem Mitarbeiter aus dem Team sehr wichtig. Dieser vertrat innerhalb des Teams oftmals eine konträre Meinung, wie bestimmte Anforderungen gestaltet sein sollten. Die Herausforderung bestand in diesen Fällen darin, seine Meinungen zu respektieren, sich dafür zu interessieren, sie zu verstehen und sich damit auseinanderzusetzen.

Gute Erfahrungen habe ich aufgrund der situativen Führung des Projektteams gemacht. Die Projektkernteammitarbeiter sind, nach meinem Empfinden, ein gutes Team mit hoher sozialer und fachlicher Kompetenz. Man kann es hier als Ausdruck der Wertschätzung sehen, dass ich dem Team vertraut habe und dadurch auch loslassen konnte. Die Verantwortung für die Zielerreichung habe ich jedoch nicht abgegeben.

Voraussetzung für die Wertschätzung anderer ist die Fähigkeit, Ansichten anderer, deren Werturteile oder ethischen Werten, Respekt entgegenzubringen. Dies wiederum setzt voraus, dass man sich eigenes Werteverständnis reflektiert hat und anderen gegenüber entsprechend formulieren kann. Wer unterschiedliche Wertvorstellungen erkennen und verstehen kann, kann wesentlich besser die Zusammenarbeit im Projekt fördern.

Im Umgang mit wichtigen Stakeholdern, wie beispielsweise dem Auftraggeber oder anderen Mitgliedern des Lenkungsausschusses, ist eine wertschätzende Haltung nahezu ein ungeschriebenes Gesetz. Ohne eine entsprechende Einstellung kann es schnell zu Unstimmigkeiten bis hin zu Verärgerungen kommen, was sich äußerst negativ auf die Freigabe eines Auftrags oder die Umsetzung von Änderungen auswirken kann. Gleichermaßen sollte ein Projektleiter auf Basis eines gesunden Selbstbewusstseins auch Grenzen der Wertschätzung setzen und indirekt von Vorgesetzten fördern dürfen, dass Respekt kein Selbstläufer ist und kontinuierlich verdient werden muss.

te. Ethik kann so als das Nachdenken über Moral verstanden werden. Anders ausgedrückt: Werte und Normen kann man viele aufstellen, erst durch die Klärung ihrer allgemeinen Begründbarkeit, können sie zu ethischen Werten werden.

In Projekten sind ethische Werte i.d.R. keine zu liefernden Ergebnisse – sie stellen aber Bedingungen in der Durchführung des Projekts dar:

1. Ethische Normen können als Vorgehensziele Berücksichtigung finden.
2. Sie bilden allgemeingültige Standards (gesetzliche Bestimmungen, Umfeld-Faktoren).
3. Wertekonflikte können ethische Spannungen verursachen, bei denen der Projektleiter eingreifen muss; auch unter Einbeziehung von interessierten Parteien.
4. In der ICB werden vor allem die Werte: Respekt, Fairness, Solidarität und Integrität hervorgehoben.

Der Projektmanager hat die Aufgabe dafür zu sorgen, dass relevante ethische Werte und Vorschriften eingehalten werden. Er kennt seine eigenen ethischen Einstellungen und wenn gegen diese gehandelt werden soll, verlangt er eine entsprechende Klärung (Führung). Die Kenntnis und das Respektieren von ethischen Werten anderer tragen dazu bei, dass Mitarbeiter ohne moralische Konflikte am Projekt tätig sein können (Wertschätzung).

Wissensfragen:

1. Was ist Moral? Was ist Ethik?
2. Wie werden Moral und Ethik im Projekt „sichtbar"?
3. Kann man mit jedem Unternehmen Geschäfte machen? (Dies war eine vier Punkte Frage!)
4. Was muss der Projektleiter bezüglich Ethik beachten?

Lösungshinweise für die Wissensfragen:

1. Moral = was ich persönlich für richtig erachte (persönliche Begründung);
   Ethik = was überindividuell als richtig erachtet werden kann (allgemeine Begründbarkeit).
2. Ethik kann bei der Formulierung von Vorgehenszielen eine Rolle spielen (wie wird etwas abgearbeitet), bei der Beachtung von Stakeholder-Interessen und der Kommunikation; Moral ist auf der operativen Ebene der Zusammenarbeit.
3. Beachte ethische Prinzipien (überindividuelle Prinzipien „Wertvorstellungen") z.B. Keine Zusammenarbeit mit Unternehmen, die Menschenrechte missachten, Kinderarbeit einsetzen etc.
4. Ethik ist auch immer kulturell bedingt, d.h. es gibt andere überindividuelle Normen in anderen Kulturen; diese sollte der Projektleiter kennen.

3.3 Kontextkompetenzen

Unter Kontextkompetenzen versteht man Kompetenzen, die sich vor allem auf Themen, die das Verhältnis von Projektmanagement und Unternehmensstrategie in Organisationen betreffen, beziehen.

3.3.1 Projektorientierung

Einführung:

Unter dem Begriff Projektorientierung werden zwei Aspekte verstanden:

1. Zum einen bezieht er sich auf den Einsatz von Projektmanagement in einem Unternehmen und die damit verbundene grundlegende Bedeutung im Unternehmen. Projektmanagement ist heutzutage kein reines Instrument zur Umsetzung von Projekten mehr, sondern zunehmend eine Unternehmensstrategie. Dies bedeutet die Fähigkeit einer Organisation, Projekte mit Hilfe ihrer Ausrichtung hin zu professionellem Projektmanagement durchzuführen („Managing by Projects"). Mit Blick auf die Aufbauorganisation müssen hierfür entsprechende Strukturen in Form von Gremien und Entscheidungsinstanzen als Ersatz oder parallel zur Stammorganisation etabliert werden: Wie koordiniert man im Unternehmen das Projektportfolio? Wie werden die Projekte geführt? Wie wird die Kompetenz der Projektleiter gefördert etc. Aus ablauforganisatorischer Sicht erfordert es eine Verknüpfung von Prozess- und Projektmanagement, um Steuerungs-, Wertschöpfungs- und Supportprozesse mit dem Management von Projekten zu koppeln.

2. Andererseits wird darunter die Kompetenz und damit die Fähigkeit der Organisation oder von Personen verstanden, Aufgaben in Form von Projekten zu bearbeiten. Hier zeichnet sich Projektorientierung durch Faktoren wie Ergebnisorientierung, Teamarbeit, offene Kommunikation und Kundenorientierung im Sinne einer projektorientierten Kultur aus.

Klassische Kennzeichen von Projektarbeit sind:

- Projekte sind durch eine Einmaligkeit hinsichtlich des Themas (des Ergebnisses), der Kosten, der Termine und Rahmenbedingungen gekennzeichnet.
- Sie sind inhaltlich neuartig und komplex.
- Sie haben einen definierten Nutzen, wie z. B. die Änderung eines bestehenden Systems.
- Sie werden in einer eigenständigen Aufbauorganisation und Ablauforganisation (Lebenszyklus) durchgeführt.
- Sie fokussieren auf einer interdisziplinären Zusammenarbeit.
- Sie lassen sich klassifizieren nach: Investitions-, F&E-, Organisations- und IKT-Projekten oder nach anderen Unterscheidungsmerkmalen.

Wissensfragen:

1. Welcher Zusammenhang besteht zwischen strategischen Zielen und Projektorientierung?
2. Welche Strategien kann ein Unternehmen in Bezug auf PM wählen?
3. Wie lassen sich Projekte nach ihren Objekten klassifizieren?
4. Was versteht man unter „Management by Projects"?

Praxisbeispiel 1 eines Projektleiters:

Als Reifegrad der Projektorientierung in Unternehmen bezeichnet man die Fähigkeit einer Organisation, Projekte ganzheitlich zur Erreichung ihrer strategischen Organisationsziele einzusetzen. Neben der erfolgreichen Abwicklung einzelner Projekte gehören auch die strategiekonforme Projektauswahl und die Etablierung entsprechender Struktur- und Kulturelemente dazu. Mein Projekt wurde über die eigens für das Projekt gegründete Grundstücksgesellschaft als GmbH geführt. Dadurch waren wir eine zu 100 % projektorientierte Organisation. Sich wiederholende Linientätigkeiten gab es zum Zeitpunkt des Projektes keine. Dementsprechend war auch die Ausrichtung unseres Unternehmens rein projektorientiert, da auch Themen wie Teamwork, Kunden- und Auftragsorientierung, offene Kommunikation und Ergebnisorientierung wesentliche Bestandteile der Zusammenarbeit waren. Als Basis für die Projektarbeit diente die VOB (Vergabe- und Vertragsordnung für Bauleistungen) und die in der HOAI geregelten Phasen.

Durch die komplette Ausrichtung der Grundstücksgesellschaft auf das Projekt und die Einhaltung der in der Baubranche etablierten Projektmanagementstandards, konnten wir das Projekt ohne wesentliche Störfaktoren gut und erfolgreich durchführen. Alle in der HOAI beschriebenen Standards wurden eingehalten. Dadurch war eine offene Kommunikation mit den Auftraggebern möglich, da diese zu jeder Zeit den Reifegrad des Projektes kannten. Auch bei den zuliefernden Fachfirmen waren diese Standards bekannt. Dadurch gab es keine Verständnisschwierigkeiten zwischen uns als Projektleitung und als Auftraggeber in Richtung der Fachfirmen.

Praxisbeispiel 2 eines Projektleiters:

Im Jahr 2010 wurde von unserem Vorstand ein Projekt aufgesetzt, das das bisherige Projektmanagement im Haus professionalisieren sollte. Eine „einheitliche und verbindliche Festlegung des Projektverständnisses mit den dazu gehörigen Prozessen, Strukturen, Rollen und Tools, sowie ein schlüssiges Qualifizierungskonzept sind wesentliche Voraussetzungen für die Projektdurchführung", so war die Aussage des Vorstands.

Als Ergebnis des Projekts, in dem ich verantwortlich mitgearbeitet habe, wurden die bestehenden Regularien und Tools im Projektmanagement überarbeitet und ein maßgeschneidertes Qualifizierungsprogramm sowie ein Karrieremodell für Projektleiter konzipiert. An einem bestimmten Tag wurden die Ergebnisse durch den Vorstand verbindlich erklärt und bildeten somit auch für dieses Projekt das Rahmenwerk.

Was hat in Bezug auf das PM-Element im Projekt gut funktioniert? Was könnte verbessert werden? Durch die vom Vorstand geforderte und geförderte Ausrichtung auf Projekte ist die Sicht im Hinblick auf das Projektmanagement und die damit verbundenen Vorgehensweisen heute anerkannter als vor einigen Jahren. Dies erleichtert zunehmend die Arbeit in Bezug darauf, dass bestimmte Themen wie die Notwendigkeit eines klaren Projektauftrags und das Vorhandensein bestimmter Rollen im Projekt nicht mehr infrage gestellt werden. Dadurch, dass das Thema Projektmanagement aber erst recht kurz auf dieser professionellen Basis steht, sind natürlich noch nicht alle Prozesse so eingespielt, wie man es sich wünscht.

Lösungshinweise für die Wissensfragen:

1. Mit den strategischen Zielen definiert ein Unternehmen seine Ausrichtung. Bestimmte Projekte oder die Einführung von Projektarbeit können dazu dienen, die strategischen Ziele des Unternehmens zu erreichen. Projekte, die nicht zur Strategie passen, müssen modifiziert oder abgebrochen werden. Strategische Ziele sind die Voraussetzung für die Projektorientierung.

2. Projekte können dazu dienen eine Marktstrategie umzusetzen, z.B. einen Markt auszubauen, zu halten, zu ernten oder sich von dort zurückzuziehen.

3. Organisationsprojekte, F&E-Projekte, Investitionsprojekte.

4. Die Wertschöpfung des Unternehmens erfolgt in Form von Projekten: Projekte werden ausgewählt, durchgeführt und gesteuert = Management.

3.3.2 Programmorientierung

Einführung:

Programme bestehen aus mehreren Projekten, die eine gemeinsame organisatorische und strategische Ausrichtung haben. Ein Programm wird von einem Programm-Manager geleitet, der einen Plan hat, wie er die Projekte im Sinne des Unternehmens-Zwecks ausrichten möchte.

Voraussetzung ist, dass es für das Programm einen Business Case gibt, an dem der Programmmanager sein Handeln ausrichtet. Diese geschäftliche Ausrichtung ist entscheidend für das Programmmanagement. Es kann durchaus sein, dass zu Beginn eines Programms noch gar nicht alle Projekte klar sind, die im Laufe des Programms entstehen. Auch mögliche Abhängigkeiten der einzelnen Projekte können entstehen, d.h. die Ergebnisse früherer Projekte beeinflussen wiederum die Entwicklung späterer Projekte. Der Programm-Manager setzt also im Laufe seines Programms immer wieder neue Projekte auf, priorisiert diese bzw. priorisiert diese neu (Änderungsmanagement) im Blick auf die übergeordneten geschäftlichen Interessen. Programme sind somit zeitlich befristete Geschäftsentwicklungen mit Hilfe von Projekten. Sie haben irgendwann ein Ende, während das Portfolio-Management keine zeitliche Begrenzung kennt.

Auftraggeber eines Programms ist der Programm-Direktor. Entsprechend zum Projektmanagement gibt es hier einen Programm-Lenkungsausschuss. Unterstützt werden kann der Programm-Manager durch ein Programm-Büro sowie in der Steuerung durch einen Programm-Controller.

Beispiel eines Projektleiters:

Unser Forschungsprogramm war ein über drei Phasen angelegtes internes Programm meines Unternehmens mit der Zielsetzung, dass bis zum Jahr 2020 eine vorgegebene %-Zahl aller Fahrzeuge, herstellerübergreifend mit Fahrzeug-zu-Fahrzeug und Fahrzeug-zu-Infrastruktur-Kommunikation ausgestattet ist und die darauf basierenden Anwendungen implementiert worden sind.

Das Programm zielte darauf ab, langfristig einen Beitrag zur E-Safety-Initiative der EU zu erbringen. Das E-Safety-Programm hat zum Ziel, die Anzahl Verkehrstoter und -verletzter durch verschiedene Maßnahmen zu reduzieren.

Das Forschungsprogramm bewegt sich in einem sehr komplexen Umfeld aus Stakeholdern, die das Programm direkt oder indirekt beeinflussen und bzw. oder von dessen Auswirkungen betroffen sind. Insbesondere in der Anfangsphase des Programms, war es sehr schwierig die doch sehr divergenten Interessen der Beteiligten in eine Richtung zu lenken und während dieser Phase einen umsetzbaren und von möglichst vielen Parteien getragenen Konsens zu finden.

In der ersten Phase des Forschungsprogramms handelte es sich um anwendungsorientierte Grundlagenforschung, um prinzipielle Lösungskonzepte zu erforschen, potentielle Anwendungen zu identifizieren und die ökonomische, technische und organisatorische Machbarkeit nachzuweisen.

Das Forschungsprogramm der Phase 1 bestand aus mehreren miteinander vernetzten Projekten, die verschiedene technische Lösungsansätze auf Kommunikations- sowie auf Anwendungsseite untersucht haben. In flankierenden Projekten und Maßnahmen wurden ökonomische und organisatorische Machbarkeitsstudien durchgeführt, um die übergeordnete Zielsetzung zu erreichen.

Bei besagter Firma bestand das Programm aus mehreren Projekten, die in eine Matrixorganisation eingebettet war. Die Projekte wurden aus unterschiedlichen Quellen finanziert und in der Regel mit öffentlichen Mitteln gefördert. Als Programmleiter war ich für die übergeordnete Strategie, das Programmbudget, die Personalressourcen und die inhaltliche sowie zeitliche Verzahnung der Projekte und flankierender Maßnahmen zuständig.

Das Gesamtprogramm ist in folgende Phasen unterteilt:

1. Grundlagenforschung
2. Prototyp
3. Feldversuch
4. Entwicklung

und jeweils mit einem Meilenstein versehen.

In diesem Programmkurzbericht wird nur die erste Phase der Grundlagenforschung betrachtet. In den Projekten selbst wurde das damals häufig eingesetzte Wasserfallmodell angewendet. Allerdings wurde es insofern abgewandelt, dass exploratives und experimentelles Prototyping mitverwendet wurde, um im Forschungsstadium die Tragfähigkeit von Lösungsansätzen besser beurteilen zu können.

In Phase 1, der Grundlagenforschung, war das Programm so geplant, dass Unternehmen intern und in den am Forschungsthema arbeitenden Wettbewerbern, Zulieferern, Universitäten und Forschungsinstituten ausreichend finanzielle Mittel zur Verfügung standen, um es mit genügend Ressourcen vorantreiben zu können. Durch die Zusammenarbeit mit den Forschungsministerien auf Bundes- und EU-Ebene wurde Sorge getragen, dass es in den dortigen Forschungsprogrammen verankert wurde. Gleichzeitig wurde von dem Unternehmen ein Konsortium initiiert und durch mich als Plattform für eine projektübergreifende und strategische Zusammenarbeit zwischen den wesentlichen Beteiligten aufgebaut. Auf internationaler Ebene gab es eine enge Zusammenarbeit mit den Aktivitäten in den USA.

Die durch das Unternehmen geleiteten Projekte wurden entsprechend dem internen Projektmanagementhandbuch unter Berücksichtigung externer Vorgaben seitens des Bundesministeriums für Bildung und Forschung oder der EU geplant. Für alle Projekte wurden Meilensteinpläne, Projektstrukturpläne sowie vernetzte Balkendiagramme eingesetzt und über das Projektcontrolling die Kosten verfolgt.

Die Projekte steuerte ich durch monatliche Projektstatusbesprechungen, durch regelmäßige Gespräche mit den Projektteammitgliedern und durch Teilnahme an Projektbesprechungen.

Im Rahmen der monatlichen Regelkommunikation berichtete ich an meinen Vorgesetzten über den Status der Projekte und des übergeordneten Programms. Im Rahmen der vierteljährlichen Kostenstellenberichte, wurden die Projektkosten zusammen mit dem Controlling zusammengefasst und über die Linie berichtet. Zusätzlich gab es projektbezogene Meilensteinreviews und jährliche interne Projektreviews mit Vertretern aus den Entwicklungsbereichen und den Linienvorgesetzten.

Unternehmensintern wurde der Status der Arbeiten durch gezielte Programm- und Projektmarketing den Entscheidungsträgern und Mitarbeitern der relevanten Unternehmensbereiche vorgestellt. Das fand in Form von Forschungsmessen, Kolloquien, Vorträgen, Demonstration von Prototypen etc. statt. Extern fand dies durch aktive Teilnahme und Organisation nationaler und internationaler Workshops, Tagungen und Messen statt.

Die Grundlagenforschung als erste Programmphase wurde Mitte 2004 erfolgreich abgeschlossen und aus den unterschiedlichen Ansätzen, die unter den verschiedenen Randbedingungen erfolgten, die optimale Lösung ausgewählt. Diese wurden in der zweiten Phase (Mitte 2004 bis Ende 2008) herstellerübergreifend im Rahmen prototypischer Anwendungen umgesetzt und demonstriert. Ab Anfang 2009 geht das Programm mittels eines großen Feldversuchs in die dritte Phase über.

3.3.3 Portfolio-Orientierung

Einführung:

Im Gegensatz zu Programmen besteht ein Portfolio aus Projekten und Programmen, die nicht miteinander in Beziehung stehen (müssen). Projekte können zu Programmen zusammengefasst sein, sie können aber auch ohne Programmzuordnung im Unternehmen verfolgt werden. Die Summe der verschiedenen Projekte oder Programme werden vom Portfoliomanager aus einer unternehmerischen Perspektive geplant, realisiert, überwacht, gesteuert und zum Abschluss gebracht. Dazu braucht der Portfoliomanager eine Übersicht aller Projekte und Programme. Er ist in der Lage diese Projekte und Programme nach den entsprechenden strategischen Zielsetzungen des Unternehmens auszurichten und entsprechend Ressourcen zuzuordnen. Durch Berichte und andere standardisierte Werkzeuge überwacht er die Projekte und Programme und misst mit Hilfe definierter Indikatoren (KPI) deren Leistungsgrad. Steuernd greift er in die Projekte und Programme ein, wenn er erkennt, dass sich die geschäftliche Ausrichtung des Unternehmens oder Marktes geändert hat. Fehlt diese Grundlage, muss er in der Lage sein, ein Projekt oder Programm auch zu beenden.

In einem Unternehmen kann das PPP (Projekt/Programm-Portfolio) eine wichtige strategische Größe bilden. Gerade in einem projektorientierten oder sogar projektbasierten Unternehmen kommt dem Management des Portfolios eine große Bedeutung zu.

Wissensfragen:

1. Was versteht man unter der Balanced Scorecard und wozu dient sie im Zusammenhang von Projekten?
2. Was ist die Boston (Consulting) Matrix (BCM) und wozu dient sie im Projekt?

Lösungshinweise für die Wissensfragen:

1. Die Balanced Scorecard eines Unternehmens ist ein Instrument zur Ausrichtung einer Organisation an seinen strategischen Zielen. Dazu werden aus unterschiedlichen Perspektiven operative Ziele und Messkriterien definiert. Die Balanced Scorecard kann zur strategischen Anbindung von Projekten an die Organisation dienen.

2. Die BCM ist eine strategische Einteilung von Produkten im Blick auf die Dimensionen Marktwachstum und relativer Marktanteil. Je nach Position in der Markt-Matrix können bestimmte Geschäftsfeldstrategien vom Unternehmen durchgeführt werden. Auf der Basis der Matrix kann entschieden werden, welche Produktentwicklungsprojekte aufgesetzt bzw. priorisiert werden.

3.3.4 Einführung von PPP-Management

Einführung:

Die Einführung eines professionellen Projekt-, Programm- oder Portfolio-Managements (PPP) in eine bestehende Organisation kann unterschiedliche Zielsetzungen verfolgen, z.B. die Verkürzung von Auftragsdurchlaufzeiten oder die Optimierung des Produktentwicklungsprozesses, eine verbesserte Termintreue gegenüber Kunden etc. Hinter der Verbesserung dieser (Einzel-)Aspekte steht letztlich ein wirtschaftliches Interesse des Unternehmens.

Die Einführung von PPP ist eine unternehmerische Maßnahme, die eine systematische Umstellung in der Aufbau- und Ablauf-Organisation mit sich bringt. Auch besteht bei den Mitarbeitern häufig eine unterschiedliche Bereitschaft oder Fähigkeit (Wissen und Können) für die neue Arbeitsweise. Umso wichtiger ist es, dass die

Mitarbeiter in den Veränderungsprozess mit einbezogen werden, jedoch ist das Management oder die Geschäftsleitung der Schrittmacher des Veränderungsprozesses.

Für die Einführung von PPP-Management bietet sich ein eigenes projektorientiertes Vorgehen an, das garantiert, dass die gemeinsame Zielsetzung von allen Beteiligten innerhalb eines definierten Zeitrahmens auch tatsächlich erreicht wird. Ausgangspunkt ist eine (Benchmark) Analyse der bestehenden Organisation und des Veränderungspotentials in den betroffenen Bereichen. Die Umstellung der Prozesse bei Mitarbeitern und Führungskräften verlangt nach neuen Prozessen, Werkzeugen und auch einem neuen Sprachgebrauch, mit dem alle vertraut gemacht werden müssen. Bei solchen Veränderungen ist auch mit Widerstand zu rechnen. Wichtig ist, dass für eine nachhaltige und langfristige PPP-Ausrichtung des Unternehmens die veränderte Organisationsform durch entsprechende Normen und Vorschriften eine Stabilisierung erfährt. Eine kontinuierliche Verbesserung und Weiterentwicklung des PPP und die Zusammenarbeit mit anderen Unternehmensbereichen, z.B. durch ein unternehmensweites Qualitätsmanagement im Unternehmen, garantiert langfristig den Erfolg.

Wissensfrage:

1. Beschreiben Sie die drei Phasen der organisatorischen Veränderungen nach Kurt Lewin.

Lösungshinweise für die Wissensfrage:

1. A) Lockern: Bestehende Prozesse und Herangehensweisen werden in Frage gestellt, alle Lösungen passen nicht mehr.
   B) Umlernen: Neue Prozesse und Verfahren werden erprobt und eingeführt.
   C) Stabilisierung: Neue Verfahrensweisen werden implementiert.

3.3.5 Stammorganisation

Einführung:

Unter Stammorganisation werden die in einer Organisation ständig vorhandenen und vom Projekt unabhängigen Strukturen bezeichnet. Es umfasst alle aufbau- und ablauforganisatorischen Komponenten und Faktoren, die in einem Unternehmen definiert und dauerhaft etabliert sind. Im Gegensatz zu Projekten ist die Stamm- oder Linienorganisation also langfristig ausgerichtet und überdauert ein Projekt.

Die Bedeutung des PM-Kontextkompetenz-Elements besteht in zwei Aspekten: Zum einen kann das Projekt nicht ohne die Beteiligung der Ressourcen aus den Abteilungen der Stammorganisation (= Linienorganisation) durchgeführt werden. Vor allem die Akquisition und Integration von Ressourcen für das Projekt hängen stark von einer guten Kenntnis der Stammorganisation und deren bestehenden Kompetenzen, Verantwortlichkeiten und Kultur ab.

Zum anderen ist die Stammorganisation wichtig, da sie die vom Projekt gelieferten Ergebnisse nach Projektbeendigung nutzen soll und bei Bedarf weiterentwickeln wird.

Wissensfragen:

1. Wieso sind Unternehmen in Fachabteilungen gegliedert?
2. Welche Funktion hat der Linienvorgesetzte in einem Unternehmen?
3. Wie ist ein Verein aufgebaut? Was ist das oberste Entscheidungsgremium in einem Verein?
4. Wie kann die Stammorganisation mit der Projektorganisation zusammenhängen?

Beispiel eines Projektleiters:

Mein Projekt wurde maßgeblich durch die Mitarbeiter aus der Abteilung Softwareentwicklung besetzt. Nach Abschluss des Projekts sollten eben diese Mitarbeiter die entsprechenden Systeme kontinuierlich warten und weiterentwickeln. So wurde einerseits sichergestellt, dass die Ergebnisse des Projekts für die Linie auch tatsächlich umsetzbar waren und darüber hinaus das im Laufe des Projekts aufgebaute Know-how über die Projektzeit hinaus genutzt wurde.

Durch diese Einbeziehung der späteren Nutzer in das Projekt war es kein Problem, dass sich die Mitarbeiter mit dem Projekt identifizierten und auch ein entsprechendes Eigeninteresse hatten, ein gutes Projektprodukt zu entwickeln. Auch deren Vorgesetzte standen so zu dem Projektergebnis.

In der Nachbetrachtung des Projekts waren der fachliche Projektleiter und ich uns einig, dass wir trotzdem die Mitarbeiter der Fachbereiche noch stärker hätten informieren und einbinden müssen. Es hat sich im Verlauf der Übernahme zwar ein gemeinsames Verständnis für die Anwendungen und die Prozesse entwickelt, aber einige Unstimmigkeiten hätte man vermeiden können, wenn wir noch früher mehr Transparenz über das Projektvorgehen und die Termine gegeben hätten. Mein Lessons Learned lautet daher: Die Einbindung der Stammorganisation als späterer Nutzer kann nicht früh genug erfolgen!

Lösungshinweise für die Wissensfragen:

1. Fachabteilungen gelten als Organisationseinheiten, die die höchste methodisch-fachliche Kompetenz besitzen (wer bearbeitet es und wie wird etwas abgearbeitet).
2. Der Linienvorgesetzte ist die disziplinarische Führungskraft im Unternehmen (Aufgaben der Personalführung, -entwicklung etc.).
3. Mitgliederversammlung als oberste (strategische Entscheidungsinstanz), setzt Vorstand ein, der wiederum verschiedene Vorstandsressorts haben kann.
4. Projektorganisation kann als Stab fungieren, als Matrix oder als selbständige (Abteilung = reine bzw. autonome Organisation) etc.

3.3.6 Geschäft

Einführung:

Projekt- und Programm-Management stehen in engem Zusammenhang mit dem Geschäft. Unter Geschäft werden alle Tätigkeiten zusammengefasst, die die Lieferung von Waren oder Dienstleistungen zum Ziel haben. Projekte werden in einem Geschäftskontext durchgeführt und das Projektmanagement muss diesen Business-Kontext kennen, in dem das Projekt betrieben wird. Dazu gehören Kenntnisse über bestehende Unternehmensrichtlinien, organisatorische, finanzielle und betriebswirtschaftliche Aspekte und anderes. Nur mit diesem Hintergrund kann das Projekt dem Management sinnvolle Berichte zur Verfügung stellen und damit dazu beitragen, dass das Projekt von der Organisation gemanagt werden kann:

- Beim Projektstart muss daher allen Beteiligten der geschäftliche Hintergrund (Business-Case) erläutert werden und auch von allen Teilnehmern akzeptiert werden: Auf strategischer, taktischer und operativer Ebene muss in der Folge definiert werden welche Faktoren, Prozesse und Methoden wichtig sind, damit das PPP diesen definierten unternehmerischen Beitrag liefern kann. Was muss ein auf den Geschäftsgedanken ausgelegtes Projektmanagement beachten?
- Es müssen die maßgeblichen Interessensgruppen berücksichtigt werden.

149

- Das PPP-Management muss ein entsprechendes Planungs- und Berichtswesen haben, um jeden wissen und verstehen zu lassen, was vom Projekt geleistet werden soll, was wann und von wem getan werden muss etc.
- Für den PPP-Manager ist es von entscheidender Bedeutung, zu wissen, welche Entscheidungen er selbst treffen kann und wann er Fragestellungen an andere eskalieren muss.
- Dass PPP-Management sollte ein Risikomanagement einrichten, das als Frühwarnsystem für die Organisation dient und rechtzeitig genaue Informationen dazu liefert, ob und wann eingegriffen werden muss.
- Das PPP-Management sollte ein Änderungssystem etablieren, falls es notwendig wird im Sinne des Business Case Anpassungen vorzunehmen.
- Im Projektverlauf muss das PPP-Management durch verschiedene Kommunikationsmittel und -wege den Kontakt mit den Stakeholdern sicherstellen, halten und auf diese Weise entsprechende Abstimmungen herbeizuführen.
- Ein den gesamten Geschäftsbetrieb durchziehendes Projektmarketing sollte zur Unterstreichung der Identität und Bedeutung von Projekten, Programmen und Portfolios, zur Stärkung des Teamgeists und zur Profilierung beim Seniormanagement dienen.
- Das PPP-Management sollte sich der rechtlichen Rahmenbedingungen bewusst sein, unter denen das Projekt abläuft, um sicherzustellen, dass alle rechtlichen und gesetzlichen Vorgaben eingehalten werden.

Wissensfragen:

1. Wann kann ein Projekt als erfolgreich bezeichnet werden?
2. Wie stehen der Projektnutzen und die Projektziele miteinander in Beziehung?
3. Welche Methoden zur Projektauswahl kennen Sie?

Lösungshinweise für die Wissensfragen:

1. Ein Projekt ist erfolgreich, wenn die Stakeholder einen Nutzen erzielt haben.
2. Aus dem Projektnutzen bzw. dem Business Case müssen sich die konkreten Projektziele ableiten lassen.
3. Nutzwertanalyse (Bewertung von Projekten nach Kriterienkatalog mit Nutzenpunkten), Balanced Scorecard (Bewertung von Projekten nach Kennzahlen zur Zielerreichung), Boston Consulting Matrix (Produktauswahlstrategie auf Geschäftsfeldebene, dem dann Projekte zugeordnet werden können).

3.3.7 Systeme, Produkte und Technologien

Einführung:

Projekte können durchgeführt werden, um einzelne Produkte oder Dienstleistungen zu entwickeln oder voranzutreiben; Projekte können aber auch durchgeführt werden, um ganze Systeme zu entwickeln oder zu ändern. Unter dem Begriff „System" wird im Allgemeinen eine Einheit von Teilen verstanden, die miteinander in Verbindung stehen (Teile = Komponenten). Diese Teile können aus technischen, natürlichen oder sozioökonomischen Elementen bestehen. Aktuelle Beispiele für technische Systeme sind Produkte wie Handys oder Navigationsgeräte. Auch das Bereitstellen einer Dienstleistung wie der Betrieb eines Bürokomplexes oder eines Fuhrparkes kann als ein System verstanden werden.

Ein Projekt kann zu unterschiedlichen Zeitpunkten und für unterschiedliche Zwecke zugrunde gelegt werden. Z.B. kann ein Projekt für die Erprobung oder Einführung eines Systems aufgesetzt werden; dabei spielen dann Termin- und Kostengrenzen eine wichtige Rolle. Im Vertriebsbereich können Projekte für den Verkauf von Systemen aufgesetzt werden, wobei dann wiederum Budgetgrenzen eine untergeordnete Rolle spielen und der Business Case umso wichtiger ist. Diese Beispiele zeigen, dass Systeme in der Regel im engen Kontakt mit und für die Stammorganisation gemanagt werden.

Für den Projektmanager und sein Team bedeutet dies, dass sie über ein breites Hintergrundwissen verfügen müssen, was den gewünschten Leistungsumfang, Zeit, Kosten, Risiken des Systems angeht, aber auch was Wirtschaftlichkeit, Rentabilität etc. betrifft. Gleichzeitig muss sich das Projektmanagement bewusst sein, dass diese Aspekte in sich widersprüchlich sein können und verschiedene Stakeholder mit unterschiedlichen Interessen (z. B. System/Produktverantwortliche, Vertrieb/Marketing, Qualitätsmanagement) beteiligt sind.

Wissensfragen:

1. Was ist der Produktlebenszyklus? Beschreiben Sie die typischen Phasen.
2. Phasen des Produktlebenszyklus – Stellen Sie den jeweiligen Bezug zum Projektmanagement her.

Anwendungsaufgabe:

Ausgangssituation:

Sie arbeiten als Projektleiter bei der Jangxinger GmbH, einem Lieferantenunternehmen der Automobilbranche.

Das Unternehmen ist in den letzten Jahren kontinuierlich gewachsen und beschäftigt heute am Standort in Auto-Wellingen rund 250 Mitarbeiter.

Während in der Vergangenheit das Unternehmen schwerpunktmäßig ein reiner Zulieferbetrieb für die Fahrzeugindustrie war, geht der Trend mehr und mehr dazu über, komplette Systeme an die Automobilbranche liefern zu wollen. Gerade in den letzten Gesprächen mit Kundenunternehmen wurde diese Erwartungshaltung gegenüber den Vertretern von Jangxinger geäußert.

Aufgrund dieser Gespräche mit Kunden und der sich damit abzeichnenden veränderten Erwartungen beim Kunden, wurde von der Geschäftsleitung eine neue Strategie ausgegeben: Es soll die Fähigkeit des Unternehmens als Systemlieferant für die Automobilbranche unter Beweis gestellt werden! Dazu soll ein neues Projekt kurzfristig ab der Quartalsplanung I/2011 bis voraussichtlich II/2012 aufgenommen werden.

Es ist geplant ein komplett integriertes „Common Car Control System" (CCCS) zu entwickeln, das für unterschiedliche Fahrgeschwindigkeiten als Autopilot eingesetzt werden kann. Das System soll in der Lage sein, selbständig das Fahrzeug von A nach B zu lenken und dabei gleichzeitig Informationen wie mögliche Hindernisse, bestehende Geschwindigkeitsbegrenzungen, Stau etc. zu verarbeiten. Zudem soll es selektiv verschiedene Informationen an den Wagenlenker übermitteln und ihm dadurch eine Entscheidungsgrundlage für sein weiteres Handeln bieten (z. B. Stand der Tankfüllung).

Es geht zunächst darum, eine vorzeigbare Demo (Prototyp) zu entwickeln, welches man speziell einem Kunden vorstellen möchte.

Was bisher geschah:

Sie sind von der Geschäftsleitung der Jangxinger GmbH beauftragt worden, sich um die Entwicklung dieses Systems zu kümmern. Zuvor fand am Standort des Kunden ein erstes Gespräch zwischen den Verantwortlichen von Jangxinger und dem Kunden statt, an dem Sie jedoch nicht teilnehmen konnten.

Folgende Informationen wurden Ihnen jetzt in einem internen Meeting bei Jangxinger mitgeteilt:

- Nach Einschätzung der Geschäftsleitung wird der Trend „Systemlieferant werden" sich in den nächsten Jahren verstärkt fortsetzen und gleichzeitig das Anspruchsniveau der Kunden nach technischer Zuverlässigkeit wie z.B. der Kosten- und Termintreue stetig wachsen. Im Moment ist das Unternehmen als fast reines Produktionsunternehmen nicht auf abteilungsübergreifende Projektarbeit ausgelegt.

- Die Geschäftsleitung des Kunden erwartet, dass in einem ersten Schritt zwei unabhängige Projektkonzepte von Jangxinger vorgelegt werden. Hintergrund: Die Verantwortlichen beim Kunden sind gegenüber dem Projektmanagement von Jangxinger kritisch wegen der fehlenden Erfahrung. Man hofft, diese Skeptiker dadurch überzeugen zu können, dass man zwei alternative Konzepte vorlegt, von denen dann schließlich das Beste ausgewählt wird.

- Bei Jangxinger selbst bestehen gewisse Spannungen zwischen den Unternehmensbereichen „Einkauf" und „Produktion/Fertigung". Der Konflikt ist gewissermaßen historisch bedingt: Die Abteilungen rivalisieren seit Jahren um die Frage: „Wer ist wichtiger? Wer muss sich und seine Prozesse nach wem richten?" Der Einkauf sieht mit dem neuen Projekt die Chance, seine Bedeutung im Unternehmen zu stärken.

- Der Geschäftsleitung von Jangxinger ist sehr daran gelegen, dass gegenüber dem Kunden ein professionelles Projektmanagement unter Beweis gestellt wird. Das Projekt wird als strategisch wichtig eingestuft und erhält innerhalb von Jangxinger eine hohe Bedeutung. Entsprechend möchte die Geschäftsleitung regelmäßig über den aktuellen Stand und den Projektfortschritt unterrichtet werden.

- Das Projekt befindet sich aktuell in der Initialisierungsphase und sein Start soll unverzüglich erfolgen. Von Seiten des interessierten Kunden gibt es im Moment keine eindeutigen Terminvorgaben; erwartet wird aber eine Realisierung in den nächsten 18 Monaten.

- Stundenaufwände sowie weitere finanzielle Aufwände sind bis jetzt ebenfalls noch unklar – „es wird erwartet, dass das Projektmanagement von Jangxinger in der Lage ist, eine entsprechend realistische Schätzung zu machen", so ein interner Mitarbeiter des interessierten Kunden. Wird eine der beiden Projektkonzeptionen angenommen, so stehen – „für einen ersten offiziellen Schritt" – angeblich ca. 200.000 Euro als Kostenbeteiligung zur Verfügung.

Lösungshinweise für die Wissensfragen:

1. Entwicklung (Anstoß, Vorstudie, Hauptstudie, Detailstudie), Realisierung, Nutzung, Außerdienststellung/Entsorgung.

2. Projektarbeit kann in allen Phasen des Produktlebenszyklus eingesetzt werden.

3.3.8 Personalmanagement

Einführung:

- Die Thematik Personalmanagement bezieht sich auf die Suche, Auswahl, Bindung/Verpflichtung, Schulung und schließlich Freistellung von Projektpersonal und steht damit in enger Verbindung mit dem Themen Arbeitsrecht, Ressourcenmanagement, Führung und Motivation von Projektmitarbeitern.

- Das Personalmanagement ist eine Aufgabe der Linienorganisation. Es ist im Interesse dieser Bestandsorganisation immer für ausreichend qualifiziertes Personal zu sorgen.

- Das Projektpersonal wird direkt aus oder über Linienabteilungen beschafft: Entweder stellt die Linie als Fachabteilung entsprechendes Personal dem Projekt zur Verfügung oder die Linienabteilung ist Ansprechpartner für die Beschaffung von entsprechenden Mitarbeitern. Diese Verbindung macht klar, dass

- eine enge Absprache und konstruktive Zusammenarbeit zwischen Linie und Projekt wesentliche Grundlage für gutes Personalmanagement im Projekt ist.
- Der Projektleiter sollte die wesentlichen Prozesse in den verschiedenen Personalmanagement-Bereichen kennen. Neben einem quantitativen Personalbedarf (Anzahl benötigter Mitarbeiter) sollte er auch die qualitative Seite klar benennen können (Jobprofil, Reifegrad). Er sollte wissen, welche Prozesse für die interne und externe Personalbeschaffung im Unternehmen existieren, er sollte Wege und Möglichkeiten kennen, wie er Qualifikationslücken bei seinen Mitarbeitern mit Hilfe geeigneter Trainings- und Coaching-Maßnahmen schließen kann.
- Schließlich ist dem Projektleiter klar, dass es sich bei den Projektmitarbeitern immer um Mitarbeiter auf Zeit handelt. Entsprechend sollte der Projektleiter auch Bescheid wissen, wie er am Projektende die Mitarbeiter gut aus dem Projekt verabschiedet.

Wissensfragen:

1. Welche Aufgabengebiete der Personalwirtschaft sind für Projekte von Bedeutung?
2. Wie kann man eine Personalbedarfsermittlung und eine Personalbedarfsplanung für Projekte durchführen?
3. Welche Aufgaben hat der Projektleiter bei der Personalentwicklung?

Praxisbeispiel 1 eines Projektleiters:

Die Auswahl der geeigneten Mitarbeiter aus den Fachabteilungen erfolgte zwischen den entsprechenden Linienvorgesetzten und mir als Projektleiter mehr oder weniger „auf Zuruf". Meine im Vorfeld durchgeführte Auswahl basierte auf meiner langjährigen Kenntnis über die Erfahrungen/Skills einiger in Frage kommender Mitarbeiter, die sich auch schon in der Linienabteilung mit den IT-Systemen beschäftigt hatten und/oder die Arbeitsabläufe im Vertrieb sehr gut kannten.

Praxisbeispiel 2 eines anderen Projektleiters:

Der Punkt Personalmanagement war in unserem Projekt von großer Bedeutung, da die Ressourcensituation im Konzern zum Zeitpunkt der Bedarfsplanung und der Beschaffung extrem angespannt war. Mehrere Ressourcenarten waren zurzeit der Bestandsanalyse bereits mit über 100 % überplant. Dieses musste mit der Beschaffung externer Ressourcen ausgeglichen werden, was in einem Unternehmen unserer Größenordnung nicht mal eben auf dem kleinen Dienstweg geschehen kann. Es musste der zentrale Einkauf eingebunden werden, was sich wiederum als sehr zäh erwies, da diese Abteilung zunächst den Markt sondieren wollte, um das beste Angebot dem Unternehmen zur Verfügung zu stellen. Da es sich bei der benötigten Programmieren aber um absolute Spezialisten handelte, die sehr wenig verfügbar waren, musste ich den Einkauf rasch und mit Nachdruck davon überzeugen, dass die beantragte Ressource, die ich selbst vorab auf dem Markt identifiziert und quasi ausgeguckt hatte, auch tatsächlich die beste Wahl für das Unternehmen war.

Ein weiterer wichtiger Punkt war die Entwicklung der Projektmanager entkompetenz des Projektteams. Diese Kompetenz war im Projektteam des Fachbereichs kaum vorhanden. Die entsprechenden Fortbildungsseminare, die ich zusammen mit dem Bereich Personalentwicklung organisierte, wurden von den Mitarbeitern bereitwillig aufgenommen und von allen Teammitgliedern als extrem hilfreich empfunden. Ein weiterer positiver Nebeneffekt war, dass die Seminare eine zusätzliche Maßnahme waren, die das Team zusammenschweißte.

Lösungshinweise für die Wissensfragen:

1. Personalplanung/Bedarfsanalyse: Welche Mitarbeiter (qualitativ und quantitativ) brauchen wir? Personalsuche und Personalauswahl: Die richtige Person auswählen und vertraglich binden. Personaleinsatzplanung: Den zeitlichen Einsatz und Aufwand des Mitarbeiters richtig planen. Personalentwicklung: Welche Trainings/Schulungen brauchen wir? Personaladministration: Vergütung, Urlaubsverwaltung etc. Personalfreisetzung: Von welchen Mitarbeitern müssen wir uns trennen?

2. Qualitative und quantitative Verfügbarkeit durch den Fachbereich definiert die Kapazitätsgrenze für Projektpersonal; Der Projektleiter macht die Einsatzmittelplanung auf der Basis des Projektplans → Feststellen der Überdeckung oder Unterdeckung durch den Projektleiter → eventuell notwendige Optimierung.

3. Der Projektleiter erkennt den projektspezifischen Weiterbildungsbedarf seines Teams, eventuell auch die Notwendigkeit der Teamentwicklung → Suche nach einer Lösung via Personalentwicklung.

3.3.9 Gesundheit, Betriebs-, Arbeits- und Umweltschutz

Einführung:

Die Grundpflichten des Arbeitgebers im innerbetrieblichen Arbeitsschutz werden im nationalen Arbeitsschutzgesetz (ASchG) zusammengefasst. Eine wesentliche Pflicht ist dabei, dass der Arbeitgeber für die Gesundheit und die Sicherheit der Beschäftigten verantwortlich ist und dass Unfälle, Berufskrankheiten und arbeitsbedingte Erkrankungen verhindert werden sollen.

Als Projektleiter in einer Matrixorganisation hat man zwar keine disziplinarische Verantwortung, trotzdem hat man innerhalb des Projekts für die Einhaltung dieser Pflichten zu sorgen.

Neben der Technik und den Arbeitsabläufen haben auch soziale und psychologische Komponenten Einfluss auf Gesundheitsrisiken (Betriebsklima, Führungsverhalten, Qualifikationen etc.) und sollten im Projekt ernst genommen werden.

Als allgemeingültige Grundprinzip zur Arbeitsgestaltung sollte die präventive Maßnahme „die Arbeit ist so zu gestalten, dass eine Gefährdung für Leben, Gesundheit und Umwelt vermieden wird oder so gering wie möglich ist" angewendet werden.

Wissensfragen:

1. Warum ist Arbeitsschutz wichtig und wer ist dafür verantwortlich?
2. Welche Schutzvorschriften (gesetzl.) hat ein Projektleiter zu beachten?

Praxisbeispiel eines Projektleiters:

Je Projekt können die Ansprüche an den Gesundheitsschutz und die Arbeitssicherheit sehr unterschiedlich sein. Trotzdem ist es wichtig, präventive Maßnahmen zum Schutz der Beschäftigten und der Umwelt einzuhalten bzw. zu etablieren. Dabei wird zwischen technischen, organisatorischen und individuellen Schutzmaßnahmen unterschieden. Basis dafür liefern die gesetzlichen Rahmenbedingungen, welche für jeden Arbeitgeber bindend sind. Zusätzlich sind Kontrollen auf Wirksamkeit der ergriffenen Maßnahmen durchzuführen, um die Gefährdung einzudämmen bzw. zu eliminieren.

Auch für mein Bauprojekt waren die gesetzlichen Vorgaben und Regelwerke maßgebend und mussten zwingend umgesetzt werden. Und: Wir konnten durch die Minimierung der Gefährdungspotentiale einen gesicherten Bauablauf und somit auch die Einhaltung des Kostenziels gewährleisten. Dementsprechend war dieses Element ein weiterer wichtiger Faktor zur Erreichung der Projektziele.

Gemäß der geltenden rechtlichen Vorschriften (Baustellenverordnung) wurde in der Planungsphase ein SiGE-Plan (Sicherheits- und Gesundheitsschutz) ausgearbeitet, in dem mögliche Gefährdungen auf der Baustelle analysiert und mit Gegenmaßnahmen hinterlegt wurden. Diese Bestimmungen hingen auf der Baustelle aus und alle Bauarbeiter erhielten eine entsprechende Unterweisung. Gefährdungspotentiale, w e i e z.B. Absturzstellen wurden gesichert und Arbeitsabläufe entsprechend angepasst, so dass das Verletzungsrisiko minimiert werden konnte. Auszugsweise galten folgende Maßnahmen für die Baustelle:

- die Pflicht zum Tragen von Sicherheitshelmen, Arbeitsschutzschuhen, Schutzbrillen,
- Atemschutz bei Abbrucharbeiten,
- Arbeitsschutzgerüst mit Fangnetzen für Dach- und Fassadenarbeiten,
- Fanggurte für die Bauhelfer bei Dachabbrucharbeiten,
- das Einhalten von Pausenzeiten,
- Alkoholverbot.

Lösungshinweise für die Wissensfragen:

1. Fehlender Arbeitsschutz kann ein Projektrisiko sein, es kann zu einem Ausschluss aus einem Bieterverfahren führen und es kann für ein schlechtes Image sorgen etc. Verantwortlich sind der Arbeitgeber, der entsprechende Konzepte auflegen muss, bzw. verantwortliche Führungskräfte, die auf deren Einhaltung zu achten haben.

2. Arbeitsschutzgesetz, Arbeitssicherheitsgesetz, Gerätesicherheitsgesetz, Immissionsschutzgesetz.

3.3.10 Finanzierung

Einführung:

Das Finanzierungsmanagement hat die Aufgabe dafür zu sorgen, dass immer genügend Geldmittel zur Verfügung stehen, um das Projekt in seinen verschiedenen Stadien seines Lebenszyklus monetär am Leben zu erhalten.

Manchmal ist es Aufgabe des Projektleiters selbst die Finanzmittel zu finden, in größeren Unternehmen oder bei größeren Projekten kümmert sich eine eigene Abteilung darum.

Das Rechnungswesen des Projekts hat die Aufgabe, die Mittelzuflüsse und Abflüsse zu planen, zu überwachen und zu steuern. Wie beim Thema Finanzierung erfolgt das Rechnungswesen bei größeren Projekten durch eine zentrale Abteilung des Unternehmens. Ziel muss es immer sein, über eine Kostenstellenrechnung aktuell Auskunft geben zu können, über die Liquidität, den Kostenverlauf und die jeweils verfügbaren Finanzmittel. Ein Projektleiter muss den finanziellen Rahmen seines Projektes kennen und dementsprechend seinen Business Case, den Einsatz finanzieller Mittel und die Berichterstattung anpassen.

Praxisbeispiel 1 eines Projektleiters:

Beim Aufsetzen meines Projektes war zunächst die Ermittlung des finanziellen Rahmens des Projekts relevant. In meiner Rolle als Projektleiter, erstellte ich zunächst eine Übersicht über den Finanzierungsbedarf des Projektes. Denn der war nicht unerheblich für die Begründung des Projektauftrages: Man wollte mit dem Projekt Geld verdienen und darum war es wichtig zu wissen, was das Projekt an Geld zunächst benötigen würde.

Im Rahmen der Projektfreigabe wurden dann die im Projektauftrag erfassten Kosten genehmigt. Ein wesentliches Element für die Freigabe des Projektes war die von mir vorgebrachte Begründung, wie sich die Projektkosten über die spätere Nutzung amortisieren würden.

155

Für die Finanzierung selbst war kein Fremdkapital notwendig. Sie erfolgte in Form einer Innenfinanzierung aus dem Unternehmen selbst, also aus dem Cash-Flow, heraus.

Praxisbeispiel 2 eines Projektleiters:

Eine genaue Finanzierungsplanung, Finanzierungskontrolle und Finanzsteuerung ist das notwendige Gegenstück zum Kostencontrolling. In meinem Investitionsprojekt musste ich mich bereits in der Planungsphase um die Zusammensetzung der Finanzierung, die Gesamthöhe der Finanzierung und die Finanzierungsform kümmern. In meinem Projekt wurde eine Mischform gewählt: So gab es sowohl die Eigenfinanzierung durch die Auftraggeber mit Barmitteln in Höhe von 50.000 Euro, als auch die Fremdfinanzierung mit Bankkrediten in Höhe von 100.000 Euro. Für die Dauer des Projektes, stellten die Auftraggeber die 50.000 Euro auf einem Tagesgeldkonto zur Verfügung, zu dem ich Zugang hatte.

Bei der Beschaffung des Fremdkapitals gehörte es zu meinen Aufgaben die Finanzierungsunterlagen zu erstellen und auch die Verhandlungen mit den Geldhäusern über die Finanzkonditionen zu führen. Zusätzlich erstellte ich für das Projekt einen Investitionsplan und war verantwortlich für das Controlling. Im Rahmen der Finanzierungsgespräche hatte ich mit einer Bank und zwei Sparkassen Kontakt und musste feststellen, dass man mit dieser geringen Finanzierungshöhe wenig Handlungsspielraum in Bezug auf die Konditionen hat. Dagegen war meine Position als selbstständiger Projektleiter ein Vorteil, da ich den Banken in Bezug auf Folgeprojekte auch mögliche Folgefinanzierungen in Aussicht stellen konnte. Schließlich finanzierte eine Bank das Projekt nach mehreren zähen Verhandlungen komplett mit KfW-Krediten. Dies war für mich ein großer Erfolg, da die KfW-Zinsen zu diesem Zeitpunkt weit unter den üblichen Kreditmarktkonditionen lagen. Für die Bank war dieser Geschäftsabschluss weniger lukrativ, da sie nur die Kreditabwicklung für die KfW durchführte und dafür eine geringe Abschluss-Provision in Höhe von 200 Euro erhielt.

3.3.11 Rechtliche Aspekte

Einführung:

Ein Projekt ist eingebunden in eine Vielzahl rechtlicher Verhältnisse. Ein Projektleiter sollte dementsprechend die wesentlichen rechtlichen Rahmenbedingungen kennen, in dem sein Projekt stattfindet. Neben nationalen Normen und Gesetzen ist bei internationalen Projekten auch die jeweilige Rechtsordnung der beteiligten Länder zu berücksichtigen. Auch normative Rahmenbedingungen, die dem Projektleiter durch sein Unternehmen vorgegeben werden, müssen ihm bekannt sein. Um in all diesen Rechtsfragen als Projektleiter Rechtssicherheit zu haben, ist die Einbeziehung eines entsprechenden Juristen bzw. eines Rechtsberaters wichtig.

Rechtliche Aspekte sind also mit vielen PM-Elementen direkt gekoppelt. Insbesondere bei Verträgen, Nachforderungen, Dokumentationen und beim Arbeitsschutz ist der Bezug offensichtlich. Sie spielen aber auch bei der Analyse und Bewertung von Risiken sowie bei Verhandlungen und Konflikten und vielen anderen PM-Elementen eine wichtige Rolle und wirken sich unmittelbar auf den Projekterfolg aus.

Wissensfragen:

1. Welche für den Projektleiter relevanten gesetzlichen Grundlagen gibt es?
2. Worauf muss man bei Auslandsverträgen achten?
3. Rechtliche Aspekte: Welche rechtlichen Aspekte gibt es im Projekt? Wann sind welche rechtlichen Aspekte im Projekt von Bedeutung?
4. Bei welchen Vorgängen ist ein Jurist hinzuzuziehen

Lösungshinweise für die Wissensfragen:

1. Neben nationalem Recht des Projektauftragnehmers und dem nationalen Recht des Projektauftraggebers gibt es auch internationale Bestimmungen.

2. Widersprechen sich die nationalen rechtlichen Vorgaben bei Vertragspartnern in internationalen Projekten? Welcher Gerichtsstand und -ort wird zwischen den Parteien vereinbart?

3. Berücksichtigung gesetzlicher Vorgaben und Normen als Umfeld-Faktor im Fahmen der Zieldefinition bzw. als Vorgehensziele, Vertragsschluss → Vertragsrecht inklusive der Art von Verträgen, Beschaffung von außerhalb des Projektes ebenfalls vertragsrechtliche Aspekte, im weiteren Verlauf des Projektes spielen vor allem Arbeitsschutz, Umweltschutz etc. eine Rolle. Am Projektende: Abnahme und Gewährleistung.

4. Projektabschluss sowie Vertragsabschluss, Projektende: Abnahme → Vertragsjurist. Im Projektverlauf bei Streitigkeiten oder schwierigen Themen wie Claimmanagement, Markenrecht, arbeitsrechtliche Fragestellungen.